U0722459

PUHUA BOOKS

我们一起解决问题

弗布克流程设计与工作标准丛书

人力资源管理
流程设计与服务工作标准

流程设计 · 执行程序 · 工作标准 · 考核指标 · 执行规范

李作学　孙宗虎　编著

人 民 邮 电 出 版 社

北　京

图书在版编目（CIP）数据

人力资源管理流程设计与服务工作标准 ： 流程设计
·执行程序·工作标准·考核指标·执行规范 / 李作学，
孙宗虎编著. -- 北京 ： 人民邮电出版社，2020.7（2024.5重印）
（弗布克流程设计与工作标准丛书）
ISBN 978-7-115-54056-0

Ⅰ. ①人… Ⅱ. ①李… ②孙… Ⅲ. ①人力资源管理
Ⅳ. ①F243

中国版本图书馆CIP数据核字(2020)第083038号

内 容 提 要

这是一本关于人力资源工作者如何干好工作的图书，它始于流程，细说过程，关注全程，附带规程，成于章程，体现了很强的操作性和实务性。

本书在介绍流程与流程图绘制的基础上，详细设计人力资源规划管理、组织结构设计管理、工作分析与评价管理、招聘管理、面试甄选与录用管理、员工培训与人才盘点管理、绩效考核管理、薪酬福利管理、员工调动与晋升管理、员工考勤与提案管理、员工关系管理、人力资源服务管理等13大工作事项。

本书主要适合企业中高层管理人员、人力资源管理从业者，尤其是人力资源管理流程设计者阅读，也适合高等院校人力资源管理专业师生、培训和管理咨询人员阅读、使用。

◆ 编　　著　李作学　孙宗虎
　责任编辑　付微微
　责任印制　彭志环

◆ 人民邮电出版社出版发行　　北京市丰台区成寿寺路 11 号
　邮编　100164　　电子邮件　315@ptpress.com.cn
　网址　https://www.ptpress.com.cn
　北京七彩京通数码快印有限公司印刷

◆ 开本：787×1092　1/16
　印张：18　　　　　　　　2020 年 7 月第 1 版
　字数：350 千字　　　　　2024 年 5 月北京第 9 次印刷

定价：79.80 元

读者服务热线：(010)81055656　印装质量热线：(010)81055316
反盗版热线：(010)81055315
广告经营许可证：京东市监广登字 20170147 号

“弗布克流程设计与工作标准丛书”序

“弗布克流程设计与工作标准丛书”自2007年上市以来受到了广大读者的认可，其间，结合广大读者提出的许多宝贵意见和管理发展现状，我们对这套书进行了改版，在此我们向通过邮件、电话给我们提出意见、指出错误的热心读者深表谢意！

为了满足广大读者**细化内容、增强标准的实用性、添加考核指标、提供执行规范、更新业务流程**的诉求，我们对本丛书中的15本图书进行了再次修订。

在借鉴前两版的基础上，我们对本丛书进行了全新的设计，务求根据读者的新诉求、管理的新变化、业务的新形态、技术的新发展，以**流程化、标准化、绩效化和规范化**为中心，直面企业的管理和业务两大类工作，提供工作**流程**，设计**范本**，细化包括**执行程序、工作标准、考核指标、执行规范**在内的整体工作解决方案，以实现**向工作要效率、向管理要效能、向结果要价值**的目标。

本丛书通过流程、程序、标准、指标和规范，将完成一项工作的所有过程要素“逐一细化，一网打尽”，从而让管理者、业务执行者能够更系统、更规范、更有效地完成工作任务，实现工作目标，倍增工作价值。

工作流程：让执行有导图可看，有路径可鉴。

工作程序：让执行有步骤可依，有重点可抓。

工作标准：让执行有依据可参，有尺度可量。

工作指标：让执行有结果可考，有效益可算。

工作规范：让执行有制度可循，有方案可用。

本丛书的写作**始于流程，细说过程，关注全程，附带规程，成于章程。**通过**流程、过程、全程、规程**，最终形成关于各项工作的**章程**。

始于流程：对每一项工作都绘制了工作流程图，将工作显性化、程序化、阶段化。

细说过程：对每个程序步骤都给出了重点提示，将工作关键化、细节化、重点化。

关注全程：对工作的进展和目标达成全程关注，将工作阶段化、进程化、成果化。

附带规程：对每项工作都附带了相关制度规范，将工作制度化、规范化、方案化。

成于章程：通过对工作的360度解析，最终形成一系列关于工作规则的规范性文书。

在修订图书的过程中，我们也考虑了技术变化对工作的影响，并将新技术对工作方式、工作方法、工作流程的改变，尽力体现在相关的流程、程序、标准、指标和规范的设计中。

本丛书试图通过完美的设计，并兼顾技术发展对工作的影响，为读者提供贴合工作实际的管理内容，以达成**“人与事的完美结合”**，实现从**“如何做”**向**“如何有效地做”**的转变，最终为读者提供一套关于**“干工作、干好工作、追求卓越工作”**的有效解决方案。

我们希望本丛书能够为您的管理工作减少一些流程设计方面的麻烦，为您提供流程设计方面的帮助，并为您和您的企业在工作规范化方面提供完备的章程。

您的意见对我们下次改版非常重要！再次期待您的宝贵建议！

2020 年 6 月

前言

《人力资源管理流程设计与服务工作标准：流程设计·执行程序·工作标准·考核指标·执行规范》是“弗布克流程设计与工作标准丛书”中的一本，这本书围绕**人力资源管理工作的流程设计**，辅以相应的**工作标准**，将人力资源 13 大事项的执行工作落实到具体的流程上，既解决了“由谁做”“做什么”的问题，也解决了“如何有效地做、按照什么标准做”的问题，本书提供了一套关于人力资源工作者如何**干工作、干好工作、追求卓越工作的有效解决方案。**

为符合当前企业发展大趋势以及精细化管理的需求，本书在之前版本的基础上做了大量修订，具体如下所述。

一、重构了流程体系，使逻辑关系更清晰

首先，从整体内容结构上，重新梳理人力资源管理流程的顺序，按人力资源规划管理、组织结构设计管理、工作分析与评价管理、招聘管理、面试甄选与录用管理、员工培训与人才盘点管理、绩效考核管理、薪酬福利管理、员工调动与晋升管理、员工考勤与提案管理、员工关系管理、人力资源服务管理等 **13 大工作事项**，理顺了人力资源管理的工作内容，使原有的流程更加符合当今企业的实际情况。

其次，根据梳理后的人力资源管理流程体系，结合企业更务实地推行流程管理的需要，进一步细化了人力资源管理的具体工作事项，使人力资源管理流程更加全面、详细，以便企业将流程管理应用到人力资源管理的每一个具体事项上。

最后，为方便企业推行流程管理或应用本书推行流程再造，本书每一章都在进行流程设计之前，先对流程设计的目的或流程在企业中发挥的作用进行说明，并给出本章流程之间的内在逻辑关系，为企业选用本书流程时提供决策依据。

二、细化了管理过程，使内容更翔实

（1）对于某一个具体的流程，本书按企业运行实际重新梳理或更新流程的步骤，进一步细化、补充流程中节点事项的工作标准，使人力资源管理流程、工作标准更符合人

力资源管理的实际工作需要，方便企业相应部门的员工“拿来即用”。

（2）本书还针对人力资源管理流程中关键事项的落实与执行，设计了相应的考核指标与操作说明，为流程中关键事项的执行效果提供考核依据，从而确保流程与工作标准的高效执行，最终为企业推行流程管理提供有力的保障。

三、根据管理现状编写，使企业能据实而作

本书提供的是一个**“参照式”**流程设计范本，随着企业管理水平的不断提高，企业的流程也在不断地发生变化，因此，读者在应用本书时可参考以下建议。

（1）对于书中提供的人力资源管理流程与工作标准，读者可根据所在企业的实际情况加以适当修改或重新设计，使之更加适用于本企业的情况。

（2）读者可参照书中的流程，将所在企业每个部门内每个岗位的工作流程适当压缩，力求达到流程再造的目的，以提高企业的运营效率。

（3）读者要在实践中不断改进已经形成的工作流程，真正做到因需而变，高效管理、高效工作，最终达到“赢在执行”的目标。

最后，衷心希望本书能给企业在人力资源管理方面推行流程管理提供业务运用层面的借鉴和实务性的解决方案。

再次感谢数以万计的读者对本书的支持与厚爱，没有你们这些“意见领袖”，就不会有对本书的这些改进和修补！

目录
Contents

第1章 流程与流程管理

第 5 章 招聘管理

第 11 章 员工考勤与提案管理

第1章 流程与流程管理

管理的核心目标是用制度管人，按流程做事。不论是制度设计，还是流程设计，都是每一个企业要开展的工作，而且是每年都要循环开展的工作。

企业在进行流程设计之前，应先对流程的概念有一个清晰的认识，并在此基础上掌握流程图绘制的方法，选好绘制工具，然后着手设计。同时，企业要根据自身的运营情况，及时对流程进行修改、调整和再造。

1.1 流程

1.1.1 流程的定义

关于流程，不同的人有不同的看法。有人认为，流程就是程序，其实，“流程”和“程序”是两个互相关联但绝不等同的概念。“程序”体现出一件工作中若干作业项目哪个在前、哪个在后，即先做什么、后做什么。而在“流程”中，除了体现出先做什么、后做什么之外，还体现出每一项具体任务是由谁来做，即甲项工作由谁负责，乙项工作由谁负责等，从而反映出他们之间的工作关系。

只有通过流程，才能把一件工作的若干作业项目或工作环节，以及责任人之间的相互工作关系清晰地表示出来。

一般情况下，企业流程有以下五大特征：

（1）流程是为达成某一结果所必需的一系列活动；

（2）流程活动是可以被准确重复的过程；

（3）流程活动集合了所需的人员、设备、物料等；

（4）流程活动的投入、产出、品质和成本可以被衡量；

（5）流程活动的目标是为服务对象创造更多的价值。

我们不妨给流程下一个定义：“**流程就是为特定的服务对象或特定的市场提供特定的产品或服务所精心设计的一系列活动。**”

流程包括六大要素，即输入的资源、活动、活动的相互作用（结构）、输出的结果、服务对象和价值。流程的基本模式如图 1–1 所示。

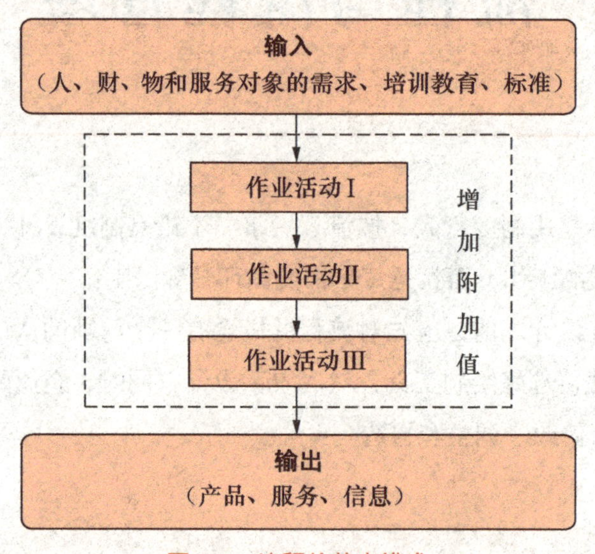
输入
（人、财、物和服务对象的需求、培训教育、标准）
作业活动Ⅰ
作业活动Ⅱ
作业活动Ⅲ
增加附加值
输出
（产品、服务、信息）

图 1–1　流程的基本模式

1.1.2　流程的分类

企业流程可分为决策流程、管理流程和业务流程三大类，具体内容如表 1–1 所示。

表 1–1　企业流程的分类

序号	类别	定义	特点 / 构成
1	决策流程	◎能确保企业达到战略目标的流程 ◎确定企业的发展方向和战略目标，整合、发展和分配企业资源的过程	◎股东、董事、监事会等组建流程 ◎战略、重大问题及投资流程 ◎企业决策流程的构成如图 1-2 所示
2	管理流程	◎企业开展各种管理活动的相关流程 ◎通过管理活动对企业业务的开展进行监督、控制、协调、服务，间接为企业创造价值	◎上级组织对下级组织的管控流程 ◎资源配置流程（人、财、物以及信息） ◎企业管理流程的构成如图 1-3 所示
3	业务流程	◎直接参与企业经营运作的相关流程 ◎安排完成某项工作的先后顺序，对每一步工作的标准、作业方式等内容做出明确规定，主要解决“如何完成工作”这一问题	◎涉及企业“产、供、销”环节 ◎包括核心流程和支持流程 ◎企业业务流程的构成如图 1-4 所示
备注	从企业经营活动角度来说，企业流程又可分为战略流程、经营流程和支持流程		

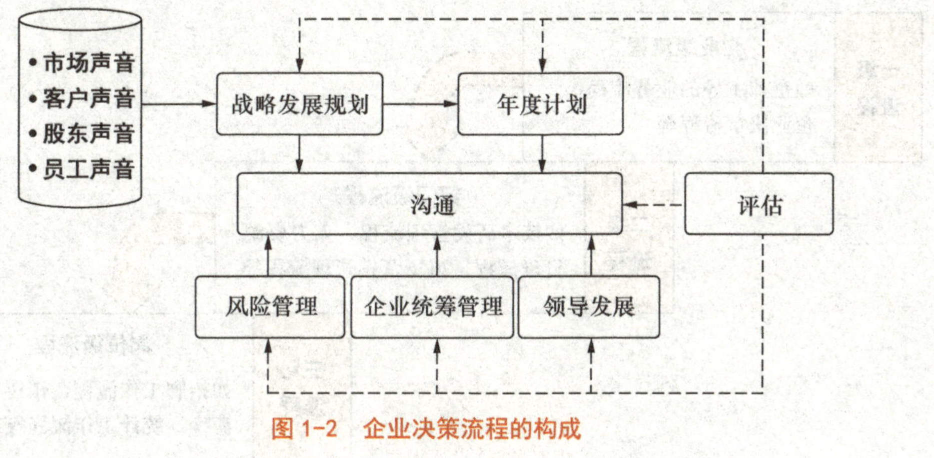

•市场声音
•客户声音
•股东声音
•员工声音
战略发展规划
年度计划
沟通
评估
风险管理
企业统筹管理
领导发展

图 1-2　企业决策流程的构成

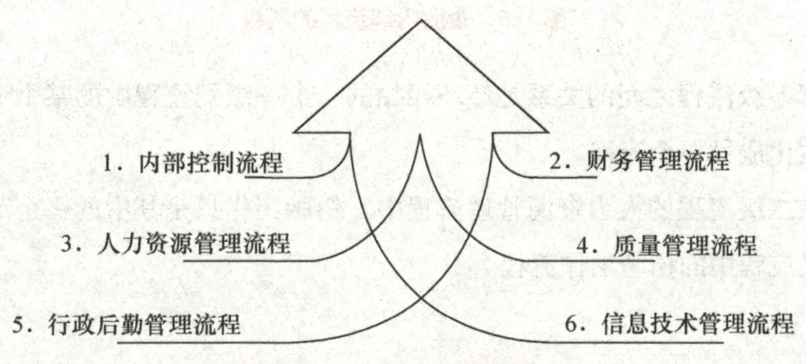

1. 内部控制流程
2. 财务管理流程
3. 人力资源管理流程
4. 质量管理流程
5. 行政后勤管理流程
6. 信息技术管理流程

图 1-3　企业管理流程的构成

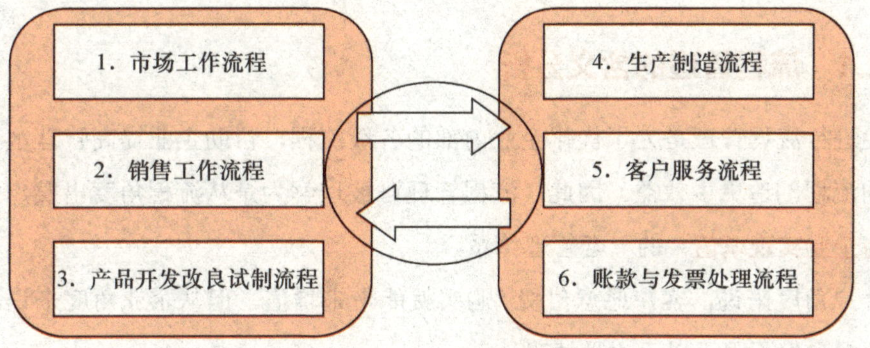

1. 市场工作流程
2. 销售工作流程
3. 产品开发改良试制流程
4. 生产制造流程
5. 客户服务流程
6. 账款与发票处理流程

图 1-4　企业业务流程的构成

1.1.3　流程的层级

为便于对各类流程进行管理，我们通常将企业内部流程分为三个层级，即企业级流程、部门级流程和岗位级流程，具体如图 1-5 所示。

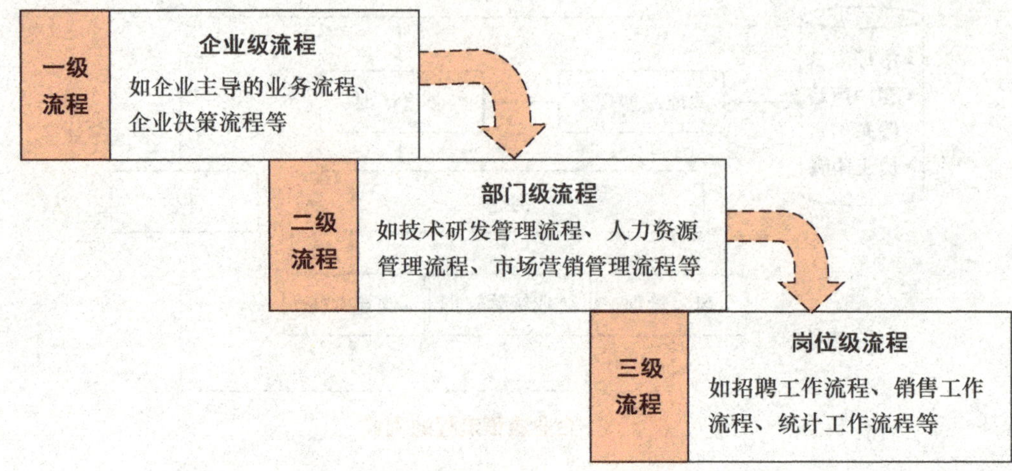
一级
流程
企业级流程
如企业主导的业务流程、
企业决策流程等
二级
流程
部门级流程
如技术研发管理流程、人力资源
管理流程、市场营销管理流程等
三级
流程
岗位级流程
如招聘工作流程、销售工作
流程、统计工作流程等

图 1-5　企业内部流程的层级

企业内部各级流程之间的关系是环环相扣的，上一级别流程中的某个节点在下一级别可能就会演化成另一个流程。

例如，在二级流程的人力资源管理流程中，招聘工作只是其中的一个节点，而它又会演化成三级流程中的招聘工作流程。

1.2　流程管理

1.2.1　流程管理的含义分析

企业进行流程管理是为了优化企业内部的各级流程，帮助企业提高管理水平，并通过优化的流程创造更多效益。因此，流程管理可被理解为是从流程角度出发，关注流程能否**"为企业实现增值"**的一套管理体系。

从客户角度来说，客户愿意付费 / 购买就能带来增值。但从企业角度来说，"增值"可以被理解为但不限于以下六种情况：

（1）效益提升，投资回报率上升；

（2）工作效率提高，业绩提升；

（3）工作质量、产品 / 服务质量提升；

（4）各种浪费减少，经营成本降低；

（5）沟通顺畅，办公氛围和谐、向上；

（6）品牌价值提升，知名度提升。

企业流程管理主要是对企业内部进行革新，解决职能重叠、中间层次多、流程堵塞等问题，使每个流程从头至尾责任界定清晰，职能不重叠、业务不重复，达到缩短流程周期、节约运作成本的目的。

1.2.2 流程管理的目标分析

流程管理是按业务流程标准，在职能管理系统授权下进行的一种横向例行管理，是一种以目标和服务对象为导向的责任人推动式管理。

流程管理的目标分析说明如表 1–2 所示。

表 1–2 流程管理的目标分析说明

项次	分析项	具体描述
1	流程管理的最终目的	◎提升客户满意度，提高企业的市场竞争能力 ◎提升企业绩效
2	流程管理的宗旨	◎通过精细化管理提高管控程度 ◎通过流程优化提高工作效率 ◎通过流程管理提高资源的合理配置程度 ◎快速实现管理复制
3	流程管理的总体目标	管理者依据企业的发展状况制定流程改善的总体目标
4	总体目标分解	在总体目标的指导下，制定每类业务或单位流程的改善目标
5	流程管理的工作标准与要求	◎保证业务流程面向客户，管理流程面向企业目标 ◎流程中的活动都是增值的活动 ◎员工的每一项活动都是实现企业目标的一部分 ◎流程持续改进
6	流程管理在企业发展各阶段的具体目的	企业需要根据自身发展阶段和遇到的具体问题对流程管理有所侧重 ◎梳理：工作顺畅，信息畅通 ◎显化：建立工作准则，便于查阅、了解流程，便于沟通并发现问题，便于复制流程以及对流程进行管理 ◎监控：找到监测点，监控流程绩效 ◎监督：便于上级对工作进行监督 ◎优化：不断改善工作，提升工作效率

1.2.3 流程管理工作的三个层级

总体来说，企业流程管理工作包括三个层级，即流程规范、流程优化和流程再造。各个层级的主要内容及适用情况如表 1–3 所示。

表 1–3 流程管理工作三个层级的主要内容及适用情况

层级划分	主要内容	关键输出	适用时机 / 阶段
第一层级 流程规范	整理企业流程，界定流程各环节的工作内容及相互之间的关系，形成业务的无缝衔接	流程清单 流程体系框架图 各流程图	适合所有企业的正常运营时期
第二层级 流程优化	流程的持续优化过程，持续审视企业的流程，不断完善和强化企业的流程体系	流程诊断表 流程清单（新） 流程体系框架图（新） 各流程图（新）	适合企业任何时期
第三层级 流程再造	重新审视企业的流程和再设计	流程再造分析报告 流程清单（新） 流程体系框架图（新） 各流程图（新）	适合企业变革时期，以适应企业变革阶段治理结构的变化、战略改变、商业模式变化，以及出现的新技术、新工艺、新产品、新市场等情况

需要注意的是，在流程建设管理工作中，企业应遵循“点面结合”的原则，在加强流程管理体系整体建设（面）的同时持续改进具体流程内容（点）。

1.3 流程管理工作的开展

1.3.1 项目启动

为确保流程能够满足企业战略发展的要求，企业需要从全局视角开展流程管理工作，构建企业流程体系框架，找到关键流程，设计出符合企业实际和发展需求的流程与流程体系。

企业可组建流程建设项目小组，启动流程建设项目的工作指引，具体如表 1–4 所示。

表 1-4　启动流程建设项目的工作指引

步骤	步骤细分	具体说明	责任主体	输出
启动流程建设项目	成立项目小组	具体参见表 1-5	流程管理部门	◎项目小组成员名单及职责说明 ◎项目工作计划
	选择规划工具或方法	包括基于岗位职责的建设方法（从下到上）、基于业务模型的建设方法（从下到上）和借助第三方（咨询公司）的流程建设方法等	流程管理部门	◎规划项目操作指引 ◎会议记录 / 纪要
	制订工作计划	明确项目里程碑，确定各项具体工作清单与步骤及其责任主体，可使用甘特图	流程规划项目组	
	发布项目操作指引	包括项目简介、工作计划、成员名单及职责、建设步骤方法、各步骤的详细操作说明、流程图模板、案例、已有流程清单、项目组激励方案等	流程管理部门	
	召开项目启动会	会议重点是项目整体介绍、背景及理念、角色与职责定位、总体计划、项目最终成果及意义等	流程管理部门	
备注	本阶段常用的工具或方法有甘特图、项目管理法等			

流程建设工作需要得到企业领导层的重视与支持，项目小组的组建及成员构成如表 1-5 所示。

表 1-5　流程建设项目小组的组建及成员构成

角色定位	成员构成	主要职责
企业流程管理委员会	由企业高层领导组成，如总经理、各主管副总等，成员人数控制在 3~5 人	◎提供资源支持 ◎任命建设项目经理 ◎审核建设项目计划 ◎参与关键问题决策 ◎参与关键环节的建设及决策

（续表）

角色定位	成员构成	主要职责
流程建设项目经理	可由流程管理部门经理担任，也可考虑增设项目副总，由相关部门经理担任	◎编制项目计划 ◎监督项目成员完成目标 ◎评估项目成员工作表现
项目助理	可由流程管理部门人员担任	协助项目经理管理项目日常工作，如整理文档等
成员（各部门负责人）	项目成员应具有丰富的工作经验，多为各部门负责人，由其参与部门流程建设工作；也可指派部门人员参与项目小组的工作。各业务部门的流程应统一建设	◎根据项目计划，组织本部门完成相应的流程建设工作 ◎参与本部门流程图和企业全景流程图的绘制，宣贯和应用流程建设成果
成员（流程管理部门的人员）	流程管理部门的工作人员均应参与到项目中来	负责流程建设方法、工具的开发及各部门的相关培训与指导工作

1.3.2 识别流程

在识别流程阶段，企业需要做的是识别本企业有哪些流程，编制流程清单，界定流程之间的界限及为流程命名，帮助企业从流程的视角弄清企业管理现状，为后续的流程建设、每个流程的具体描述提供良好的基础。

由于各部门流程识别、流程清单的梳理对之后的工作至关重要，因此这项工作一般应由各部门领导牵头组织，先整理出部门业务流程主线，明确本部门的关键环节和核心业务，进而确定主要业务流程及流程之间的关系。识别流程阶段的工作指引如表 1–6 所示。

表 1–6　识别流程阶段的工作指引

步骤	步骤细分	具体说明	责任主体	输出
识别流程	流程建设培训	流程管理部门对各部门进行流程建设方面的培训，培训的重点是如何使用各种表格等，具体内容包括项目简介、涉及的概念、目的和产出、职责划分、建设步骤、表格编制、工作计划、答疑等	流程管理部门	◎培训课程 ◎培训计划 ◎部门流程清单 ◎企业流程清单（参见表 1-7）

（续表）

步骤	步骤细分	具体说明	责任主体	输出
识别流程	各部门流程识别	进行部门内岗位分析、业务线分析；将职责分解，细化到岗位、业务活动，并按活动的先后顺序排列，提炼出流程；界定流程的上下接口、输入输出及责任主体；汇总部门内流程，编制部门流程清单	各部门，包括岗位代表人员、部门负责人	◎培训课程 ◎培训计划 ◎部门流程清单 ◎企业流程清单（参见表 1-7）
	编制企业流程清单	流程管理部门汇总各部门流程清单，与各部门充分沟通，删除重复流程，查漏补缺，形成企业流程清单	流程管理部门	
备注	本阶段常用的工具及方法有战略地图、业务单元分析法、部门职能分析法、岗位工作分析法等			

1.3.3 构建流程清单

流程建设项目小组在本阶段的主要任务是与各部门进行沟通、讨论，对企业流程进行分类和分级，构建企业流程框架，输出企业流程清单，具体如表 1–7 所示。

表 1–7　企业流程清单

序号	一级流程	二级流程	三级流程	归口管理部门	流程状态
备注	流程状态的填写说明：1——流程已有且有效；2——流程已有，待梳理；3——无文件，待设计梳理				

1.3.4 评估流程重要程度

本阶段的工作任务是评估企业流程的重要程度，识别出关键流程、核心流程等，将其作为流程设计、运行管理、优化再造工作的重点，以提高企业流程建设工作的效率和效益。

企业的所有活动都是为了提高客户的满意度，实现价值，企业流程重要程度的衡量标准是流程的增值性。一般情况下，直接与客户产生业务关系的流程（如售后服务流程）、与企业核心竞争力相关的流程（如产品质量管理流程）等为企业的重要流程。

表 1–8 为某公司流程建设项目的流程重要程度评估分析表，供读者参考。

表 1–8 某公司流程建设项目的流程重要程度评估分析表

流程名称	与客户相关度（30%）	与整体绩效相关度（30%）	与战略相关度（25%）	流程横向跨度（15%）	评估得分	重要程度等级
×××× 流程	60	60	60	60	60	
用表说明	1. 以“×××× 流程”的评估为基准，其他各流程与之对比 2. 各评估项单项总分为 100 分，各单项评分乘以权重后的“和”为总分 3. 重要程度评估根据最终评分结果，采取强制百分比法，排名前 5% 的为 A 级流程，排名前 5% ～ 20%（包含）的为 B 级流程，排名前 20% ～ 30%（包含）的为 C 级流程，排名前 30% ～ 50%（包含）的为 D 级流程，其他为 E 级流程 4. 评级结果为 A、B、C 级的流程要重点管理					

1.3.5 完善体系框架

完成流程重要程度评估分析后，企业需要在流程清单的基础上进一步完善流程体系框架，标注流程的重要程度等级，具体如表 1–9 所示。

表 1–9 企业流程的重要程度等级

一级流程	二级流程	三级流程	归口管理部门	流程状态
×××× 流程（B 级）	×××× 流程（B 级）	×××× 流程（A 级）		
		×××× 流程（B 级）		
	×××× 流程（C 级）	×××× 流程（C 级）		
		×××× 流程（D 级）		

1.3.6 进行流程设计

企业在进行流程设计时，可遵循以下七个步骤。

第 1 步：界定流程范围

流程设计的第 1 步是界定流程范围，即确定信息的输入和输出。

在这一环节，企业需要回答以下几个问题。

- 有哪些流程业务活动？
- 流程从何处开始、何处终止？
- 流程的输入和输出是什么？
- 输出的成果交给谁（客户）？
- 客户有何要求？

在此，我们以设计“外部招聘管理流程”为例，来说明流程范围界定，具体内容如表 1-10 所示。

表 1-10 外部招聘管理流程范围界定

流程名称	外部招聘管理流程	流程编号	
流程责任部门 / 责任人	人力资源部 / 招聘主管	流程对应客户	各用人部门
本流程业务活动	人力资源部招聘、面试、录用管理工作		
流程开始	招聘需求	流程结束	录用决策、签订劳动合同
流程输入	已批准的招聘计划、临时招聘需求	流程输出	面试评估报告、劳动合同
流程客户要求（目标）	1. 期限内完成招聘任务 2. 人岗匹配		

第 2 步：确定流程活动的主要步骤

流程设计人员在界定完流程范围后，接下来需要进行调查分析，确定本流程活动的主要步骤，操作方法如图 1-6 所示。

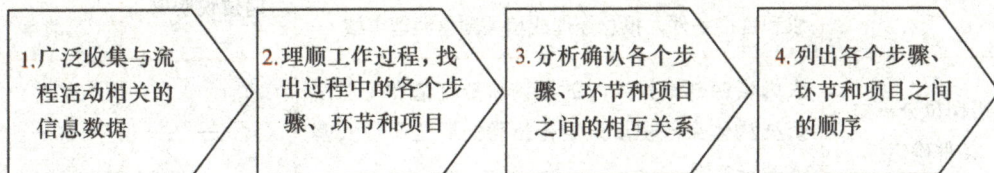

1. 广泛收集与流程活动相关的信息数据 → 2. 理顺工作过程，找出过程中的各个步骤、环节和项目 → 3. 分析确认各个步骤、环节和项目之间的相互关系 → 4. 列出各个步骤、环节和项目之间的顺序

图 1-6 确定流程活动的主要步骤

我们以设计“外部招聘管理流程”为例，其主要步骤（参见表 1-11）包括招聘需求汇总、招聘岗位分析与条件确定、发布招聘信息、简历收取与筛选、面试与评估、做出录用决策、签订劳动合同及试用期管理等。

第 3 步：步骤详细说明

本阶段应针对已确定的流程活动的主要步骤进行分析和描述，需要完成的工作如下：

- 分析每一个步骤的输入、输出（成果）；
- 明确后续步骤的客户要求；
- 确定每一步骤工作 / 活动的检查、考核、评估指标；
- 确定每一步骤涉及的部门 / 人员，明确其责任、权限和资源需求；
- 确定本流程的层次及与上下层级之间的关系。

我们仍以设计“外部招聘管理流程”为例，本阶段流程活动的主要步骤及具体描述如表 1-11 所示。

表 1-11　外部招聘管理流程活动的主要步骤及具体描述

流程名称	外部招聘管理流程	流程编号	
流程责任部门 / 责任人	人力资源部 / 招聘主管	流程对应客户	各用人部门
本流程业务活动	人力资源部招聘、面试、录用管理工作		
流程开始	招聘需求	流程结束	录用决策、签订劳动合同
流程输入	已批准的招聘计划、临时招聘需求	流程输出	面试评估报告、劳动合同
流程客户要求（目标）	1. 期限内完成招聘任务 2. 人岗匹配		
流程步骤	**步骤描述**	**重要输入**	**重要输出**
招聘需求汇总	人力资源部在经过批准的年度招聘计划指导下，按时进行计划内的人员招聘工作	招聘计划	—
	计划外招聘需由部门提出招聘申请并拟定上岗要求和资格条件，报总经理或相关副总经理审核	岗位说明书	招聘岗位清单
招聘岗位分析与条件确定	人力资源部根据当时的市场薪资行情和企业薪资架构体系，初步拟定待招聘的职位等级及基本薪资范围	—	—

（续表）

流程步骤	步骤描述	重要输入	重要输出
招聘岗位分析与条件确定	根据待招聘职位的高低，呈交相应的决策层核准，之后正式启动招聘工作 ◎部门经理及以上管理职位由总裁核准 ◎部门主管及主管以下职位由分管人力资源副总经理核准	—	—
发布招聘信息	通过内外部多种渠道发布招聘信息，同时收集人才资料，可经由下列方式进行 ◎刊登内部职位空缺公告 ◎刊登报纸广告 ◎接洽人才中介机构 ◎请高校推荐 ◎参加人才交流会等	岗位说明书	招聘广告
简历收取与筛选	人力资源部收到应聘者的各项资料后，先进行初步审核，审阅其学历、经验是否符合企业要求，再将审核通过的应聘者的资料转交用人部门进一步审核，通过书面资料审核淘汰一部分不符合岗位要求的应聘者	应聘简历	面试人员清单
面试与评估	由人力资源部主导，对通过审核的应聘者进行笔试及面试，从人员的基本素质方面进行评估，筛选出符合要求的应聘者	面试清单	面试记录 面试评估表
	在人力资源部的协助下，由相关业务部门的人员对应聘者进行专业技能考核		面试评估表
	◎主管级别及以下职位由副总经理进行最终面试 ◎部门经理及以上管理职位由总经理进行最终面试		面试评估表
做出录用决策	根据企业高层领导及用人部门的意见，人力资源部告知被录用者其最终职位和薪资金额		
	将其他优秀但未被录用的应聘者的资料存入人才库		人才库
	通过面试的应聘者必须参加体检，体检未通过者不予录用		体检报告
签订劳动合同	人力资源部发出录用通知单，与被录用者签订劳动合同，并根据招聘 / 录用管理制度为被录用者办理相关的入职手续		劳动合同

（续表）

流程步骤	步骤描述	重要输入	重要输出
试用期管理	执行试用期管理流程	—	—
考核评估方法	招聘任务是否按期完成、招聘人数完成率、招聘计划出错次数、招聘广告出错次数等		

第 4 步：选择流程形式

根据流程的分类、层级、复杂程度，以及流程活动的内部关联性等因素，企业流程主要有四种展现形式，即箭头式流程图、业务流程图、矩阵式流程图和泳道式流程图。

☆ **箭头式流程图**

箭头式流程图的特点是直观、一目了然，适用于企业员工都熟悉流程中各项作业概况的情况或流程中各项作业任务较简单的情况。箭头式流程图的示例如图 1–7 所示。

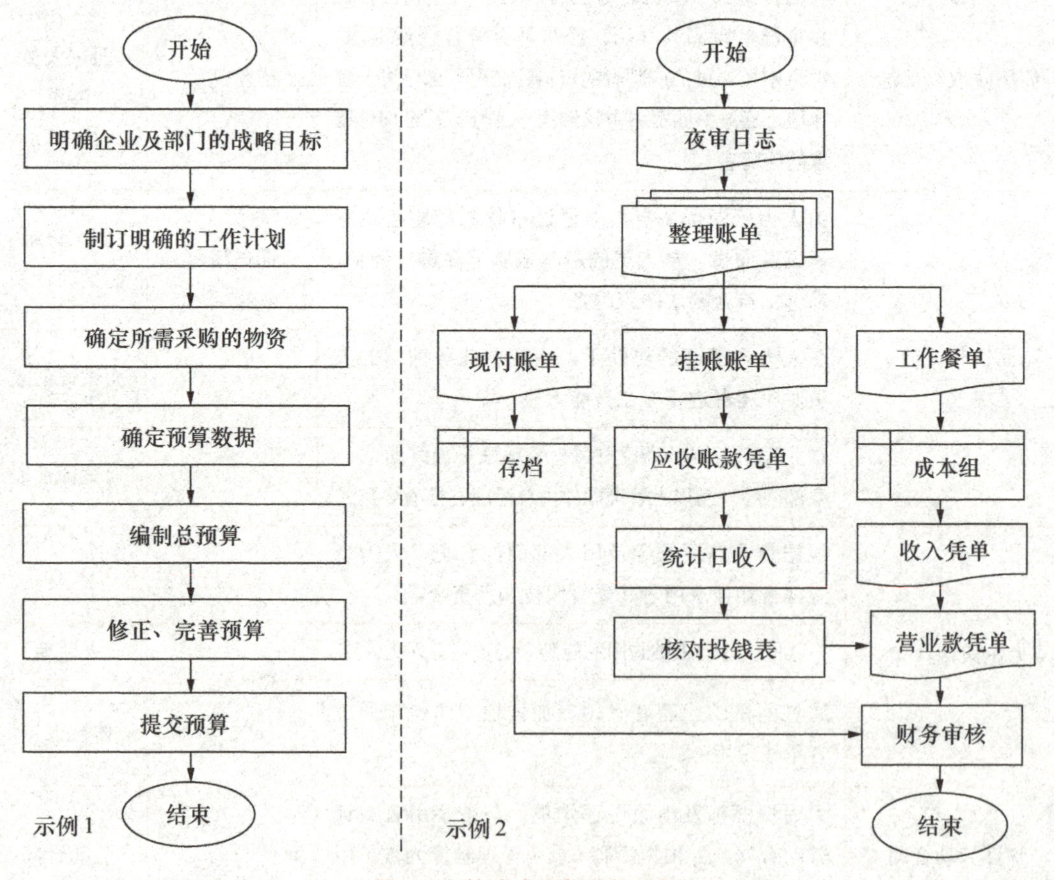

开始
明确企业及部门的战略目标
制订明确的工作计划
确定所需采购的物资
确定预算数据
编制总预算
修正、完善预算
提交预算
结束
示例 1
开始
夜审日志
整理账单
现付账单
挂账账单
工作餐单
存档
应收账款凭单
成本组
统计日收入
收入凭单
核对投钱表
营业款凭单
财务审核
结束
示例 2

图 1–7　箭头式流程图的示例

企业在设计箭头式流程图时，需要注意以下两个问题。

- 在图中明确执行主体，如果是单一的执行主体，可将执行主体省略。
- 用简洁的语言对流程图中的主要活动进行解释说明，以进一步明确活动要求和指令。

☆ 业务流程图

在业务流程图中，需要明确流程的上下执行主体、活动内容、要求及指令，并将要求和指令用统一的语言表达出来。流程活动的承担者之间必须是平等、互助、尊重、关怀的关系。业务流程图的示例如图 1–8 所示。

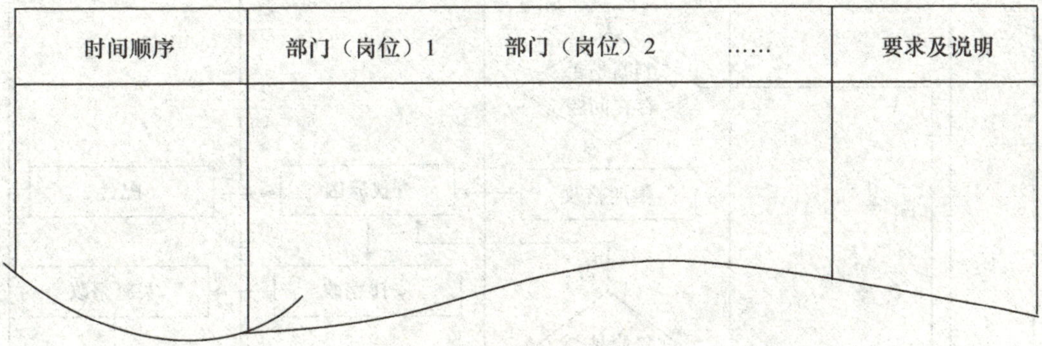

时间顺序	部门（岗位）1　　部门（岗位）2　　……	要求及说明

图 1–8　业务流程图的示例

☆ 矩阵式流程图

矩阵式流程图有纵、横两个方向的坐标，它既解决了先做什么、后做什么的问题，又明确了各项工作的具体责任人。矩阵式流程图的示例如图 1–9 所示。

☆ 泳道式流程图

与矩阵式流程图相似，泳道式流程图也是通过纵、横双向坐标来设计流程，纵向为分项工作任务，横向是承担任务的部门、岗位（即执行主体）。

这种流程图样式与其他流程图类似，但在业务流程的执行主体上，主要通过泳道（纵向条）区分执行主体。泳道式流程图的示例如图 1–10 所示。

第 5 步：绘制流程草图

流程图的绘制是指流程设计人员将流程设计或流程再造的成果以书面形式呈现出来。

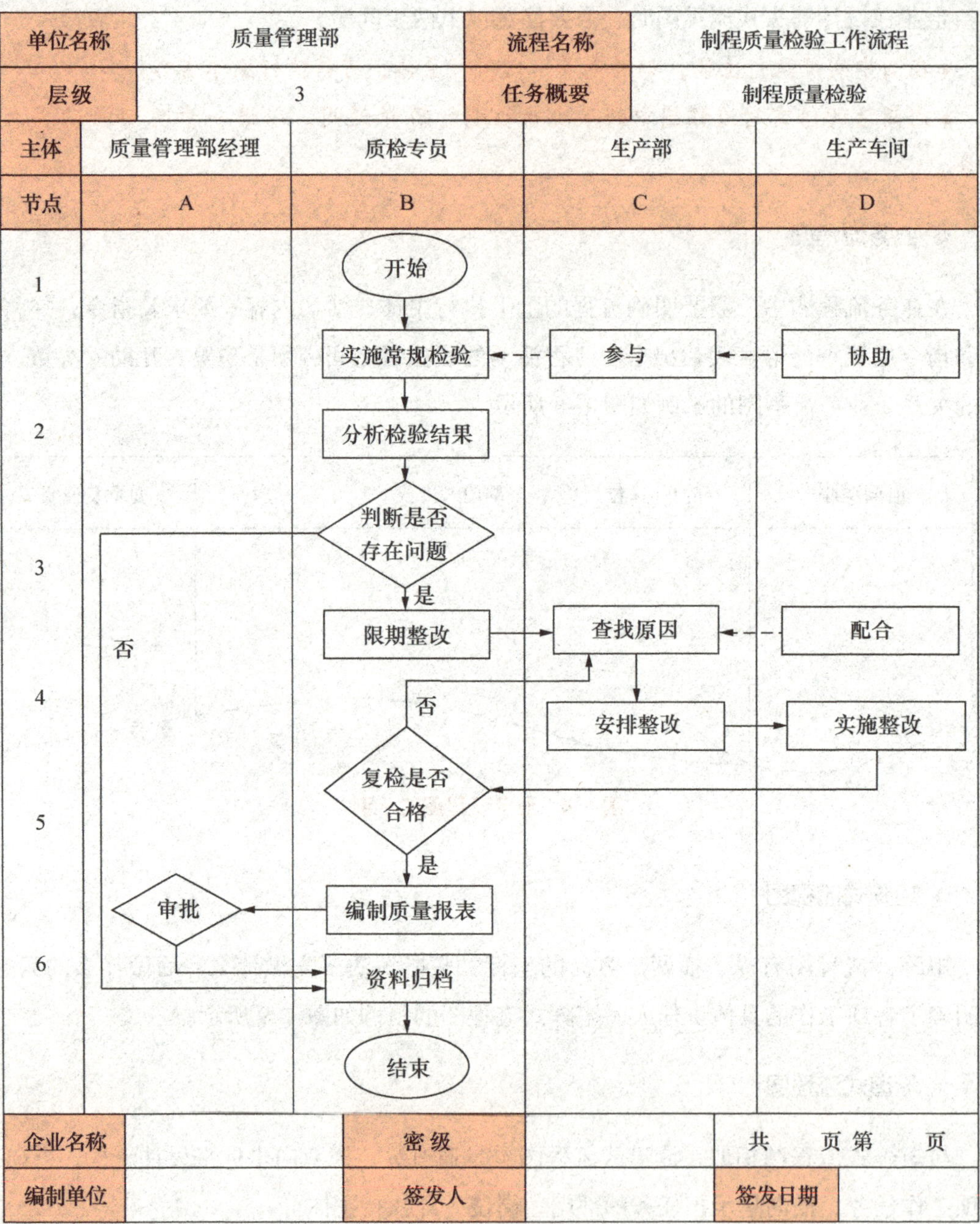
单位名称
质量管理部
流程名称
制程质量检验工作流程
层级
3
任务概要
制程质量检验
主体
质量管理部经理
质检专员
生产部
生产车间
节点
A
B
C
D
1
2
3
4
5
6
开始
实施常规检验
参与
协助
分析检验结果
判断是否存在问题
是
否
限期整改
查找原因
配合
否
安排整改
实施整改
复检是否合格
是
审批
编制质量报表
资料归档
结束
企业名称
密 级
共 页 第 页
编制单位
签发人
签发日期

图 1-9 矩阵式流程图的示例

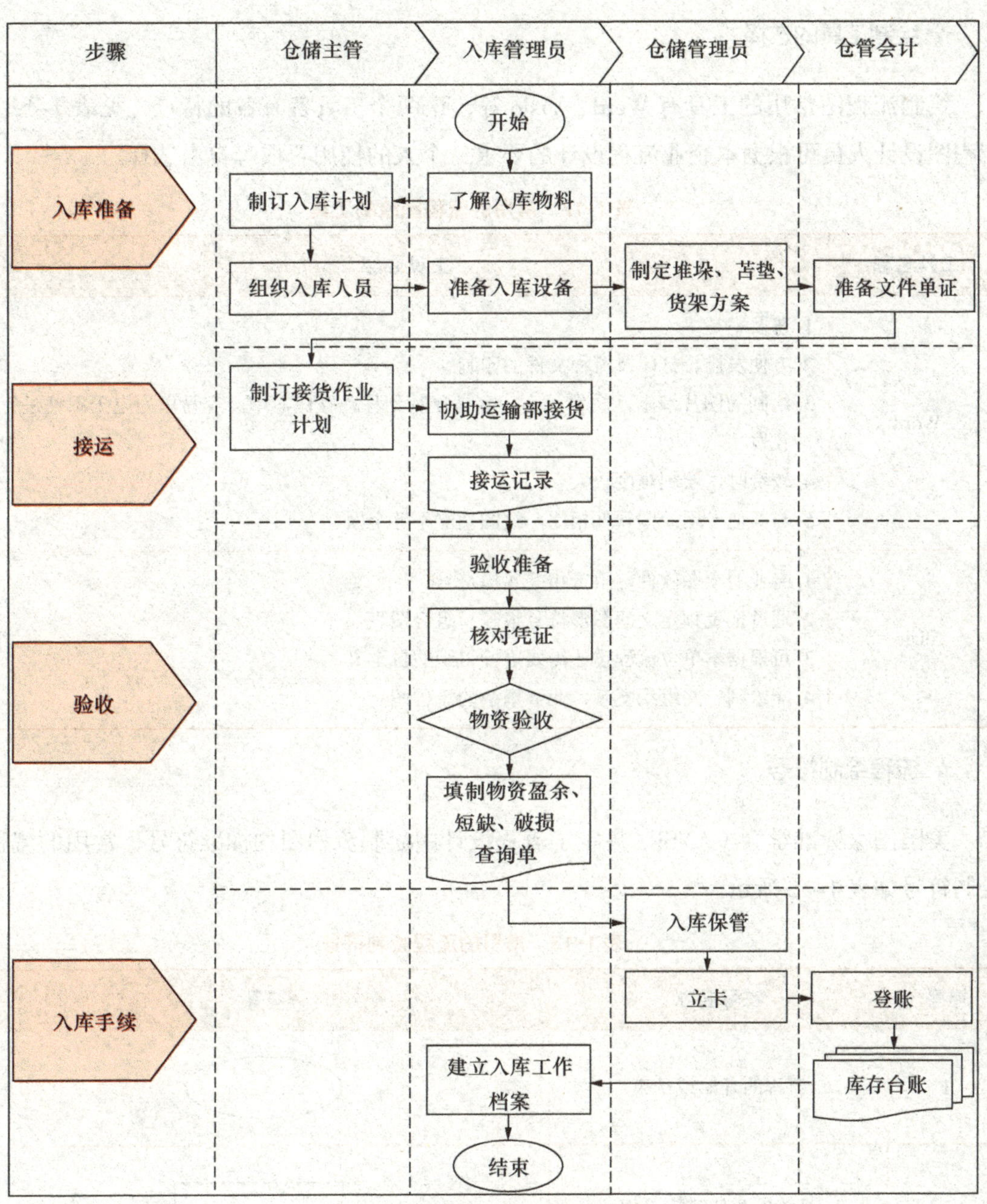
步骤
仓储主管
入库管理员
仓储管理员
仓管会计
开始
入库准备
制订入库计划
了解入库物料
组织入库人员
准备入库设备
制定堆垛、苫垫、货架方案
准备文件单证
接运
制订接货作业计划
协助运输部接货
接运记录
验收准备
核对凭证
验收
物资验收
填制物资盈余、短缺、破损查询单
入库保管
立卡
登账
入库手续
建立入库工作档案
库存台账
结束

图 1-10 泳道式流程图的示例

第1章 流程与流程管理

☆ 绘制工具的选择

绘制流程图常用的工具有 Word、Visio 等，这两个工具各有各的特点（见表 1–12），流程图设计人员可根据本企业流程设计的要求、个人的使用习惯等自由选择。

表 1–12　常用的流程图绘制工具

工具名称	工具介绍
Word	1. 普及率高 2. 方便发排、打印及流程文件的印制 3. 绘制的图片清晰，文件量小，容易复制到移动存储器中，容易作为电子邮件进行收发 4. 较费时，绘制难度较大 5. 与其他专用绘图软件相比，绘图功能不够全面
Visio	1. 专业的绘图软件，附带相关建模符号 2. 通过拖曳预定义的图形符号很容易组合图表 3. 可根据本单位流程设计需要进行组织的自定义 4. 能绘制一些组织复杂、业务繁杂的流程图

☆ 流程绘制符号

美国国家标准学会（ANSI）规定了流程设计中绘制流程图的标准符号，常用的流程绘制符号如表 1–13 所示。

表 1–13　常用的流程绘制符号

序号	符号名称	符号
1	流程的开始或结束	椭圆
2	具体作业任务或工作	矩形
3	决策、判断、审批	菱形
4	单向流程线	→

（续表）

序号	符号名称	符号
5	双向流程线	
6	两项工作跨越、不相交	
7	两项工作连接	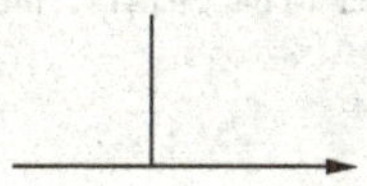
8	作业过程中涉及的文档信息	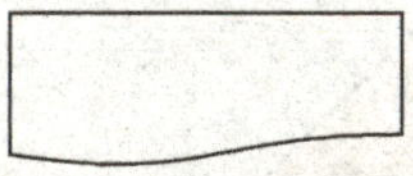
9	作业过程中涉及的多文档信息	
10	与本流程关联的其他流程	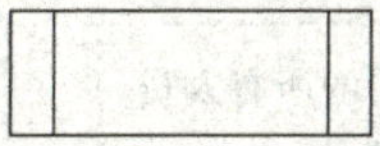
11	信息来源	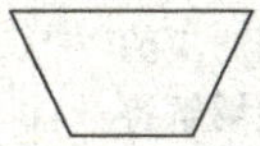
12	信息储存与输出	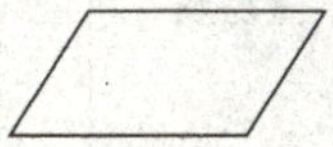

实际上，流程绘制的标准符号远不止表 1-13 所列的这些。但是，流程图的绘制越简洁、明了，操作起来就越方便，企业也更容易接受和落实；符号越多，流程图就越复杂，越难以落实到位。所以，一般情况下，企业使用 1~4 项流程绘制的标准符号就基本可以满足绘制流程图的需要了。

☆ **绘制草图**

不同的流程展现形式体现了不同层次的流程。例如，一二级流程适合用矩阵式流程图和泳道式流程图呈现，而三级流程中的部分业务流程适合用箭头式流程图和业务流程图呈现。

值得一提的是，流程设计人员在绘制流程图的过程中，需要确定该流程与上下游流程之间的接口，以及与规范流程运行要求相关联的制度之间的关系，并根据实际情况尽量将其在流程图中反映出来，如流程图中可根据流程节点给出相应的制度、表单等。

第 6 步：流程意见反馈

流程图绘制完成后，需要通过意见征询、试运行等方式获得相关意见和建议，发现不足和纰漏，以便对其做出进一步修改和完善，直至最终定稿。

针对初步绘制的流程图，流程设计人员可通过以下三种方式征求各方的意见，具体如图 1-11 所示。

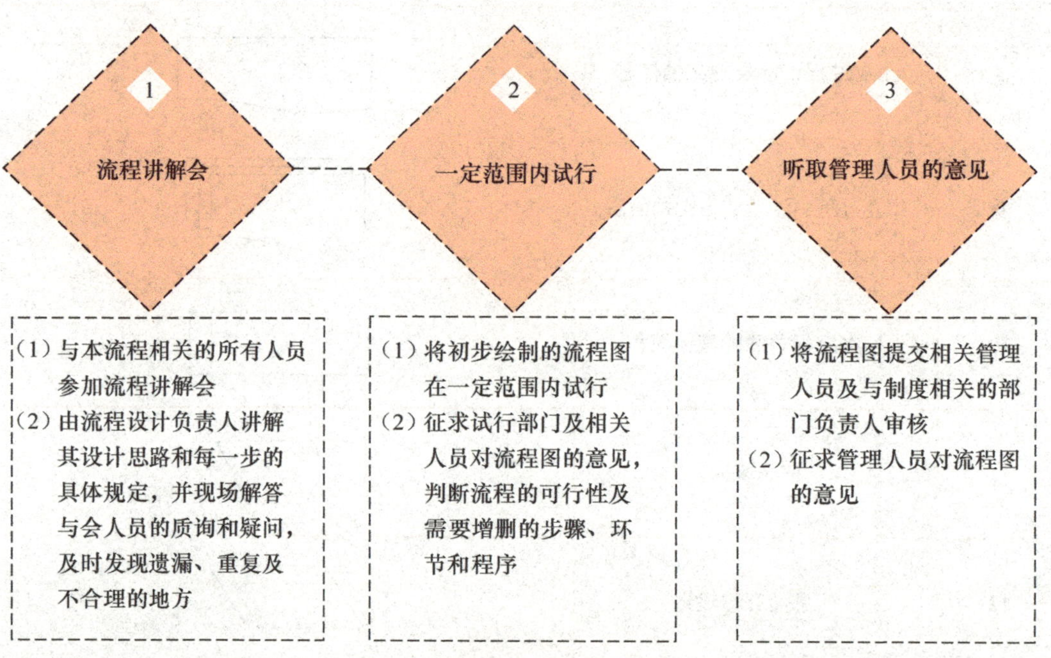
1
流程讲解会
2
一定范围内试行
3
听取管理人员的意见
（1）与本流程相关的所有人员参加流程讲解会
（2）由流程设计负责人讲解其设计思路和每一步的具体规定，并现场解答与会人员的质询和疑问，及时发现遗漏、重复及不合理的地方
（1）将初步绘制的流程图在一定范围内试行
（2）征求试行部门及相关人员对流程图的意见，判断流程的可行性及需要增删的步骤、环节和程序
（1）将流程图提交相关管理人员及与制度相关的部门负责人审核
（2）征求管理人员对流程图的意见

图 1-11　流程图草案意见征询方式

第 7 步：流程调整修正

通过上述方式进行意见征询后，流程设计人员应综合分析意见征询结果，汇总各种修改意见，对流程图进行修改和完善，提交权限主管领导审核后再呈交总经理批准，或在董事会审议通过后公示执行。

☆ 流程定稿要求

老员工能够按流程图做事，新员工能够根据流程图知道怎样做事。

☆ 流程试运行与检查

流程设计人员要监控流程试运行过程，检查并汇总试运行过程中出现的问题，做好检查记录，为问题分析和流程改善做准备。流程实施与检查内容说明如表 1-14 所示。

表 1-14　流程实施与检查内容说明

项次	检查项目	具体检查内容
1	检查流程是否稳定	◎在实施过程中是否出现例外活动 ◎在实施过程中是否出现步骤、时间、权责方面的冲突 ◎是否出现上一部分的步骤成果（输入）不能充分影响下一步骤的活动 ◎是否出现资源（特别是人力资源）与任务不匹配的情况
2	检查程序是否合理	◎适宜性：程序适应内外部环境变化的能力 ◎充分性：程序各过程的展开程度 ◎有效性：达到的结果与所使用的资源之间的关系，确保程序的经济性

☆ 流程简化

流程简化的目标是用最少的资源执行流程，减少资源浪费。流程简化的方法包括取消环节、合并环节、环节调序、简单化环节、自动化环节以及一体化环节等。

流程简化工作的一般操作方法如下：

- 对评估流程进行再评估，确认和削减增加资源耗费的活动；
- 评估各种测量方法，判断其能否提供有用和可控的信息；
- 缩短时间，测试输出数量 / 质量是否相应减少；
- 依据上述变动调整程序简化计划；
- 将程序置于自动运行状态，通过周期性检查发现问题。

1.3.7　发布、实施与检查

1. 流程的确定与发布

流程设计人员将经过实践检验的流程图提交企业领导审核签字后，以适当的方式向全体员工公示，并自公示之日起生效，便于员工遵照执行。

一般情况下，常用的流程公示方式有四种，企业可根据实际情况选择运用，具体做法如表 1-15 所示。

表 1-15 流程公示的四种方式及操作说明

序号	公示方式	操作说明
1	全文公告公示	在企业公共区域将流程图及相关说明全文公告，并将公告现场以拍照、录像等方式记录备案
2	集中学习	召开员工会议或组织员工进行集中学习、培训，并让员工签到确认参与了学习或培训
3	员工阅读并签字确认	将流程及相关说明做成电子或纸质文件交由员工阅读并签字确认。确认方式包括在流程文件的尾页签名、另行制作表格登记、制作单页的“声明”或“保证”
4	作为劳动合同附件	将流程文件作为劳动合同的附件，在劳动合同专项条款中约定“劳动者已经详细阅读，并自愿遵守本企业的各项规定”等内容

企业的经营管理人员或人力资源管理人员，对流程公示工作要细心谨慎，注意以下两大事项。

事项 1：务必让当事人知晓

务必将相关通知、决定等送到当事人手中，而不是“通告一贴，高高挂起”，要确保能够达到公示与告知的目的。

事项 2：注意留存公示的证据

不同的公示方式有不同的证据留存方式。例如，让员工在“签阅确认函”上签字确认，可签“已经阅读、明了，并且承诺遵守”等。

2. 优化流程实施的环境

设计了流程并不意味着企业的运行效率和经济效益必然会有大幅度的提高，更重要的工作是抓好流程管理的落实。

在管理和实施流程的过程中，企业不能忽视对流程实施环境的管理，应该注意以下几点。

- **建立合适的企业文化**

企业流程设计或再造一般均以流程为中心、以追求客户满意度的最大化为目标，这就要求企业从传统的职能管理向过程管理转变。

企业在实施流程管理时，需要改变过去的传统观念和习惯做法，建立一种能够适应这种转变的以“积极向上、追求变革、崇尚效率”为特征的企业文化，以使每个流程中的各项活动都能实现最大化增值的目标，为企业经济效益的提高做贡献。

● 提高企业领导对流程管理的认识

提高企业领导，特别是企业高层领导对流程管理的认识是企业发展中的重要问题，是企业提高运营效率和经济效益的重要措施，是企业战胜竞争对手的主要手段，是企业发展战略的重要因素。

只有企业的董事长、总经理、总监等高层领导重视流程管理，才能推动企业的流程再造，实施才能见到效果。

● 加强培训，使企业上下共同提高对流程的认识

在实施流程管理的过程中，企业高、中层管理人员是推动流程管理的骨干，广大员工则是推动流程管理的重要力量。

通过培训，使企业的管理团队与员工提高对流程设计或再造的认识，共同认识到流程的意义，认识到流程再造对企业生存和发展的作用，只有这样推动与实施流程再造，才能达到良好的效果。

此外，通过培训，可以提高员工的自觉性，使员工自觉遵守新的流程。

3. 实现流程的有效落实

企业的流程图绘制完毕、装订成册后，需要发给企业各部门，以便员工遵照执行。流程图实际上是企业的一项规章制度，它可以帮助企业建立正常的工作规则和工作秩序。

以下是流程有效落实的四种思路，具体如图 1-12 所示。

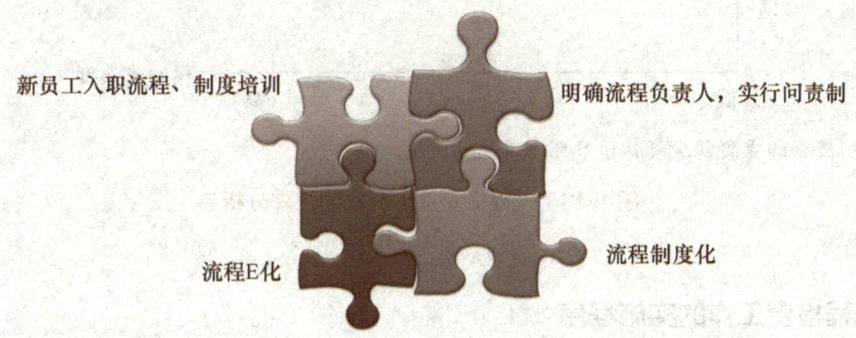
新员工入职流程、制度培训
明确流程负责人，实行问责制
流程E化
流程制度化

注：流程E化是指应用现有的IT技术，实现企业各项管理和业务流程的电子化。

图 1-12　流程有效落实的四种思路

4. 开展有针对性的流程检查

流程检查的目的是提高企业的效益，保证流程目标的最终实现。

● 控制流程检查的成本投入。流程检查成本投入需要与该流程的产出价值相匹配，否则既浪费资源，又不能创造价值。企业在流程检查工作中要有成本意识，强化“投资回报”的概念。

● 把握好流程检查的度。在设计流程检查方案时，需要确定流程检查的精细度、频次及抽样方法，控制检查成本。流程检查工作要抓住关键流程，抓住流程的关键环节，结合实际情况和流程的运转时间确定流程检查的频次和抽样方式。

5. 流程检查重点的选取

流程检查需要与流程实际执行情况相匹配，合理设置流程关键控制点。

● 对于流程成熟度高（流程绩效表现合理且稳定）、人员能力较强的流程，企业可降低检查投入，也可取消相关的关键控制点。

● 对于流程成熟度较低（流程绩效波动较大）的流程，企业需要加强对该流程的检查力度或新增关键控制点，以稳定流程绩效。

流程检查重点选取的矩阵分析如图 1-13 所示。

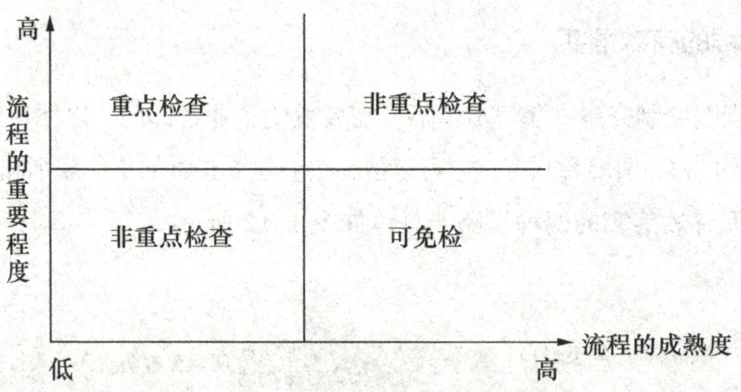
高
流程的重要程度
重点检查
非重点检查
非重点检查
可免检
低
高
流程的成熟度

注：流程的重要程度评估请参照本章1.3.4所述。

图 1-13　流程检查重点选取的矩阵分析

6. 流程检查工作的实施程序

流程检查工作的实施程序如图 1-14 所示。

7. 流程绩效评估与改进

从本质上看，流程绩效评估是为企业战略与经营服务的，企业需要对某些关键的流程进行绩效评估，将流程绩效作为企业绩效管理的一个重要维度。

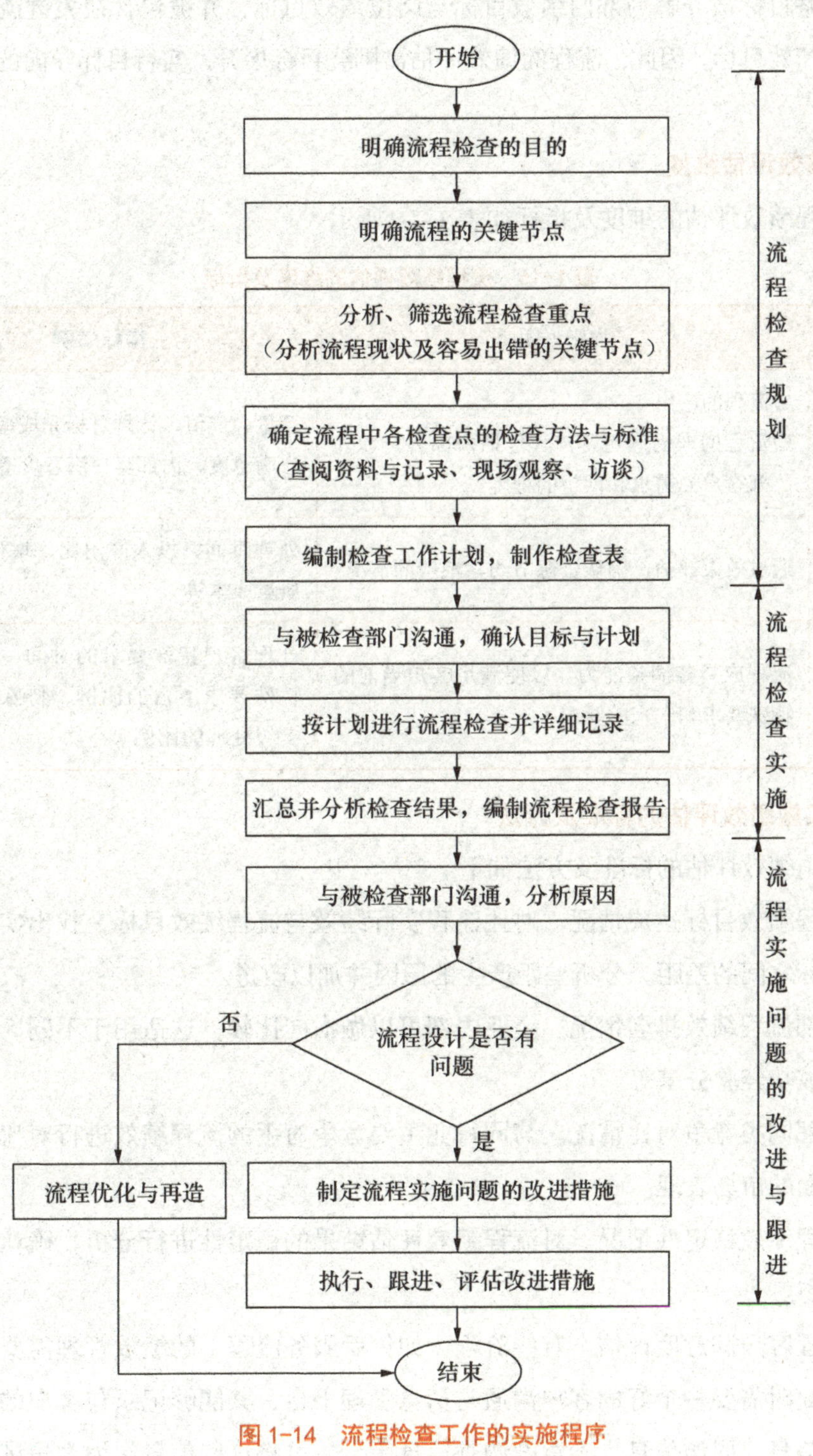
开始
明确流程检查的目的
明确流程的关键节点
分析、筛选流程检查重点
（分析流程现状及容易出错的关键节点）
确定流程中各检查点的检查方法与标准
（查阅资料与记录、现场观察、访谈）
编制检查工作计划，制作检查表
与被检查部门沟通，确认目标与计划
按计划进行流程检查并详细记录
汇总并分析检查结果，编制流程检查报告
与被检查部门沟通，分析原因
流程设计是否有问题
否
是
流程优化与再造
制定流程实施问题的改进措施
执行、跟进、评估改进措施
结束
流程检查规划
流程检查实施
流程实施问题的改进与跟进

图 1-14　流程检查工作的实施程序

● 确定流程的绩效目标

企业战略目标被分解为部门绩效目标与岗位绩效目标，并被包含在关键流程中，即流程被赋予绩效目标。因此，流程的绩效评估需围绕目标展开，实行目标导向的流程绩效评估。

● 流程绩效评估维度

企业流程绩效评估的维度及指标如表 1–16 所示。

表 1–16　流程绩效评估的维度及指标

评估维度	详细说明	指标举例
效果	◎流程的产出 ◎流程的产出满足客户（包括内部客户和外部客户）需求和期望的程度	产量、产值、计划目标完成率、外部客户满意度、内部客户满意度等
效率	通过效果评估，确认资源节约与浪费的情况	处理时间、投入产出比、增值时间比、质量成本等
弹性	流程应具备调整能力，以便满足客户当前的特殊要求和未来的要求	处理客户特殊要求的时间、被拒绝的特殊要求所占的比例、特殊要求递交上级处理的比例等

● 流程实施绩效评估的标准及方法

流程实施绩效评估的标准及方法如下。

（1）流程绩效目标达成情况。对比流程实际绩效与流程绩效目标，找出实际绩效与流程绩效目标之间的差距，分析差距产生的原因并加以改进。

（2）内部流程绩效排名情况。企业内部可以做横向比较，这适用于不同区域的业务流程竞争、成功经验分享等。

（3）外部同类竞争对比情况。与同行业主要竞争对手的流程绩效进行对比，以了解企业在该方面的市场表现。

（4）流程绩效稳定性情况。对流程绩效评估结果的稳定性进行分析，确认流程是否处于受控状态。

（5）流程客户满意度评估。有些流程（如售后服务流程）的绩效管理需要客户与市场的评估，此时需要一个好的客户沟通与信息管理平台，其能够记录与客户的日常沟通信息、投诉信息、回访信息、满意度调查信息等，并可将这些信息作为客户满意度评估的依据。

● 流程绩效评估结果的运用

企业流程绩效评估结果可运用于五个方面，具体如图 1–15 所示。

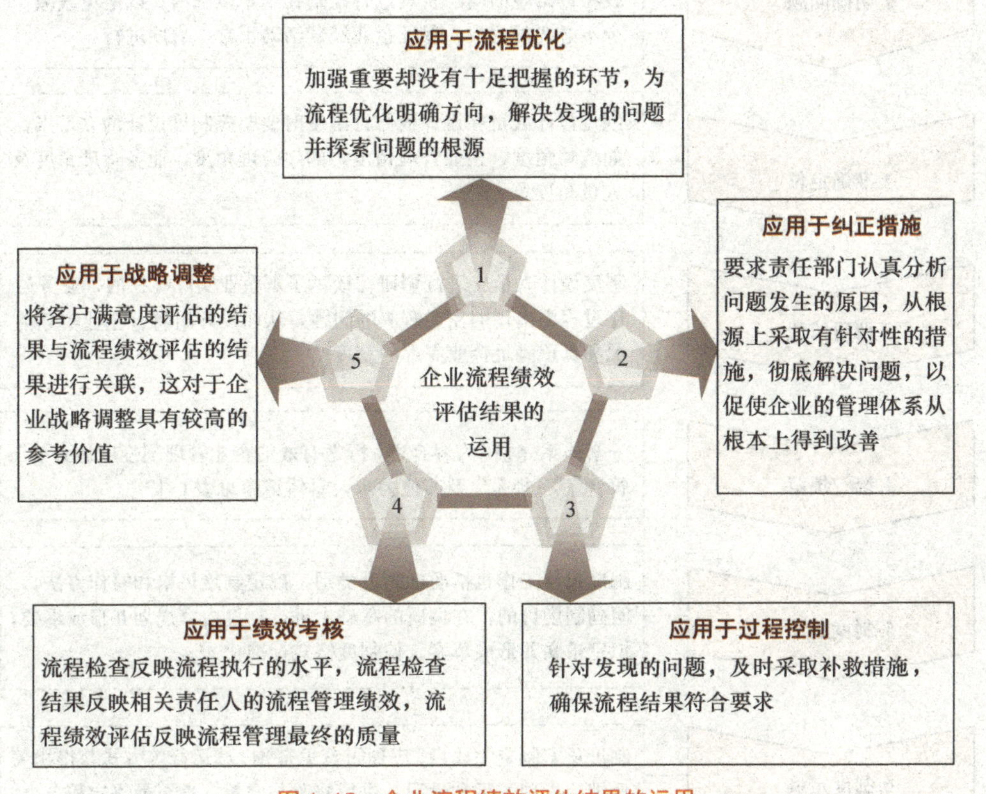

应用于流程优化
加强重要却没有十足把握的环节，为流程优化明确方向，解决发现的问题并探索问题的根源
应用于纠正措施
要求责任部门认真分析问题发生的原因，从根源上采取有针对性的措施，彻底解决问题，以促使企业的管理体系从根本上得到改善
应用于战略调整
将客户满意度评估的结果与流程绩效评估的结果进行关联，这对于企业战略调整具有较高的参考价值
1
2
3
4
5
企业流程绩效评估结果的运用
应用于绩效考核
流程检查反映流程执行的水平，流程检查结果反映相关责任人的流程管理绩效，流程绩效评估反映流程管理最终的质量
应用于过程控制
针对发现的问题，及时采取补救措施，确保流程结果符合要求

图 1–15　企业流程绩效评估结果的运用

1.4　流程执行章程设计

1.4.1　配套制度设计

制度是规范员工行为的标尺之一，是企业进行规范化、制度化管理的基础。只有不断推进规范化、制度化管理，企业才能逐步发展壮大。

1. 制度设计步骤

企业在设计流程配套制度时，要明确需要解决的问题及要达到的目的，为制度准确定位，开展内外部调研，明确制度规范化的程度，统一制度格式，等等。制度设计的步骤如图 1–16 所示。

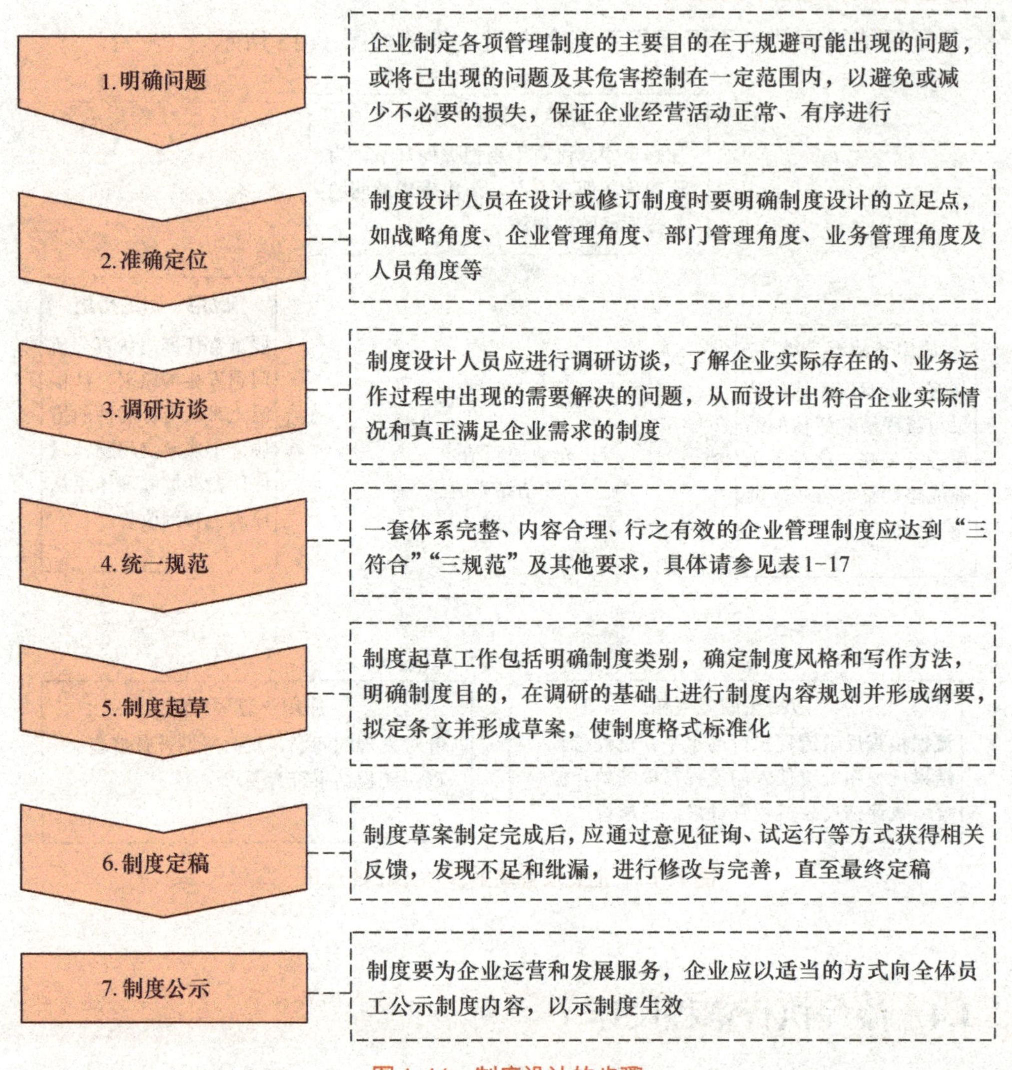
1.明确问题
企业制定各项管理制度的主要目的在于规避可能出现的问题，或将已出现的问题及其危害控制在一定范围内，以避免或减少不必要的损失，保证企业经营活动正常、有序进行
2.准确定位
制度设计人员在设计或修订制度时要明确制度设计的立足点，如战略角度、企业管理角度、部门管理角度、业务管理角度及人员角度等
3.调研访谈
制度设计人员应进行调研访谈，了解企业实际存在的、业务运作过程中出现的需要解决的问题，从而设计出符合企业实际情况和真正满足企业需求的制度
4.统一规范
一套体系完整、内容合理、行之有效的企业管理制度应达到“三符合”“三规范”及其他要求，具体请参见表1-17
5.制度起草
制度起草工作包括明确制度类别，确定制度风格和写作方法，明确制度目的，在调研的基础上进行制度内容规划并形成纲要，拟定条文并形成草案，使制度格式标准化
6.制度定稿
制度草案制定完成后，应通过意见征询、试运行等方式获得相关反馈，发现不足和纰漏，进行修改与完善，直至最终定稿
7.制度公示
制度要为企业运营和发展服务，企业应以适当的方式向全体员工公示制度内容，以示制度生效

图 1-16　制度设计的步骤

2. 制度设计规范及要求

要想设计一套体系完整、内容合理、行之有效的企业管理制度，制度设计人员必须遵循一定的规范及要求，具体内容如表 1-17 所示。

表 1-17　制度设计规范及要求

设计规范	具体要求
三符合	符合企业管理者最初设想的状态

（续表）

<table>
<tr><th>设计规范</th><th colspan="2">具体要求</th></tr>
<tr><td rowspan="2">三符合</td><td colspan="2">符合企业管理科学原理</td></tr>
<tr><td colspan="2">符合客观事物发展规律或规则</td></tr>
<tr><td rowspan="3">三规范</td><td>规范
制度制定者</td><td>◎品行好，能做到公正、客观，有较强的文字表达能力和分析能力，熟悉企业各部门的业务及具体工作方法
◎了解国家相关法律法规、社会公序良俗和员工习惯，了解制度的制定、修改、废止等程序及审批权限
◎制度所依资料全面、准确，能反映企业经营活动的真实面貌</td></tr>
<tr><td>规范
制度内容</td><td>◎合法合规，制度内容不能违反国家法律法规，要遵守公德民俗，确保制度有效、内容完善
◎形式美观、格式统一、简明扼要、易操作、无缺漏
◎语言简洁、条例清晰、前后一致、符合逻辑
◎制度可操作性强，能与其他规章制度有效衔接
◎说明制度涉及的各种文本的效力，并用书面或电子文件的形式向员工公示或向员工提供接触标准文本的机会</td></tr>
<tr><td>规范
制度实施过程</td><td>◎明确培训及实施过程、公示及管理、定期修订等内容
◎营造规范的执行环境，减少制度执行过程中可能遇到的阻力
◎规范全体员工的职责、工作行为及工作程序
◎制度的制定、执行与监督应由不同人员完成
◎监督并记录制度执行的情况</td></tr>
</table>

3. 制度框架设计

制度的内容结构常采用“一般规定—具体制度—附则”的模式。一个规范、完整的制度所需具备的内容包括制度名称、总则 / 通则、正文 / 分则、附则与落款、附件这五大部分。制度设计人员应注意每一部分，使所制定的制度内容完备、合规、合法。

根据制度的内容结构，图 1-17 给出了常用的制度内容框架及设计规范，供读者参考。

需要说明的是，对于针对性强、内容单一、业务操作性强的制度，正文中不用分章，可直接分条列出，但总则与附则中的有关条目不可省略。

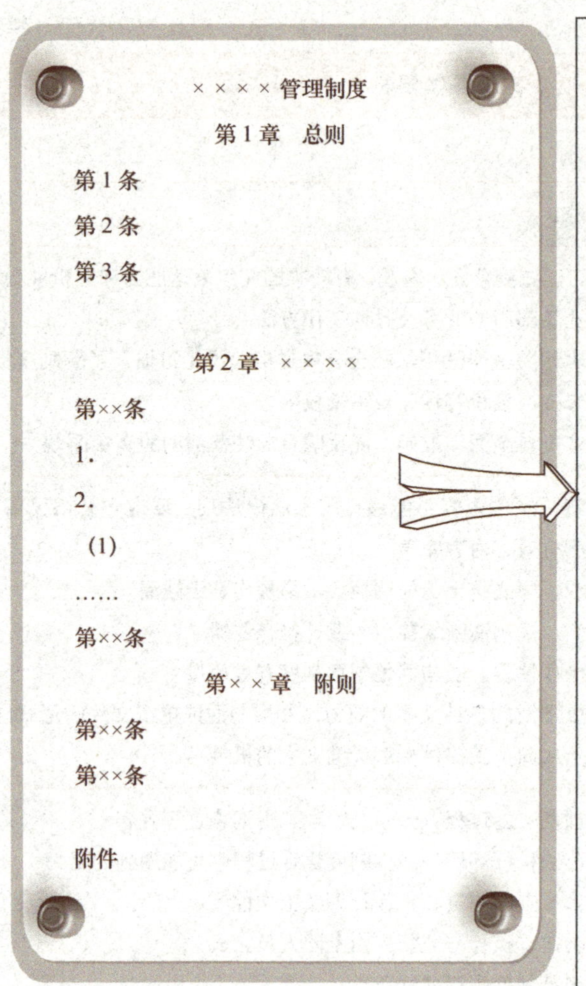
××××管理制度
第1章 总则
第1条
第2条
第3条
第2章 ××××
第××条
1.
2.
(1)
……
第××条
第××章 附则
第××条
第××条
附件

制度名称拟定

◎ 制度名称要清晰、简洁、醒目

◎ 受约单位/个人（可省略）+内容+文种

制度总则设计

◎ 制度总则的内容包括制度目的、依据的法律法规及内部制度文件、适用范围、受约对象或其行为界定、重要术语解释和职责描述等

制度正文设计

◎ 制度的主体部分包括对受约对象或具体事项的详细约束条目

◎ 正文分章，所列条目全面、合乎逻辑，语言表述清晰，没有歧义

◎ 既可以按对人员的行为要求分章分条，也可以按具体事项的流程分章分条

制度附则设计

◎ 说明制度制定、审批、实施要求与日期、修订事项等，保证制度的严肃性

◎ 包括未尽事宜解释，制定、修订、审批单位或人员，以及生效条件、日期等

制度附件设计

◎ 包括制度执行过程中需要用到的表单、附表、文件，以及相关制度和资料等

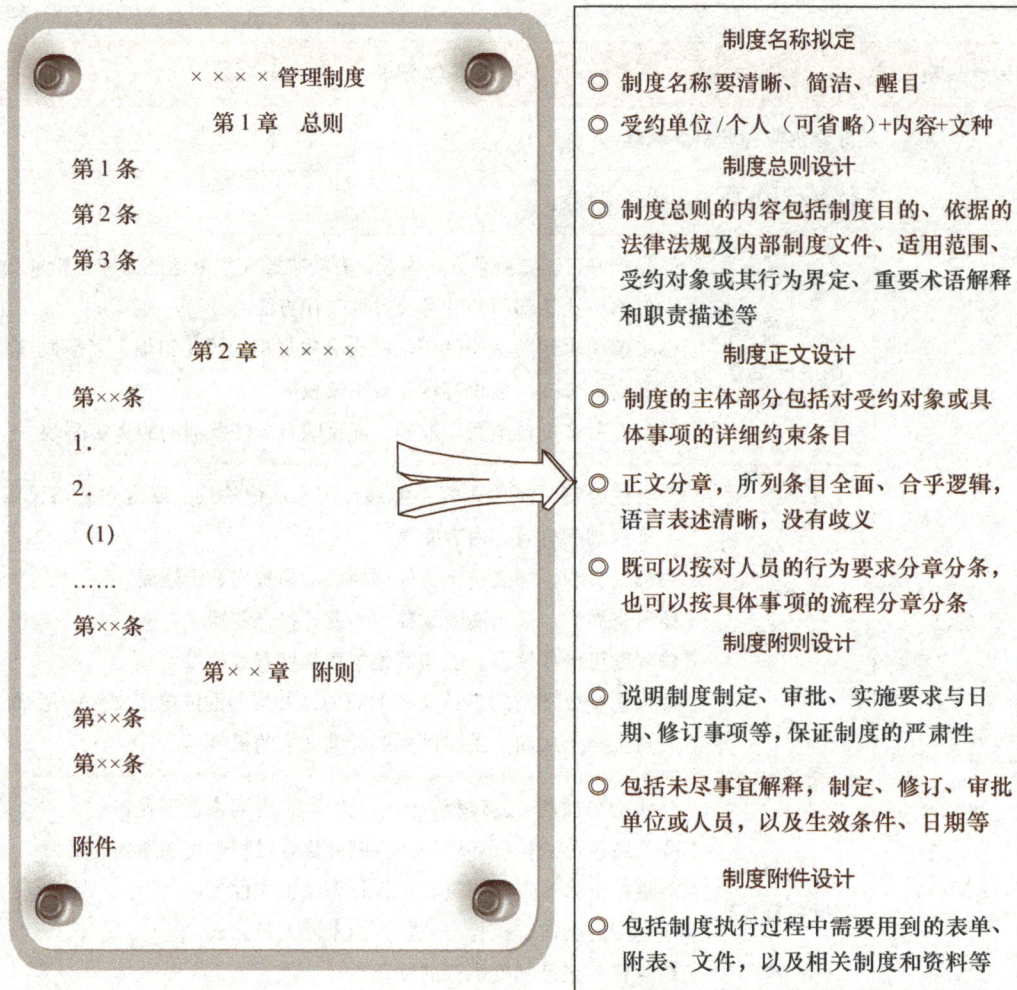

图1-17 制度内容框架及设计规范

4. 制度修订

企业在发展过程中，有些制度可能会成为制约其发展的主要因素，因此企业需要不断修订、完善甚至废止这些制度。总之，不断推进制度化管理伴随着企业发展的整个过程。

制度设计人员或修订人员需要根据实际情况，及时修订与企业发展不相适应的规范、规则和程序，以满足企业日常经营及长远发展的需要。配套制度修订时间的选择如表1-18所示。

表 1-18　配套制度修订时间的选择

状况类别	修订时间
企业外部	◎国家或地方修订或新颁布相关法律法规，导致企业某些制度或条款不合法、有缺陷或多余等 ◎企业所处的外部环境、市场条件等发生重大变化，影响了企业的日常经营活动
企业内部	◎配套的流程发生了变化 ◎企业定期统一复审制度、机构调整、岗位设置发生变化等 ◎企业各部门或各岗位通过工作实践，认为已有制度存在问题
备注	在上述情况下，如果制度确实不符合企业当前的实际情况，可撤销或合并到其他制度中

制度修订就是在现存相关制度的基础上，对制度的内容进行添加、删减、合并等处理，以及对制度的体系结构进行再设计。制度设计人员可根据图 1-18 所示的流程修订制度。

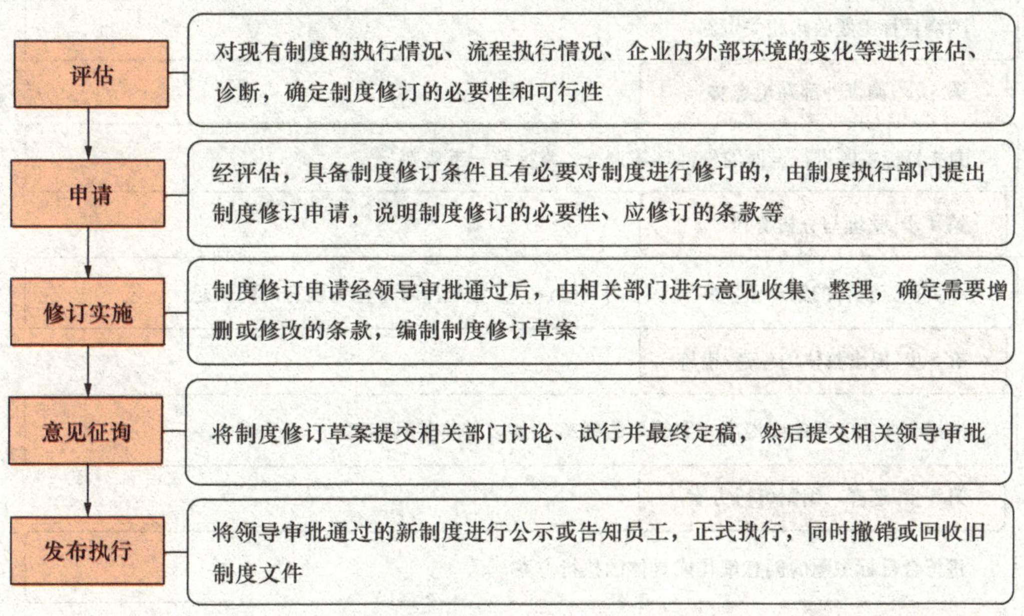
评估
对现有制度的执行情况、流程执行情况、企业内外部环境的变化等进行评估、诊断，确定制度修订的必要性和可行性
申请
经评估，具备制度修订条件且有必要对制度进行修订的，由制度执行部门提出制度修订申请，说明制度修订的必要性、应修订的条款等
修订实施
制度修订申请经领导审批通过后，由相关部门进行意见收集、整理，确定需要增删或修改的条款，编制制度修订草案
意见征询
将制度修订草案提交相关部门讨论、试行并最终定稿，然后提交相关领导审批
发布执行
将领导审批通过的新制度进行公示或告知员工，正式执行，同时撤销或回收旧制度文件

图 1-18　制度修订流程

在制度修订的过程中，制度设计人员要注意以下几点：

- 要适应企业新的机构运行模式与流程管理的要求；
- 要发挥各制度管理部门的主动性和制度执行部门的能动性；
- 要强化各项工作的管理责任要求；
- 要强调各职能部门的管理服务标准；
- 要规范制度的编制格式，为制度的再修订和日后的统稿工作制定标准。

1.4.2 辅助方案设计

方案是指某一项工作或行动的具体计划或针对某一问题制定的规划。撰写工作方案是员工必须完成的一项任务。一份实操性强、思路清晰、富有创新性的方案，不仅有利于方案的实际操作，而且还能获得上级领导的称赞。

1. 方案设计的步骤

方案设计的步骤如图 1-19 所示。

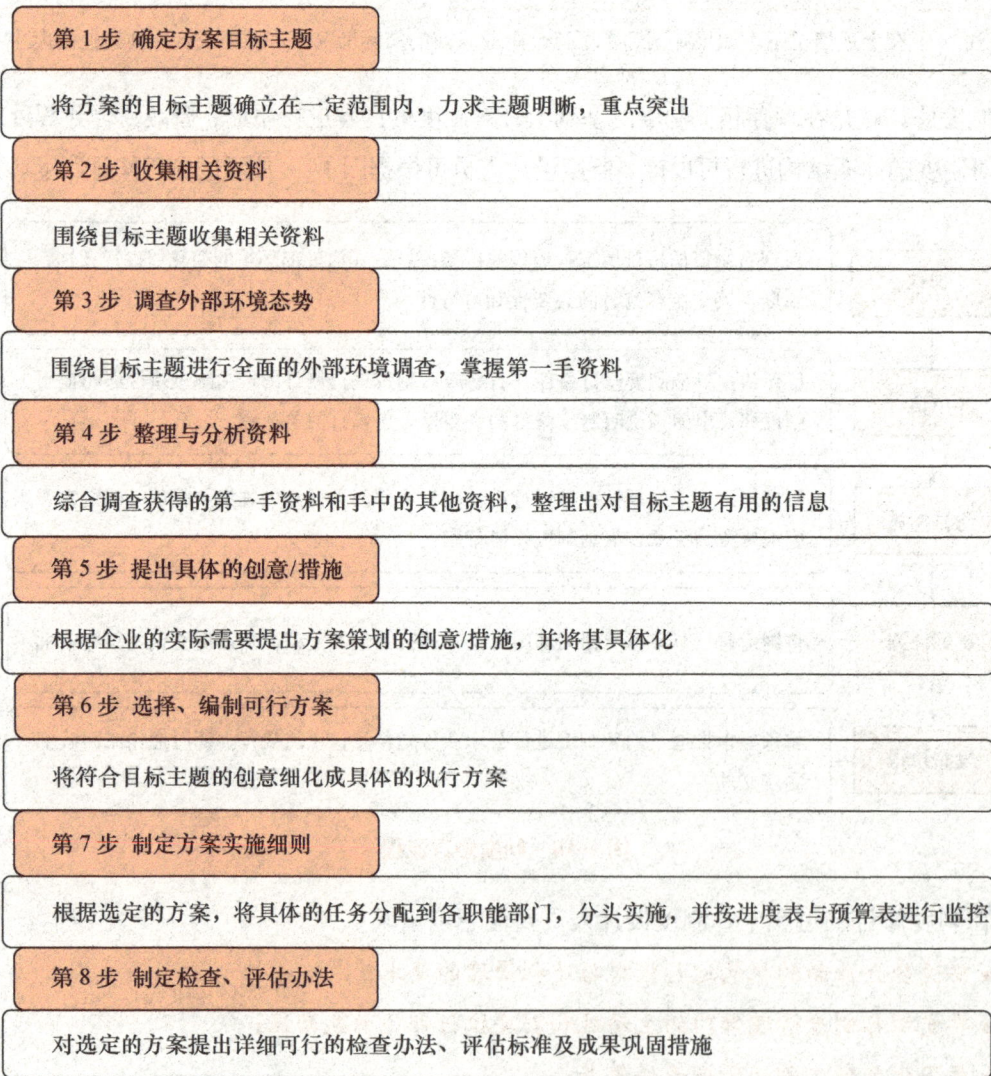

第 1 步 确定方案目标主题

将方案的目标主题确立在一定范围内，力求主题明晰，重点突出

第 2 步 收集相关资料

围绕目标主题收集相关资料

第 3 步 调查外部环境态势

围绕目标主题进行全面的外部环境调查，掌握第一手资料

第 4 步 整理与分析资料

综合调查获得的第一手资料和手中的其他资料，整理出对目标主题有用的信息

第 5 步 提出具体的创意/措施

根据企业的实际需要提出方案策划的创意/措施，并将其具体化

第 6 步 选择、编制可行方案

将符合目标主题的创意细化成具体的执行方案

第 7 步 制定方案实施细则

根据选定的方案，将具体的任务分配到各职能部门，分头实施，并按进度表与预算表进行监控

第 8 步 制定检查、评估办法

对选定的方案提出详细可行的检查办法、评估标准及成果巩固措施

图 1-19 方案设计的步骤

2. 方案的内容结构

方案一般包括指导思想、主要目标、工作重点、实施步骤、政策措施和具体要求等内容，其结构如图 1–20 所示。

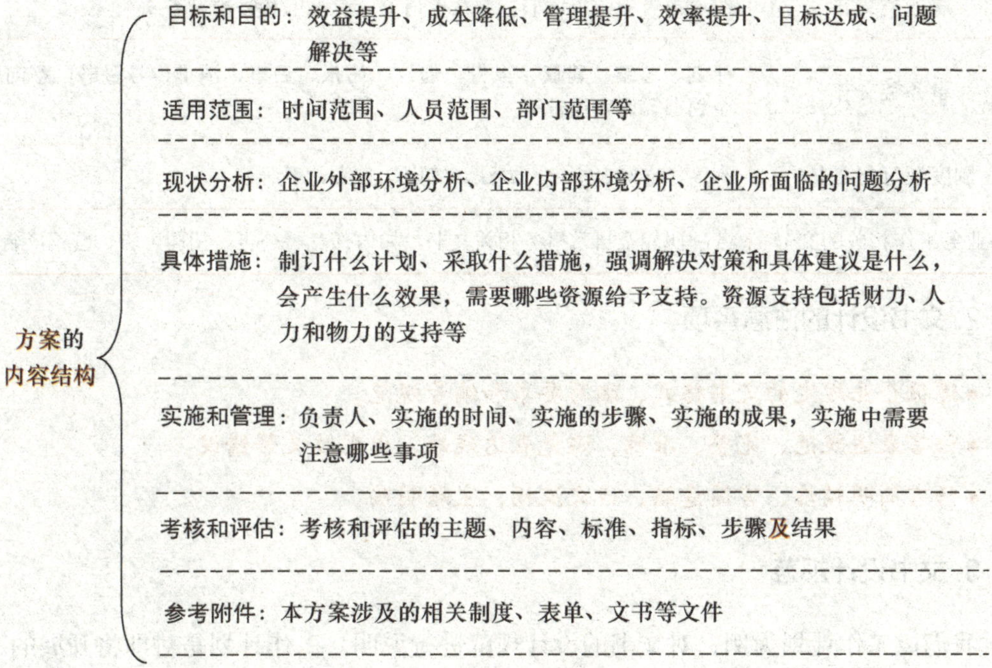

方案的内容结构：

- 目标和目的：效益提升、成本降低、管理提升、效率提升、目标达成、问题解决等
- 适用范围：时间范围、人员范围、部门范围等
- 现状分析：企业外部环境分析、企业内部环境分析、企业所面临的问题分析
- 具体措施：制订什么计划、采取什么措施，强调解决对策和具体建议是什么，会产生什么效果，需要哪些资源给予支持。资源支持包括财力、人力和物力的支持等
- 实施和管理：负责人、实施的时间、实施的步骤、实施的成果，实施中需要注意哪些事项
- 考核和评估：考核和评估的主题、内容、标准、指标、步骤及结果
- 参考附件：本方案涉及的相关制度、表单、文书等文件

图 1–20　方案的内容结构

1.4.3　附带文书设计

文书是用于记录信息、交流信息和发布信息的一种工具。企业管理文书是指企业为了某种需要，按照一定的体例和要求形成的书面文字材料，包括各类文书、公文、文件等。

1. 企业管理文书分类

企业管理文书分类如表 1–19 所示。

表 1–19　企业管理文书分类

文书分类	具体文书种类
通用类文书	请示、批复、批示、通知、决定等，由企业统一规定编写格式与编号
合同类文书	劳动合同、业务合同等
会务类文书	企业各类会议的开幕词、闭幕词、演讲稿、会议记录、会议纪要、会议报告和会议提案等

（续表）

文书分类	具体文书种类
社交类文书	介绍信、感谢信、慰问信、表扬信、祝贺信和邀请函等
法务类文书	纠纷报告书、申诉书、仲裁申请书、起诉书和答辩书等
事务类文书	计划、总结、建议、报告、倡议、简报、启事、消息、号召书、意向书、企划书、调查报告等
制度规范类文书	制度、守则、规定、办法、细则、方案、手册等
与业务工作相关的文书	各项职能及日常事务相关文书，如内部竞聘公告、招聘广告、营销广告等

2. 文书设计的注意事项

- 遵循企业规定的文书格式、编写要求和编号规范。
- 语言表述规范、完整、准确，避免表达残缺、出现歧义等错误。
- 语言简明精炼、言简意赅，行文流畅，主题明确。

3. 文书设计规范

我们以工作计划为例，对文书的设计规范进行说明。工作计划是对即将开展的工作的设想和安排，如提出任务指标、任务完成时间和实施方法等。工作计划既是明确工作目标、推进工作开展的有效指导，也是对工作进度和工作质量进行考核的依据之一。工作计划的内容结构如图 1-21 所示。

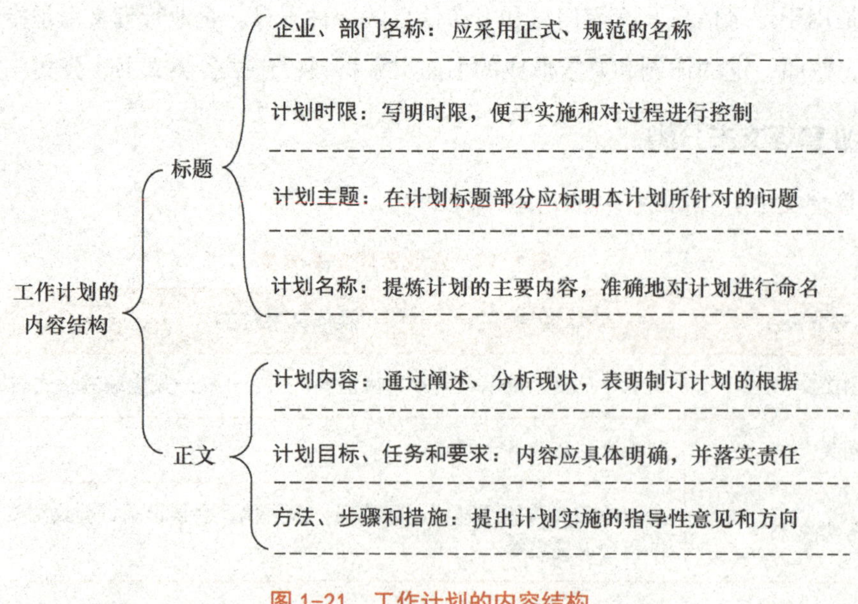
工作计划的内容结构
标题
企业、部门名称：应采用正式、规范的名称
计划时限：写明时限，便于实施和对过程进行控制
计划主题：在计划标题部分应标明本计划所针对的问题
计划名称：提炼计划的主要内容，准确地对计划进行命名
正文
计划内容：通过阐述、分析现状，表明制订计划的根据
计划目标、任务和要求：内容应具体明确，并落实责任
方法、步骤和措施：提出计划实施的指导性意见和方向

图 1-21　工作计划的内容结构

1.4.4 表单设计

1. 表单种类

表单主要分为文字表单、工具表单和数量表单三种：

- 文字表单就是将文字信息按要求整理成表单，借以说明某一概念或事项等；
- 工具表单是企业员工经常使用的一种表单；
- 数量表单用于呈现数据，以便相关人员进行统计。

2. 表单的编制要求

表单的编制要求如下：

- 表单的内容要与标题相符；
- 表单的内容应言简意赅；
- 表单的格式应简洁明了且前后连贯。

3. 设计表单

设计表单就是将表单的行、列看作一个坐标的横轴、纵轴，将需要表达的内容清晰、简洁、直观地置入坐标中予以展现。

常见的表单绘制工具有 Word、Excel 等，表单设计人员可以根据工作需要进行选择。下面以 Word 为例介绍绘制表单的步骤，具体如图 1-22 所示。

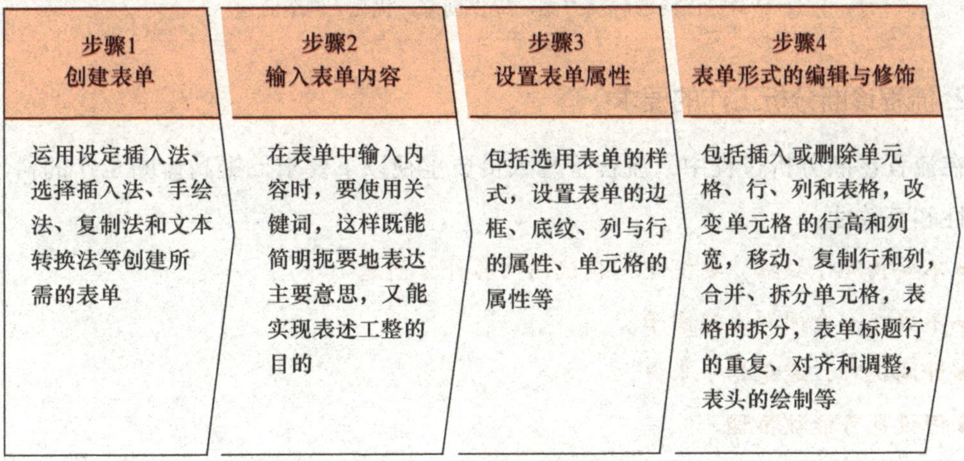

步骤1 创建表单	步骤2 输入表单内容	步骤3 设置表单属性	步骤4 表单形式的编辑与修饰
运用设定插入法、选择插入法、手绘法、复制法和文本转换法等创建所需的表单	在表单中输入内容时，要使用关键词，这样既能简明扼要地表达主要意思，又能实现表述工整的目的	包括选用表单的样式，设置表单的边框、底纹、列与行的属性、单元格的属性等	包括插入或删除单元格、行、列和表格，改变单元格 的行高和列宽，移动、复制行和列，合并、拆分单元格，表格的拆分，表单标题行的重复、对齐和调整，表头的绘制等

图 1-22 绘制表单的步骤

1.5 流程诊断与优化

1.5.1 流程诊断分析

流程优化的前提是对现有流程进行调查和研究，分析流程中存在的问题，即流程诊断。

1. 流程诊断分析工作的步骤

流程诊断分析工作的步骤如表 1-20 所示。

表 1-20 流程诊断分析工作的步骤

步骤	工作内容	采用的方法
1. 流程信息收集	◎收集信息 / 数据，了解企业流程执行现状 ◎找出流程建设、管理中存在的问题 ◎了解企业员工所关心的问题 ◎加强企业员工之间的沟通，让所有员工树立流程管理意识	内部调查、专家访谈、讨论会、外部客户访谈和座谈会等
2. 问题查找与分析	◎清晰地阐述需要解决的问题 ◎将大问题细分成若干小问题，这样更容易解决 ◎分析、探究问题的根源，提出解决方案	NVA/VA 分析法、5Why 分析法、鱼骨图法和逻辑树法等
3. 编制诊断报告	◎根据问题的根源，结合企业的实际情况，编制诊断报告 ◎提出问题解决方案，提供创意，优化 / 再造流程	—

2. 流程诊断分析工作的要求

在流程诊断分析过程中，流程管理人员要重视以下要求，提高诊断工作的科学性、合理性和有效性。

- 不要拘泥于数据，要探究“我试图回答什么问题”。
- 不要在一个问题上绕圈子。
- 开阔视野，避免钻牛角尖。
- 假设也可能被推翻。
- 反复检验观点。
- 细心观察。
- 寻找突破性的观点。

3. 流程诊断分析的方法

企业常用的流程诊断分析方法有 NVA/VA 分析法、5Why 分析法等，具体内容如下。

• NVA/VA 分析法

NVA/VA 分析法是指将构成某一个流程的各项工作任务分为三类，即非增值活动、增值活动和浪费。NVA/VA 分析法的说明如图 1–23 所示。

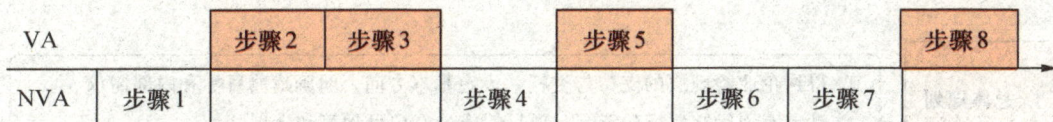

VA		步骤2	步骤3		步骤5			步骤8
NVA	步骤1			步骤4		步骤6	步骤7	

注：了解增值活动（VA）在流程的全部活动中所占的比重，找出需要改进的重点，制定切实可行的改进目标。

◆非增值活动（NVA）指不增加附加值，但却是实现增值不可缺少的活动，是各项增值活动的重要衔接。

◆增值活动（VA）指能提高产品或服务的附加值的活动。

◆浪费（Waste）指既不能增值，也不是必需的活动。

图 1-23　NVA/VA 分析法的说明

• 5Why 分析法

5Why 分析法是指在对某一个流程进行诊断、分析和改进时，需针对其提出以下问题并给出答案。

◆为什么确定这样的工作内容？

◆为什么在这个时间和这个地点做？

◆为什么由这个人来做？

◆为什么采用这种方式做？

◆为什么需要这么长时间？

流程管理人员根据以上五个问题的答案，找出企业流程在实际运行过程中存在的问题，分析问题的根源，从而制定流程优化或再造方案。

1.5.2　流程优化的注意事项

流程优化的注意事项如下：

• 优化那些不能给企业带来利润或者效率、效益较差的流程，或者在日常运行中容易出现问题的流程；

• 优化那些对企业运营非常重要且急需改造的流程；

• 优化流程必须先易后难；

- 经过优化的流程必须和原有流程紧密衔接，确保流程管理的系统性和全面性；
- 经过优化的流程必须具有可操作性和稳定性。

1.5.3 流程优化程序

企业流程优化工作应抓住重点，找出最急迫和最重要的需求点。流程优化的具体程序如图 1–24 所示。

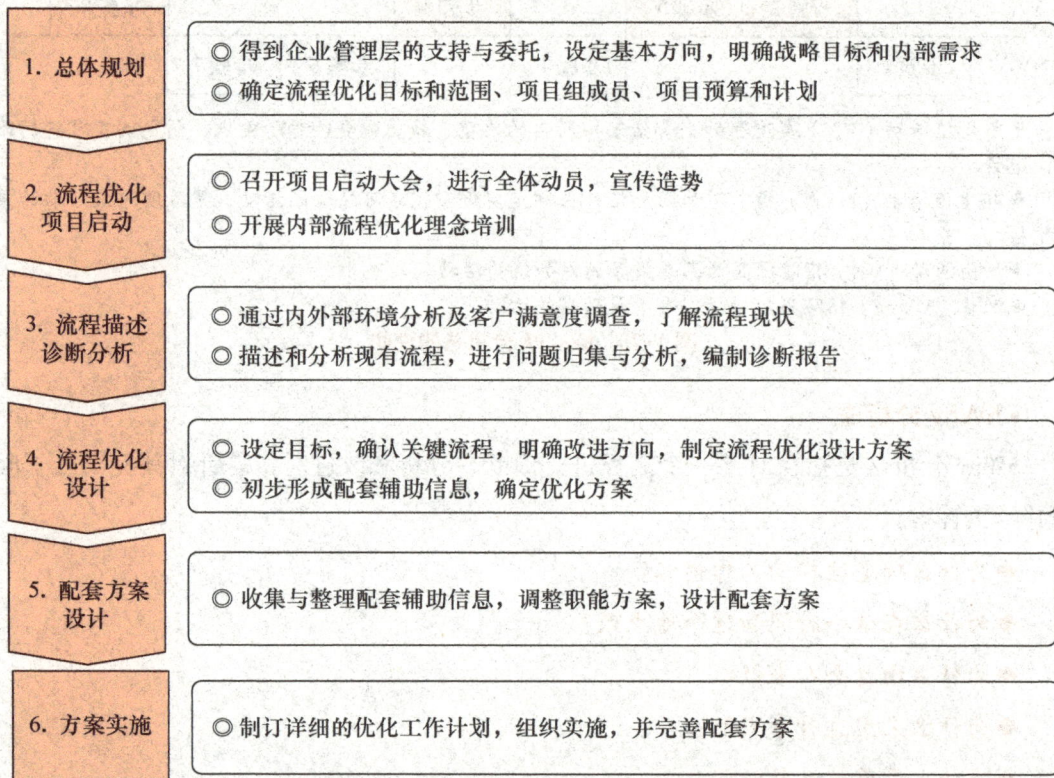

1. 总体规划	◎ 得到企业管理层的支持与委托，设定基本方向，明确战略目标和内部需求 ◎ 确定流程优化目标和范围、项目组成员、项目预算和计划
2. 流程优化项目启动	◎ 召开项目启动大会，进行全体动员，宣传造势 ◎ 开展内部流程优化理念培训
3. 流程描述诊断分析	◎ 通过内外部环境分析及客户满意度调查，了解流程现状 ◎ 描述和分析现有流程，进行问题归集与分析，编制诊断报告
4. 流程优化设计	◎ 设定目标，确认关键流程，明确改进方向，制定流程优化设计方案 ◎ 初步形成配套辅助信息，确定优化方案
5. 配套方案设计	◎ 收集与整理配套辅助信息，调整职能方案，设计配套方案
6. 方案实施	◎ 制订详细的优化工作计划，组织实施，并完善配套方案

图 1–24 流程优化的具体程序

总体来说，流程优化工作包括以下三步：

- 现在何处——流程现状分析；
- 应在何处——流程优化目标；
- 如何到达该处——流程优化方法和途径。

1.5.4 流程优化ESIA法

企业流程优化可以从清除（Eliminate）、简化（Simplify）、整合（Integrate）和自动化（Automate）四个方面入手，该方法简称为“ESIA 法”，它可以帮助企业减少流程中的非增值活动和调整流程的核心增值活动。

1. 清除

清除主要指对企业现有流程内的非增值活动予以清除。

企业可通过以下问题判断某一活动环节是属于增值还是非增值。

- 这个环节存在的意义?
- 这个环节的成果是整个流程完成的必要条件吗?
- 这个环节有哪些直接或间接的影响?
- 清除该环节可以解决哪些问题?
- 清除该环节可行吗?

需要明确的是，对于流程而言，超过需要的产出就是一种浪费，因为它占用了流程有限的资源。浪费现象包括但不限于以下几种：

- 过量产出;
- 活动间的等待;
- 不必要的运输;
- 反复的作业;
- 过量的库存（包括流程运行过程中大量文件和信息的淤积）;
- 缺陷、失误;
- 重复的活动，如信息重复录入;
- 活动的重组;
- 不必要的跨部门协调。

2. 简化

简化是指在尽可能清除非必要的非增值环节后，对剩下的活动进一步简化。

简化的方法包括但不限于以下几种。

- 简化表单：消除表单设计上的重复内容，借助相关技术，梳理表单的流转，从而减少工作量和一些不必要的活动环节。
- 简化流程步骤 / 环节：运用 IT 技术，提高员工处理信息的能力，简化流程步骤，整合工作内容，提高流程结构效率。
- 简化沟通。
- 简化物流：如调整任务顺序或增加信息的提供。

3. 整合

整合，即对分解的流程进行整合，以使流程顺畅、连贯，更好地满足客户的需求。

- 活动整合：将活动进行整合，授权一个人完成一系列简单活动，减少活动转交过程中的出错率，缩短工作处理时间。
- 团队整合：合并专家组成团队，形成“个案团队”或“责任团队”，缩短物料、信息和文件传递的距离，改善在同一流程中工作的人与人之间的沟通。
- 供应商（流程的上游）整合：减少企业和供应商之间的一些不必要的业务手续，建立信任和伙伴关系，整合双方流程。
- 客户（流程的下游）整合：面向客户，与客户建立良好的合作关系，整合企业和客户的各种关系。

4. 自动化

- 简单、重复与乏味的工作自动化。
- 数据的采集与传输自动化。减少反复的数据采集，并缩短单次采集的时间。
- 数据的分析自动化。通过分析软件，对数据进行收集、整理与分析，提高信息利用率。

1.6 流程再造

1.6.1 流程再造的核心

企业流程再造也叫作“企业再造”，或简称为“再造”。它是20世纪90年代初期兴起的一种新的管理理念和管理方法，被誉为继“科学管理”和全面质量管理（TQC）之后的“第三次管理革命”。

企业再造概念的创始者迈克尔•哈默（Michael Hammer）和詹姆斯•钱皮（James Champy）在《企业再造——商业革命宣言》（*Reengineering the Corporation：A Manifesto for Business Revolution*）一书中指出，“再造就是对企业的流程、组织结构、文化进行彻底的、急剧的重塑，以达到绩效的飞跃。”

流程再造的核心，不是单纯地对企业的管理与业务流程进行再造，而是将以职能为核心的传统企业改造成以流程为核心的新型企业，这也就是我们所说的企业再造。通过不断地变革与创新（从广义上讲，这里不仅包括流程再造，还包括企业组织的再造和变革），使原来趋向衰落的企业重新焕发生机，并且永远充满朝气和活力。

1.6.2　流程再造的基础

当前，市场竞争越来越激烈，企业要想在激烈的市场竞争中求得生存和发展，且立于不败之地，就必须全面、彻底地了解客户的需求，最大限度地满足客户的需求，并且不断适应外部市场环境的变化。企业进行流程设计与流程再造的目的是使内部管理流程规范化，并对其不断加以改造，只有这样企业才能适应不断变化的市场形势。

通常情况下，现代企业所面临的外部挑战主要来自客户（Customer）、变化（Change）、竞争（Competition）三个方面。由于这三个英文单词的首字母都是 C，所以外部挑战又称为“3C”。企业在进行流程设计与流程再造时，切记要把握好“3C”。只有这样，企业所设计或再造的流程才能够适应自身的发展和市场的变化，满足客户的需求。

以上是企业进行流程设计或流程再造时的外部条件。

就企业内部而言，企业中长期发展战略规划是流程设计与流程再造的基础条件。因此，企业应先制定出发展战略，再着手开展流程设计与流程再造工作。

1.6.3　流程再造的程序

企业流程再造的一般程序如表 1-21 所示。

表 1-21　企业流程再造的一般程序

一般程序	具体事项
1. 设定基本方向	（1）得到高层管理者的支持 （2）明确战略目标，确定流程再造的基本方针 （3）分析流程再造的可行性 （4）设定流程再造的出发点
2. 项目准备与启动	（1）成立流程再造小组 （2）设立具体工作目标 （3）宣传流程再造工作 （4）设计与落实相关的培训
3. 流程问题诊断	（1）进行现状分析，包括内外部环境分析、现行流程状态分析等 （2）发现问题

（续表）

一般程序	具体事项
4. 确定再造方案，重设流程	（1）明确流程方案设计与工作重点 （2）确认工作计划目标、时间以及预算计划等 （3）分解责任、任务 （4）明确监督与考核办法 （5）制定具体行动策略
5. 实施流程再造方案	（1）成立实施小组 （2）对参加人员进行培训 （3）发动全员配合 （4）新流程试验性启动、检验 （5）全面开展新流程
6. 流程监测与改善	（1）观察流程运作状况 （2）与预定再造目标进行比较分析 （3）对不足之处进行修正和改善

企业流程评估及流程再造的操作要点如下。

1. 流程评估的操作要点

- 确定企业与上下游互动关系的流程。
- 定义企业核心流程绩效评估的指标。
- 分析企业现有流程运作模式的优势和劣势。
- 确认企业流程现有运作模式。
- 确认企业流程的客户价值点。
- 确认企业流程与组织的关系。
- 确认企业流程的资源及成本。
- 分析决定企业流程再造的优先级别。

2. 流程再造的操作要点

- 了解现有流程及其目标、范围。
- 对比现有流程结构的优势和劣势。
- 分析流程各活动环节的责任归属。
- 确认与流程相匹配的绩效指标。

- 分析流程的瓶颈及再造切入点。
- 确定是否对流程控制点重新设计。
- 确认经重新设计的新流程系统。
- 建立评估体系，对新流程进行监测。

1.6.4　流程再造的技巧

图 1–25 提供了一些流程再造的技巧，供读者参考。

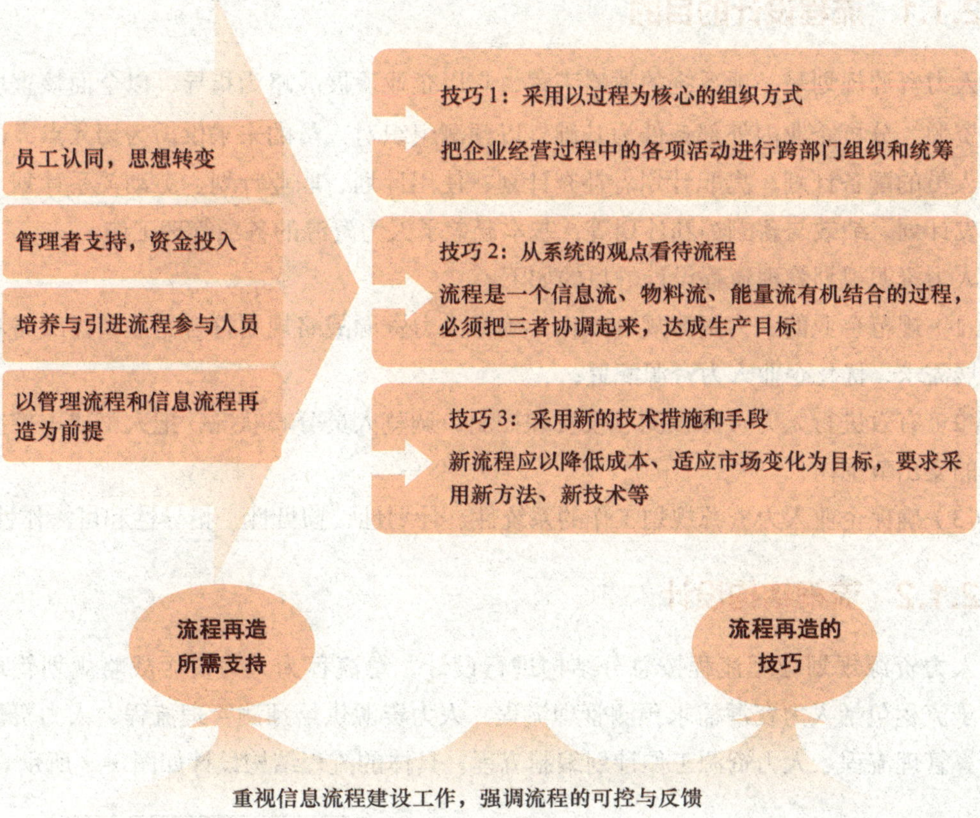

员工认同，思想转变

管理者支持，资金投入

培养与引进流程参与人员

以管理流程和信息流程再造为前提

技巧 1：采用以过程为核心的组织方式

把企业经营过程中的各项活动进行跨部门组织和统筹

技巧 2：从系统的观点看待流程

流程是一个信息流、物料流、能量流有机结合的过程，必须把三者协调起来，达成生产目标

技巧 3：采用新的技术措施和手段

新流程应以降低成本、适应市场变化为目标，要求采用新方法、新技术等

流程再造所需支持

流程再造的技巧

重视信息流程建设工作，强调流程的可控与反馈

图 1–25　流程再造的技巧

第2章 人力资源规划管理

2.1 人力资源规划管理流程设计

2.1.1 流程设计的目的

人力资源规划是一项系统的战略工程，它以企业发展战略为指导，以全面核查现有人力资源、分析企业内外部条件为基础，以预测组织对人员的未来供需为切入点，内容包括人员的配备计划、离职计划、补充计划、使用计划、职业计划、劳动关系计划、培训开发计划、绩效与薪酬福利计划等，基本涵盖了人力资源的各项管理工作。

人力资源规划管理流程设计的目的如下：

（1）规范企业的人力资源规划工作，确保人力资源战略规划符合企业整体战略和业务发展需求，优化企业人力资源配置；

（2）有效进行人力资源预测、投资和控制，调整人员分布状况，把人工成本控制在合理的支出范围内；

（3）确保企业人力资源规划工作的系统性、计划性、预见性、指导性和可操作性。

2.1.2 流程结构设计

人力资源规划管理流程按总分结构进行设计。总流程为人力资源战略规划管理流程，子流程包括人力资源需求预测管理流程、人力资源供给预测管理流程、人力资源费用预算管理流程、人力资源工作计划编制流程。具体的流程结构设计如图 2–1 所示。

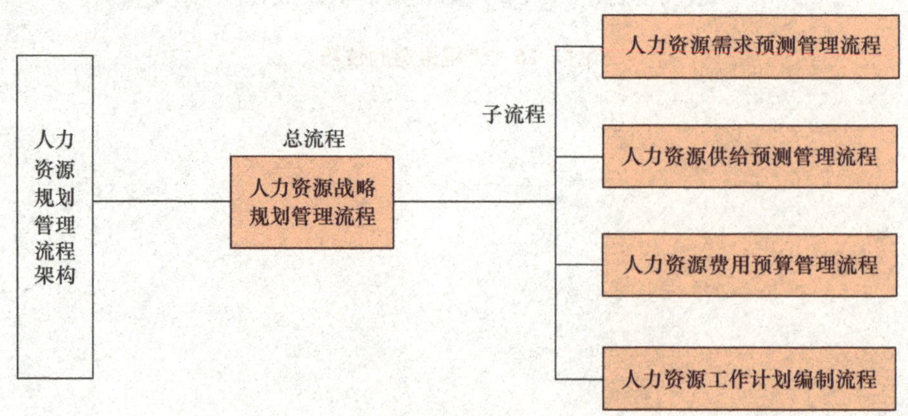
人力资源规划管理流程架构
总流程
人力资源战略规划管理流程
子流程
人力资源需求预测管理流程
人力资源供给预测管理流程
人力资源费用预算管理流程
人力资源工作计划编制流程

图 2–1　人力资源规划管理流程结构设计

2.2 人力资源战略规划管理流程设计与工作执行

2.2.1 人力资源战略规划管理流程设计

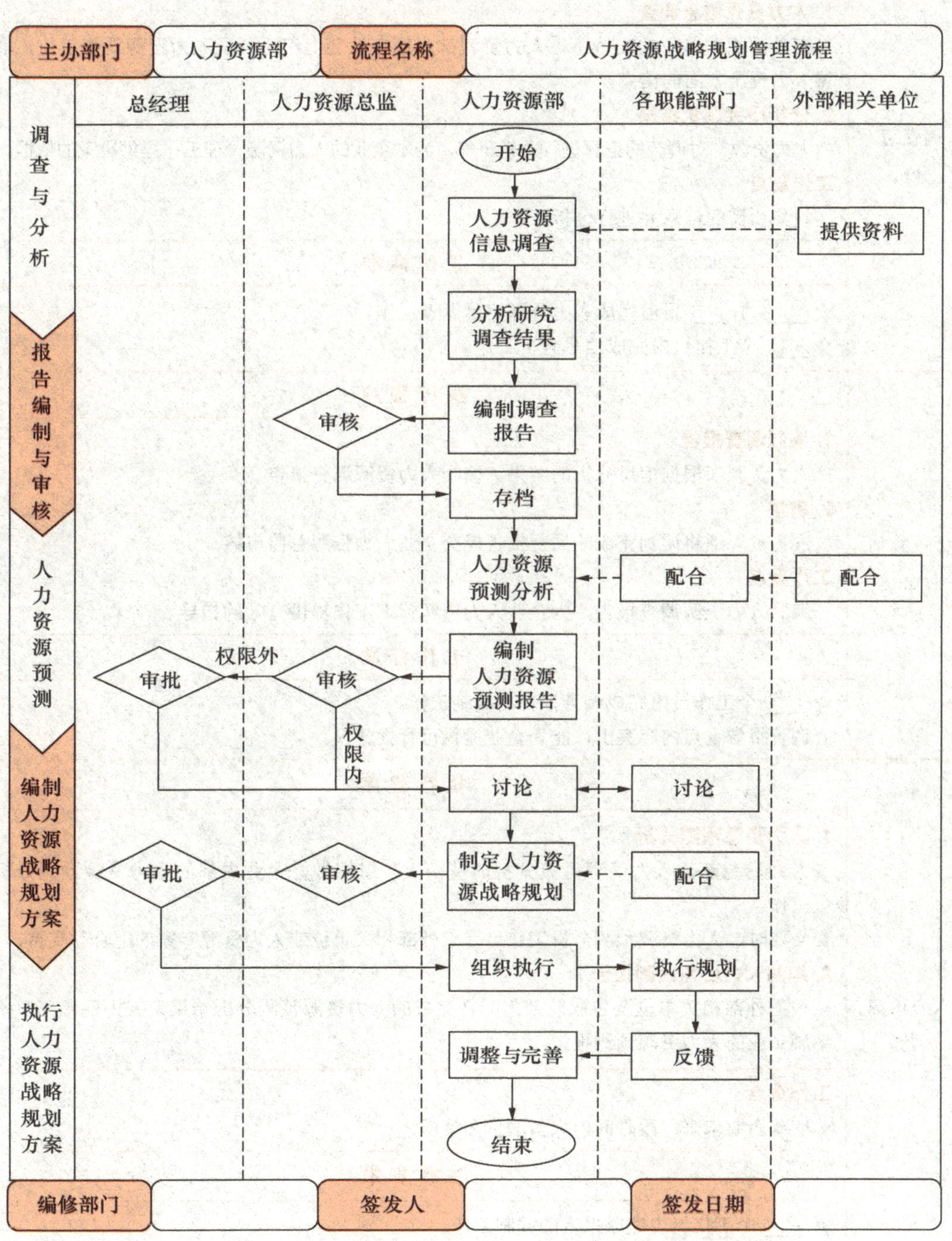

主办部门
人力资源部
流程名称
人力资源战略规划管理流程
总经理
人力资源总监
人力资源部
各职能部门
外部相关单位
调查与分析
报告编制与审核
人力资源预测
编制人力资源战略规划方案
执行人力资源战略规划方案
开始
人力资源信息调查
提供资料
分析研究调查结果
编制调查报告
审核
存档
人力资源预测分析
配合
配合
编制人力资源预测报告
审核
权限外
审批
权限内
讨论
讨论
制定人力资源战略规划
审核
审批
配合
组织执行
执行规划
调整与完善
反馈
结束
编修部门
签发人
签发日期

2.2.2 人力资源战略规划执行程序、工作标准、考核指标、执行规范

任务名称	执行程序、工作标准与考核指标
调查与分析	**执行程序**
	1. 人力资源信息调查 在外部相关单位的支持下，人力资源部定期在社会上广泛开展人力资源调查工作，取得人力资源方面的信息。 **2. 分析研究调查结果** 人力资源部对调查的信息进行分析研究，为本企业的人力资源管理工作提供决策的依据。 **工作重点** 收集所需的信息并进行分析。
	工作标准
	☆____月____日前完成人力资源信息调查工作。 ☆____个工作日内完成信息分析工作。
报告编制与审核	**执行程序**
	1. 编制调查报告 人力资源部根据信息分析的结果，编制人力资源调查报告。 **2. 审核** 人力资源部将编制完成的调查报告提交企业人力资源总监审核。 **工作重点** 编制人力资源调查报告，为企业人力资源管理工作提供有效的指导。
	工作标准
	☆____个工作日内完成调查报告的编制工作。 ☆调查报告重点内容突出，能为企业提供可行性建议。
人力资源预测	**执行程序**
	1. 人力资源预测分析 ☆人力资源部在人力资源调查分析的基础上，组织做好企业内部的人力资源预测分析工作。 ☆必要时，人力资源预测分析工作可寻求外部相关单位或人力资源专家的配合与支持。 **2. 编制人力资源预测报告** 根据外部相关单位及各职能部门配合完成的人力资源预测分析结果，人力资源部负责编制企业的人力资源预测报告。
	工作重点 明确企业未来一段时间内人员的供需情况。
	工作标准
	☆____个工作日内完成报告的编制工作。 ☆领导满意度评价不低于____%。

（续）

任务名称	执行程序、工作标准与考核指标
人力资源预测	**考核指标** ☆报告编制的及时性。报告编制及时，无延误或未按期完成的情况。 ☆报告内容的完整性。编制的预测报告内容完整、全面，包括人力资源所需预测的各个方面。
编制人力资源战略规划方案	**执行程序** **1. 制定人力资源战略规划** 根据各职能部门与人力资源部的讨论结果及人力资源预测报告，人力资源部制定人力资源战略规划。 **2. 配合** 各职能部门提供相关资料，配合完成人力资源战略规划方案的编制工作。 **工作重点** 制定的人力资源战略规划与企业的发展目标相适应。 **工作标准** ☆人力资源战略规划的内容包括人力资源总体规划、人力资源供需计划、人员使用计划、培训开发计划、绩效与薪酬福利计划、规划期限等。 ☆人力资源战略规划方案编制及时、合理、可行。 **考核指标** ☆信息反馈的及时性。 ☆人力资源战略规划方案编制的及时性与可行性。
执行人力资源战略规划方案	**执行程序** **1. 组织执行** 根据审批的人力资源战略规划方案，人力资源部推动规划方案的实施。 **2. 调整与完善** ☆汇总各职能部门在执行规划过程中出现的问题及提出的建议，收集各职能部门规划执行的结果。 ☆根据各职能部门的反馈意见，人力资源部对人力资源战略规划方案进行调整。 **工作重点** 组织企业各部门全面执行人力资源战略规划工作。 **工作标准** ☆定期对规划执行的反馈信息进行收集与汇总。 ☆及时对执行过程中发现的规划不合理的地方进行调整。
执行规范	
“人力资源管理制度”“人力资源调查报告”“人力资源预测报告”“人力资源战略规划方案”。	

2.3 人力资源需求预测管理流程设计与工作执行

2.3.1 人力资源需求预测管理流程设计

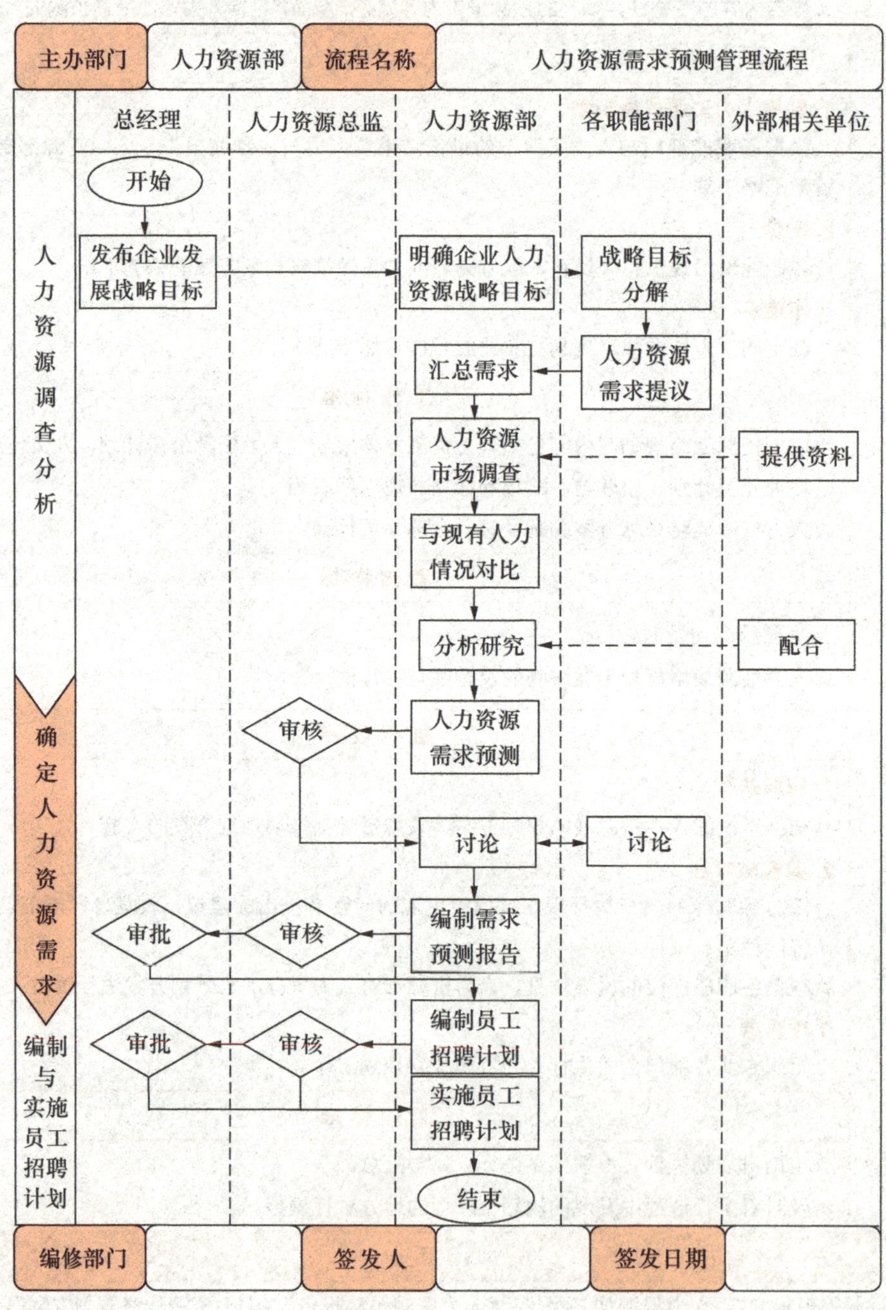

主办部门
人力资源部
流程名称
人力资源需求预测管理流程
总经理
人力资源总监
人力资源部
各职能部门
外部相关单位
人力资源调查分析
确定人力资源需求
编制与实施员工招聘计划
开始
发布企业发展战略目标
明确企业人力资源战略目标
战略目标分解
人力资源需求提议
汇总需求
人力资源市场调查
提供资料
与现有人力情况对比
分析研究
配合
人力资源需求预测
审核
讨论
讨论
编制需求预测报告
审核
审批
编制员工招聘计划
审核
审批
实施员工招聘计划
结束
编修部门
签发人
签发日期

2.3.2 人力资源需求预测执行程序、工作标准、考核指标、执行规范

<table>
<tr><th>任务名称</th><th>执行程序、工作标准与考核指标</th></tr>
<tr><td rowspan="4">人力资源调查分析</td><td>执行程序</td></tr>
<tr><td>1. 明确企业人力资源战略目标
人力资源部明确企业的发展战略目标后，据此制定企业的人力资源战略目标。
2. 人力资源需求提议
各职能部门根据本部门的年度目标提出本部门的人力资源需求。
3. 汇总需求
人力资源部汇总各职能部门提交的部门人力资源需求表。
4. 人力资源市场调查
根据各部门的需求，人力资源部在外部相关单位的协助下，组织人员进行人力资源市场调查。
5. 分析研究
人力资源部对各种内外部需求和资料进行分析研究，必要时，请外部相关单位或人力资源专家协助分析研究。
工作重点
剔除部门人员需求提议不合理的部分。</td></tr>
<tr><td>工作标准</td></tr>
<tr><td>☆____个工作日内完成此阶段的工作。
☆通过分析，人力资源部要明确如下问题：企业人员是否存在超编、缺编的情况，相关技术岗位人员是否符合职业资格要求。</td></tr>
<tr><td rowspan="4">确定人力资源需求</td><td>执行程序</td></tr>
<tr><td>1. 人力资源需求预测
☆人力资源部根据分析结果进行需求预测，形成初步需求预测报告。
☆将需求预测报告提交企业人力资源总监审核。
2. 讨论
☆根据各职能部门与人力资源部的讨论结果，进行深入的分析研究。
☆将讨论结果以需求预测报告的形式呈现，并提交企业领导审批。
工作重点
提高人力资源需求预测结果的准确率。</td></tr>
<tr><td>工作标准</td></tr>
<tr><td>☆需求预测的依据要明确、充分。
☆____个工作日内完成人力资源需求预测工作。</td></tr>
</table>

人力资源管理
流程设计与服务工作标准

（续）

<table>
<tr><th>任务名称</th><th>执行程序、工作标准与考核指标</th></tr>
<tr><td rowspan="6">编制与实施员工招聘计划</td><td>执行程序</td></tr>
<tr><td>1. 编制员工招聘计划
人力资源部根据审批通过的需求预测报告编制企业的人员招聘计划。
2. 实施员工招聘计划
依据审批通过的招聘计划，人力资源部开展本企业的招聘工作。
工作重点
全面完成招聘工作。</td></tr>
<tr><td>工作标准</td></tr>
<tr><td>☆ ____ 个工作日内完成招聘计划的编制工作。
☆招聘计划要对所需的员工数，以及招聘的实施时间和方式等做出明确的规定，要具有很强的操作性。</td></tr>
<tr><td>考核指标</td></tr>
<tr><td>☆招聘计划编制的及时性。
☆招聘计划完成率：招聘计划完成率 = $\frac{\text{实际招聘人数}}{\text{计划招聘人数}}\times 100\%$。</td></tr>
<tr><td colspan="2">执行规范</td></tr>
<tr><td colspan="2">“人力资源需求表”“人力资源市场调查表”“人力资源需求预测报告”。</td></tr>
</table>

2.4 人力资源供给预测管理流程设计与工作执行

2.4.1 人力资源供给预测管理流程设计

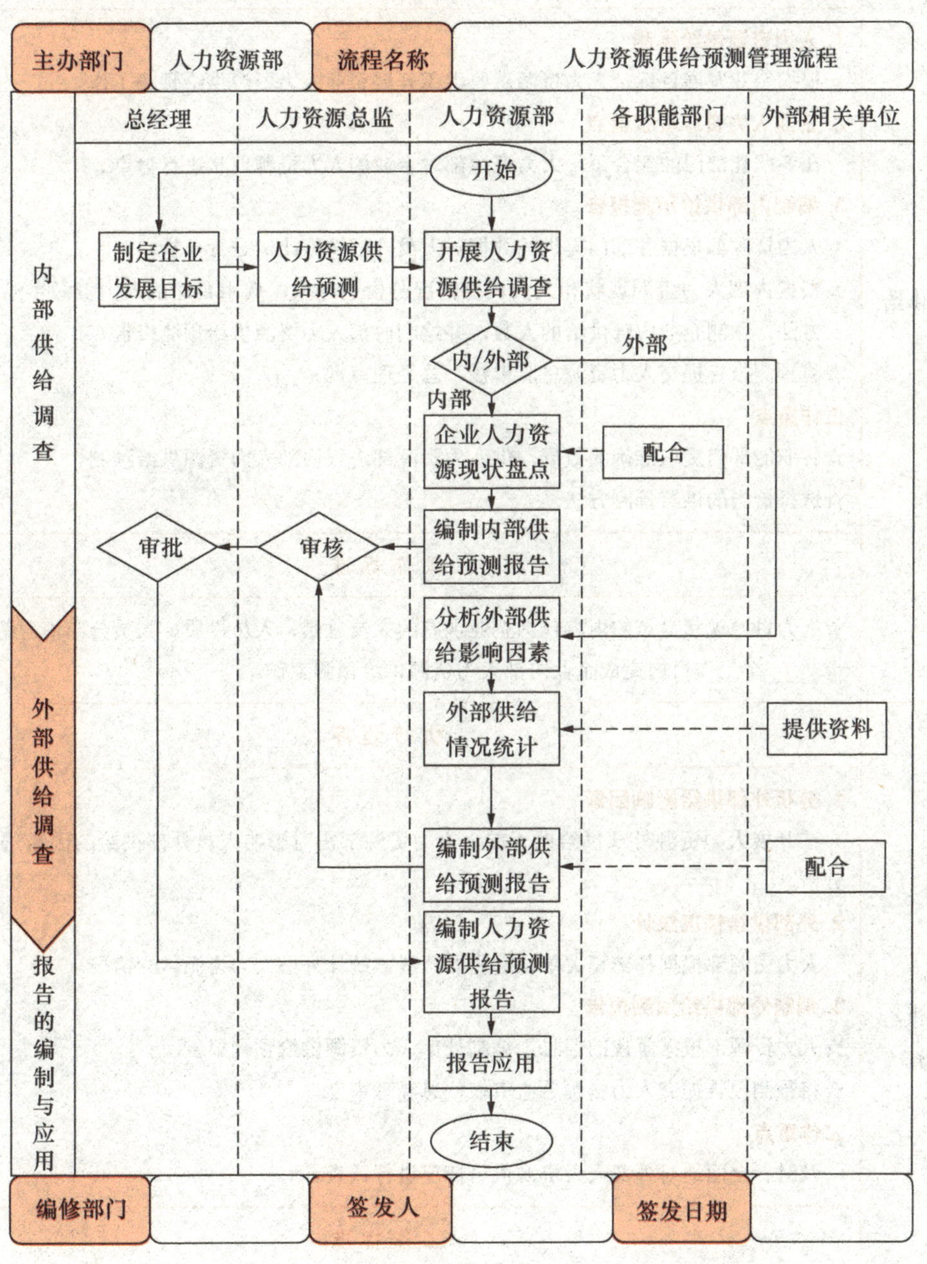

主办部门
人力资源部
流程名称
人力资源供给预测管理流程
总经理
人力资源总监
人力资源部
各职能部门
外部相关单位
内部供给调查
外部供给调查
报告的编制与应用
开始
制定企业发展目标
人力资源供给预测
开展人力资源供给调查
内/外部
外部
内部
企业人力资源现状盘点
配合
审批
审核
编制内部供给预测报告
分析外部供给影响因素
外部供给情况统计
提供资料
编制外部供给预测报告
配合
编制人力资源供给预测报告
报告应用
结束
编修部门
签发人
签发日期

2.4.2 人力资源供给预测执行程序、工作标准、考核指标、执行规范

<table>
<tr><th>任务名称</th><th>执行程序、工作标准与考核指标</th></tr>
<tr><td rowspan="4">内部供给调查</td><td>执行程序</td></tr>
<tr><td>1. 人力资源供给预测
根据企业发展目标，人力资源总监组织开展企业人力资源供给预测工作。
2. 企业人力资源现状盘点
在各职能部门的配合下，人力资源部对企业的人力资源现状进行盘点。
3. 编制内部供给预测报告
☆人力资源部根据各部门提供的数据对人员内部调整比例进行分析。
☆根据内部人力资源现状和人员调整情况分析的结果，选用合适的人力资源供给预测的方法，预测企业内部供给的人数，并编制内部人力资源供给预测报告。
☆将预测报告提交人力资源总监审核、总经理审批。
工作重点
☆各职能部门提供准确的数据，供人力资源部进行内部人力资源供给预测。
☆选择恰当的供给预测方法。</td></tr>
<tr><td>工作标准</td></tr>
<tr><td>☆人力资源现状盘点的内容包括企业现有的人员总量、人员素质、人员分布情况等。
☆ ____ 个工作日内完成企业内部人力资源供给预测工作。</td></tr>
<tr><td rowspan="4">外部供给调查</td><td>执行程序</td></tr>
<tr><td>1. 分析外部供给影响因素
在开展人力资源外部供给调查前，人力资源部需对影响人员外部供给的因素进行初步分析。
2. 外部供给情况统计
人力资源部根据外部相关单位提供的资料，统计外部人力资源供给情况。
3. 编制外部供给预测报告
☆人力资源部根据掌握的信息，编制外部人力资源供给预测报告。
☆将预测报告提交人力资源总监审核、总经理审批。
工作重点
及时、全面地对外部人力资源供给情况进行调查。</td></tr>
<tr><td>工作标准</td></tr>
<tr><td>☆定期对外部人力资源供给情况的信息进行更新。
☆ ____ 个工作日内完成人力资源外部供给调查工作。</td></tr>
</table>

（续）

<table>
<tr><th>任务名称</th><th>执行程序、工作标准与考核指标</th></tr>
<tr><td rowspan="6">报告的编制与应用</td><td>执行程序</td></tr>
<tr><td>1. 编制人力资源供给预测报告
人力资源部根据内外部人力资源供给的情况分析编制人力资源供给预测报告。
2. 报告应用
审批通过后，人力资源部负责组织开展企业人力资源供给预测报告的应用工作。
工作重点
降低预测数据的误差率。</td></tr>
<tr><td>工作标准</td></tr>
<tr><td>☆根据外部机构提供的资料及内部调整比例，编制客观、合理的人力资源供给预测报告。
☆ ____ 个工作日内完成企业人力资源供给预测报告的编制工作。</td></tr>
<tr><td>考核指标</td></tr>
<tr><td>☆报告内容的全面性。编制的报告内容全面，重点突出，无缺漏。
☆人力资源供给预测报告编制的及时性。</td></tr>
<tr><td colspan="2">执行规范</td></tr>
<tr><td colspan="2">“人力资源供给预测管理制度”“企业人员技能清单”“人力资源供给预测报告”。</td></tr>
</table>

2.5 人力资源费用预算管理流程设计与工作执行

2.5.1 人力资源费用预算管理流程设计

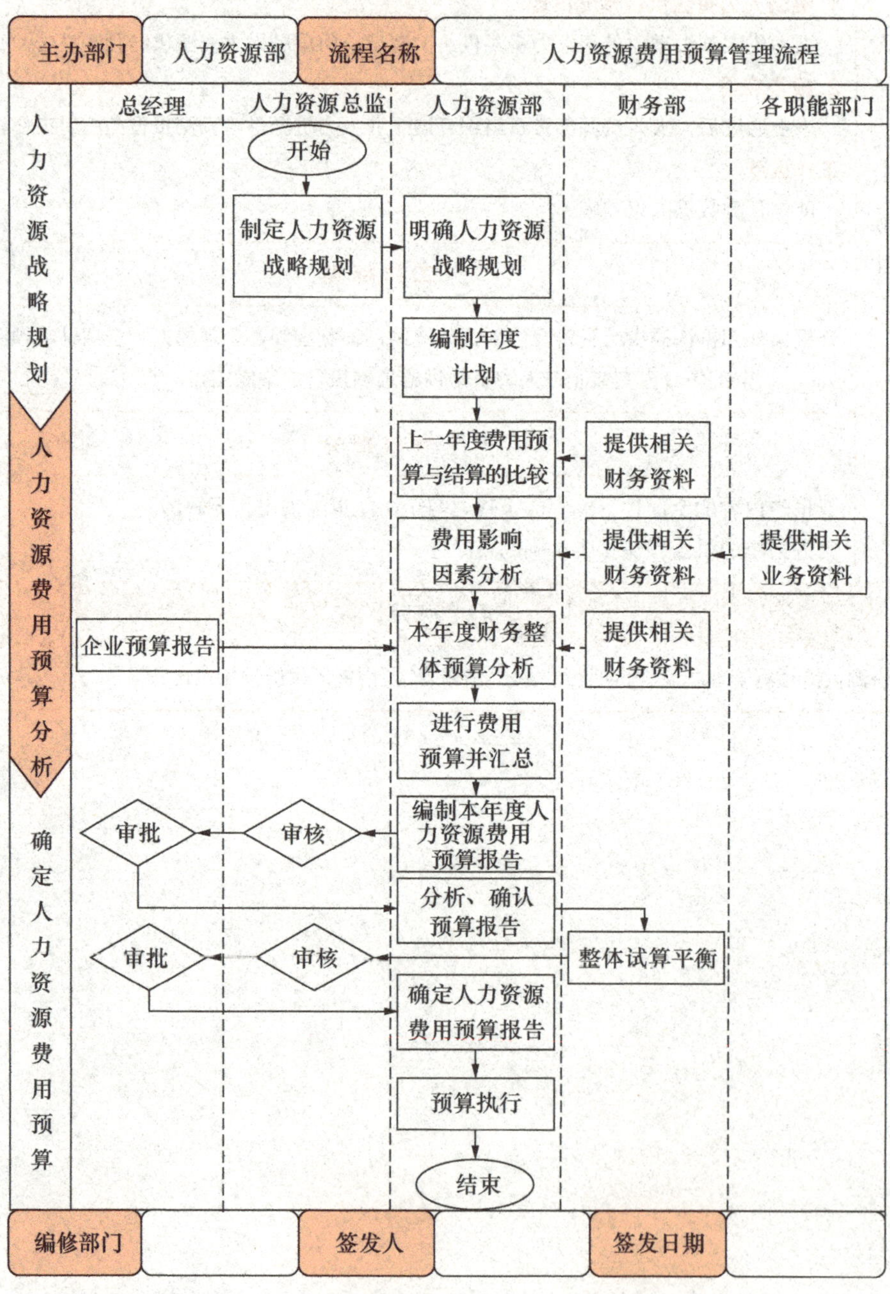

主办部门
人力资源部
流程名称
人力资源费用预算管理流程
总经理
人力资源总监
人力资源部
财务部
各职能部门
人力资源战略规划
人力资源费用预算分析
确定人力资源费用预算
开始
制定人力资源战略规划
明确人力资源战略规划
编制年度计划
上一年度费用预算与结算的比较
提供相关财务资料
费用影响因素分析
提供相关财务资料
提供相关业务资料
企业预算报告
本年度财务整体预算分析
提供相关财务资料
进行费用预算并汇总
审批
审核
编制本年度人力资源费用预算报告
分析、确认预算报告
审批
审核
整体试算平衡
确定人力资源费用预算报告
预算执行
结束
编修部门
签发人
签发日期

2.5.2 人力资源费用预算执行程序、工作标准、考核指标、执行规范

<table>
<tr><th>任务名称</th><th>执行程序、工作标准与考核指标</th></tr>
<tr><td rowspan="4">人力资源战略规划</td><td>执行程序</td></tr>
<tr><td>1. 编制年度计划
人力资源部根据企业人力资源战略规划，明确企业的经营计划、业务趋势、企业市场定位，编制人力资源年度工作计划。
2. 上一年度费用预算与结算的比较
人力资源部根据财务部提供的相关资料，对上一年度费用的预算和结算进行比较，掌握上一年度人力资源预算与实际发生费用的差额及费用的分配情况。
工作重点
明确本年度人力资源工作计划及重点工作。</td></tr>
<tr><td>工作标准</td></tr>
<tr><td>☆根据企业的年度发展目标，制订本部门的年度工作计划。
☆汇总上一年度人力资源预算支出情况，为制定下一年度预算提供依据。</td></tr>
<tr><td rowspan="4">人力资源费用预算分析</td><td>执行程序</td></tr>
<tr><td>1. 费用影响因素分析
在企业财务部及各职能部门的协助下，人力资源部对影响人力资源费用预算的因素进行分析。
2. 本年度财务整体预算分析
人力资源部负责分析本年度财务整体预算，可根据企业预算报告、财务部相关费用控制情况等进行分析。
3. 进行费用预算并汇总
☆根据上一年度人力资源预算与结算比较、影响因素分析、本年度财务整体预算分析，对下一年度各项工作的费用增长额等项目进行预算。
☆将各项费用的预算情况进行汇总，得出企业本年度的人力资源预算总额。
工作重点
对影响因素进行全面与深入的分析。</td></tr>
<tr><td>工作标准</td></tr>
<tr><td>☆ ____ 个工作日内完成前期的分析工作。
☆ ____ 个工作日内完成本年度人力资源费用的预算工作。</td></tr>
</table>

（续）

<table>
<tr><th>任务名称</th><th>执行程序、工作标准与考核指标</th></tr>
<tr><td rowspan="6">确定
人力资源
费用预算</td><td>执行程序</td></tr>
<tr><td>1. 编制本年度人力资源费用预算报告
根据人力资源费用预算及汇总情况，编制本年度的人力资源费用预算报告，并提交人力资源总监审核、总经理审批。
2. 执行预算
依据审批后的预算报告，人力资源部对本年度的人力资源费用支出进行合理的管控。
工作重点
将年度费用支出控制在预算范围内。</td></tr>
<tr><td>工作标准</td></tr>
<tr><td>预算报告应列出费用预算明细，包括费用预算用途、目的及金额等。</td></tr>
<tr><td>考核指标</td></tr>
<tr><td>☆报告编制延迟的次数。
☆费用预算完成率：费用预算完成率 = $\frac{实际支出}{预算支出}$ ×100%。</td></tr>
<tr><th colspan="2">执行规范</th></tr>
<tr><td colspan="2">“人力资源年度工作计划”“人力资源费用预算影响分析表”“年度人力资源费用预算报告”。</td></tr>
</table>

2.6 人力资源工作计划编制流程设计与工作执行

2.6.1 人力资源工作计划编制流程设计

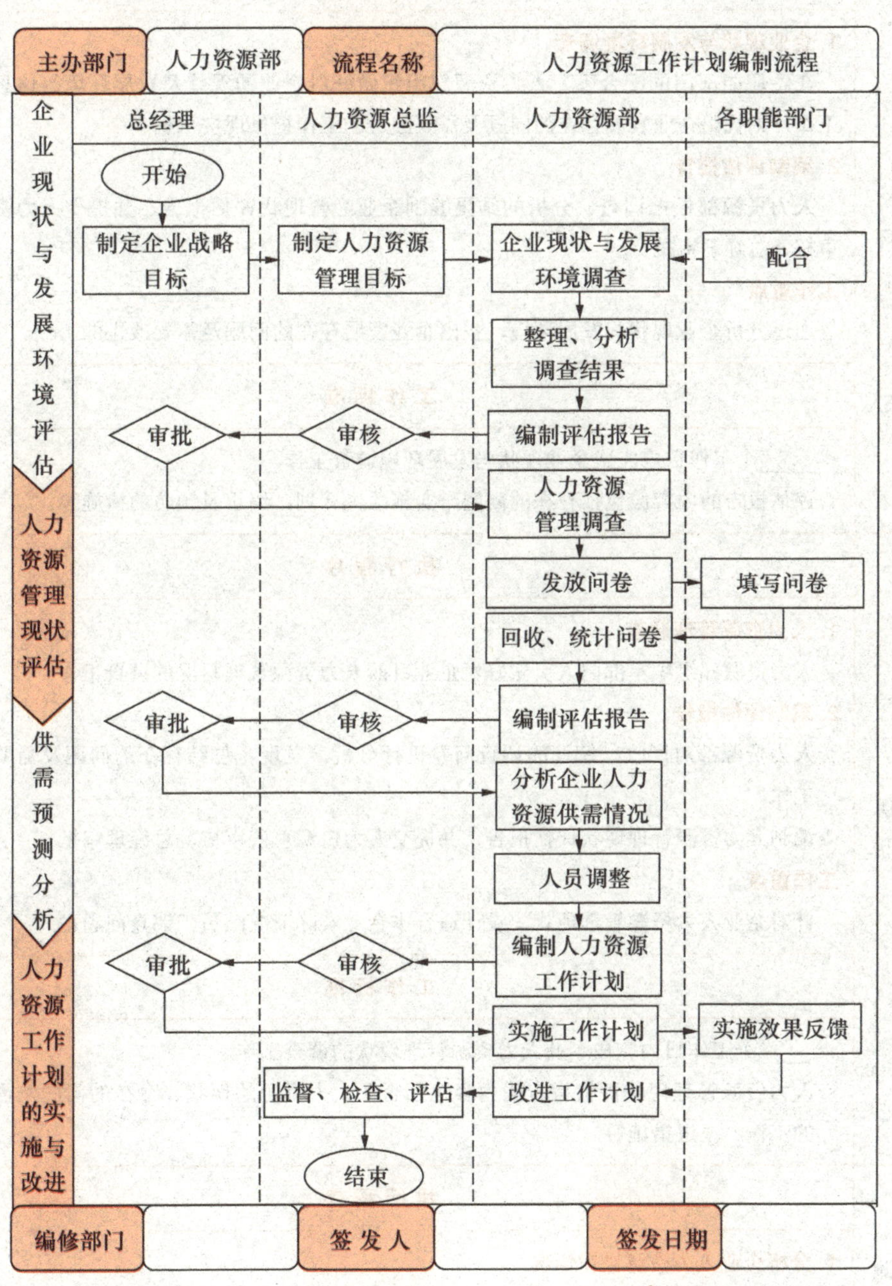
主办部门
人力资源部
流程名称
人力资源工作计划编制流程
总经理
人力资源总监
人力资源部
各职能部门
企业现状与发展环境评估
人力资源管理现状评估
供需预测分析
人力资源工作计划的实施与改进
开始
制定企业战略目标
制定人力资源管理目标
企业现状与发展环境调查
配合
整理、分析调查结果
审批
审核
编制评估报告
人力资源管理调查
发放问卷
填写问卷
回收、统计问卷
审批
审核
编制评估报告
分析企业人力资源供需情况
人员调整
审批
审核
编制人力资源工作计划
实施工作计划
实施效果反馈
监督、检查、评估
改进工作计划
结束
编修部门
签发人
签发日期

2.6.2 人力资源工作计划编制执行程序、工作标准、考核指标、执行规范

<table>
<tr><th>任务名称</th><th>执行程序、工作标准与考核指标</th></tr>
<tr><td rowspan="4">企业现状与发展环境评估</td><td>执行程序</td></tr>
<tr><td>1. 企业现状与发展环境调查
在各职能部门的配合下，人力资源部组织做好对企业的现状及发展环境等信息的调查工作，为找出企业发展存在的问题及需要改进的工作提供现实依据。
2. 编制评估报告
人力资源部根据调查、分析的结果编制企业经营现状评估报告，并提交人力资源总监审核、总经理审批。
工作重点
通过分析企业现状与发展环境，找出企业发展存在的问题及需要改进的工作。</td></tr>
<tr><td>工作标准</td></tr>
<tr><td>☆____个工作日内完成企业现状与发展环境调查工作。
☆评估报告的内容应包括存在的问题、实施改进计划、纠正及预防的措施等。</td></tr>
<tr><td rowspan="4">人力资源管理现状评估</td><td>执行程序</td></tr>
<tr><td>1. 人力资源管理调查
人力资源部组织本部门人员做好对企业目前人力资源管理状况的调查工作。
2. 编制评估报告
☆人力资源部对回收、统计的调查问卷进行分析，发现、总结存在的问题及需要改进的工作。
☆编制人力资源管理现状评估报告，并提交人力资源总监审核、总经理审批。
工作重点
针对企业人力资源管理现状，设计适合本企业实际情况的员工调查问卷。</td></tr>
<tr><td>工作标准</td></tr>
<tr><td>☆____个工作日内完成企业人力资源管理现状的调查工作。
☆人力资源管理现状评估报告的内容包括企业人力资源的现状、存在的问题及需要改进的工作、改进措施等。</td></tr>
<tr><td rowspan="2">供需预测分析</td><td>执行程序</td></tr>
<tr><td>1. 分析企业人力资源供需情况
☆确定企业的经营目标和工作任务，分析本企业人力资源的总体需求。
☆分析人力资源的流动情况和内外部供给情况。
☆根据上述两方面的分析，确定本企业人员净需求。</td></tr>
</table>

（续）

<table>
<tr><th>任务名称</th><th>执行程序、工作标准与考核指标</th></tr>
<tr><td rowspan="3">供需预测分析</td><td>2. 人员调整
根据供需预测进行人员调整。
工作重点
确定人员需求。</td></tr>
<tr><td>工作标准</td></tr>
<tr><td>☆人员供需预测方法选择恰当。
☆ ____ 个工作日内完成企业人员供需预测工作。</td></tr>
<tr><td rowspan="6">人力资源工作计划的实施与改进</td><td>执行程序</td></tr>
<tr><td>1. 编制人力资源工作计划
人力资源部根据企业经营现状评估报告、人力资源管理现状评估报告、人力资源供需预测报告等，分析、编制本企业人力资源工作计划，并提交人力资源总监审核、总经理审批。
2. 实施工作计划
人力资源部根据审批通过的工作计划，组织做好实施工作。
3. 改进工作计划
根据人力资源工作计划的实施效果及反馈意见，对人力资源工作计划的充分性和有效性进行动态评估，找出人力资源工作计划存在的问题。
工作重点
根据实际情况对之前编制的人力资源工作计划进行调整，以确保企业人力资源管理目标的实现。</td></tr>
<tr><td>工作标准</td></tr>
<tr><td>☆人力资源工作计划的内容包括职务编制计划、人员配置计划、人员需求计划、人员供给计划、人力资源管理政策调整计划以及人力资源费用预算等。
☆ ____ 月 ____ 日前完成人力资源工作计划的编制工作。</td></tr>
<tr><td>考核指标</td></tr>
<tr><td>☆工作计划的全面性。工作计划的内容全面，涵盖企业人力资源管理工作的各个方面。
☆工作计划的可行性。编制的工作计划科学、合理，可操作性强。</td></tr>
<tr><td colspan="2">执行规范</td></tr>
<tr><td colspan="2">“企业经营现状评估报告”“人力资源管理现状评估报告”“人力资源供需预测报告”“人力资源工作计划”。</td></tr>
</table>

第3章 组织结构设计管理

3.1 组织结构设计管理流程

3.1.1 流程设计的目的

组织结构设计是通过对组织资源的整合和优化，对构成企业组织的各要素进行排列、组合，明确管理层次，分清各部门、各岗位之间的职责和相互协作关系，确立企业某一阶段的管控模式。组织结构设计是企业总体设计的重要组成部分，是企业管理的基本前提。制定组织结构设计管理流程的目的如图 3-1 所示。

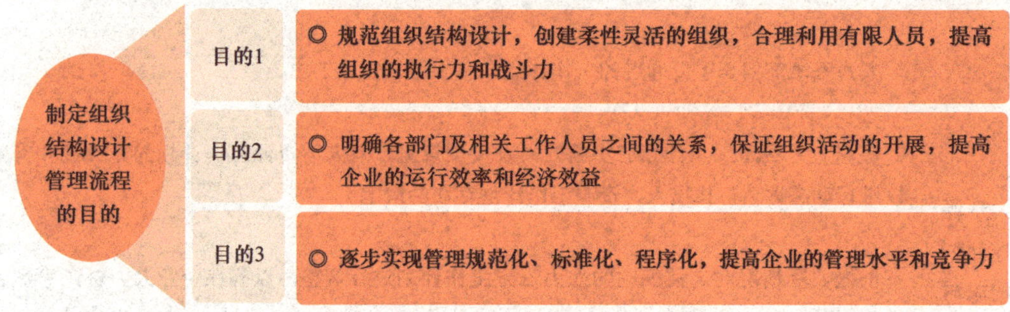

制定组织结构设计管理流程的目的
目的1
规范组织结构设计，创建柔性灵活的组织，合理利用有限人员，提高组织的执行力和战斗力
目的2
明确各部门及相关工作人员之间的关系，保证组织活动的开展，提高企业的运行效率和经济效益
目的3
逐步实现管理规范化、标准化、程序化，提高企业的管理水平和竞争力

图 3-1 制定组织结构设计管理流程的目的

3.1.2 流程结构设计

根据组织结构设计内容的不同，我们可以将组织结构设计管理流程分为组织结构设计流程和组织结构变革流程，具体的结构设计如图 3-2 所示。

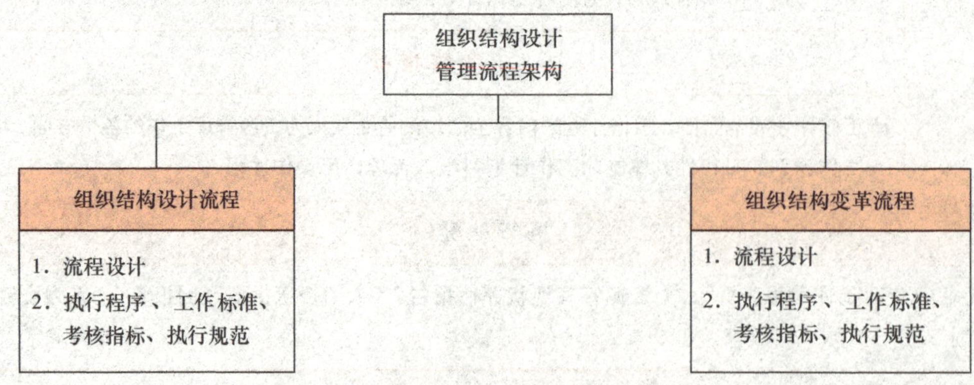

组织结构设计管理流程架构
组织结构设计流程
1. 流程设计
2. 执行程序、工作标准、考核指标、执行规范
组织结构变革流程
1. 流程设计
2. 执行程序、工作标准、考核指标、执行规范

图 3-2 组织结构设计管理流程的结构设计

3.2 组织结构设计流程与工作执行

3.2.1 组织结构设计流程

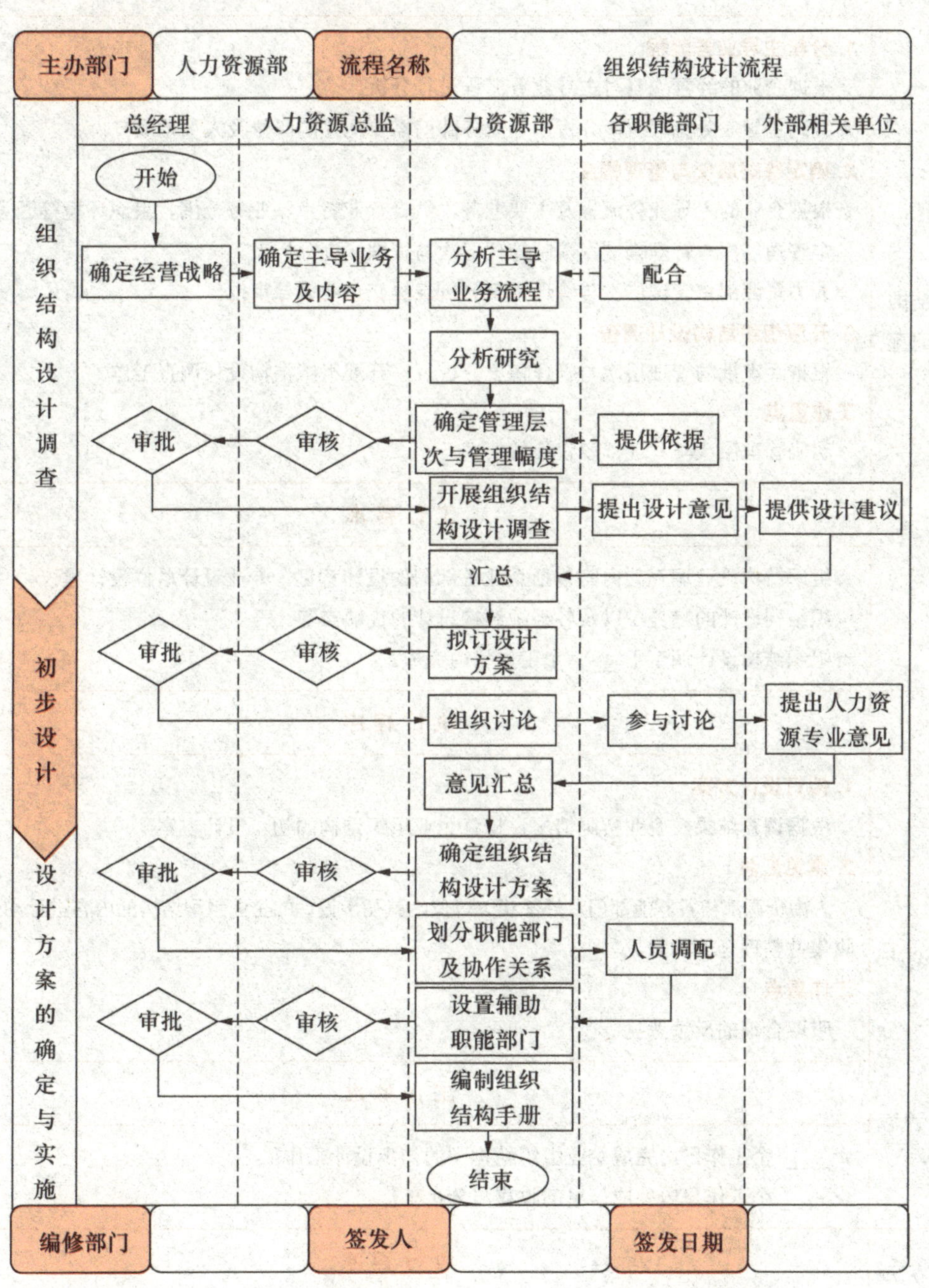

主办部门
人力资源部
流程名称
组织结构设计流程
总经理
人力资源总监
人力资源部
各职能部门
外部相关单位
组织结构设计调查
初步设计
设计方案的确定与实施
开始
确定经营战略
确定主导业务及内容
分析主导业务流程
配合
分析研究
审批
审核
确定管理层次与管理幅度
提供依据
开展组织结构设计调查
提出设计意见
提供设计建议
汇总
审批
审核
拟订设计方案
组织讨论
参与讨论
提出人力资源专业意见
意见汇总
审批
审核
确定组织结构设计方案
划分职能部门及协作关系
人员调配
审批
审核
设置辅助职能部门
编制组织结构手册
结束
编修部门
签发人
签发日期

3.2.2 组织结构设计执行程序、工作标准、考核指标、执行规范

<table>
<tr><th>任务名称</th><th>执行程序、工作标准与考核指标</th></tr>
<tr><td rowspan="4">组织结构设计调查</td><td>执行程序</td></tr>
<tr><td>1. 分析主导业务流程
☆根据企业的经营战略对主导业务流程进行分析。
☆编制主导业务流程图，分析主导业务部门需要配置的岗位及人员构成。
2. 确定管理层次与管理幅度
☆根据企业的主导业务流程及主要业务，结合行业特点、业务范围、组织环境等因素，确定管理层次与管理幅度，编制管理层次与管理幅度分析表。
☆人力资源部将管理层次与管理幅度分析表提交企业领导审批。
3. 开展组织结构设计调查
根据经审批的管理层次与管理幅度分析表，开展组织结构设计调查工作。
工作重点
明确管理层次与管理幅度设计的要求。</td></tr>
<tr><td>工作标准</td></tr>
<tr><td>☆组织结构设计调查的内容包括企业各部门的设计意见、专业设计单位设计建议、目前组织结构设计的趋势，以及各组织结构设计的优缺点等。
☆组织结构设计调查于 ____ 个工作日内完成。</td></tr>
<tr><td rowspan="4">初步设计</td><td>执行程序</td></tr>
<tr><td>1. 拟订设计方案
根据调查结果及企业实际情况，拟订企业组织结构的初步设计方案。
2. 意见汇总
人力资源部与各职能部门及外部相关单位，就初步设计的企业组织结构的内容进行沟通，收集并整理合理的意见。
工作重点
吸取合理的反馈意见。</td></tr>
<tr><td>工作标准</td></tr>
<tr><td>☆ ____ 个工作日内完成企业组织结构图的初步设计工作。
☆ ____ 个工作日内完成信息的收集与分析工作。</td></tr>
<tr><td rowspan="2">设计方案的确定与实施</td><td>执行程序</td></tr>
<tr><td>1. 确定组织结构设计方案
☆通过对组织结构设计意见的分析，确定组织结构设计方案。</td></tr>
</table>

（续）

任务名称	执行程序、工作标准与考核指标
设计方案的确定与实施	☆将组织结构设计方案提交企业领导审批。 **2. 划分职能部门及协作关系** 人力资源部根据经审批的组织结构设计方案，划分职能部门及相互间的协作关系。 **3. 编制组织结构手册** 根据组织结构设计方案，人力资源部组织编制企业的组织结构手册。 **工作重点** 确保各部门之间的工作衔接顺畅。
	工作标准
	☆ ____ 个工作日内编制完成企业的组织结构设计方案。 ☆ ____ 个工作日内编制完成企业的组织结构手册。
	考核指标
	☆领导满意度评价。 ☆文件编制及时率：文件编制及时率 = $\frac{\text{在规定的时间内编制完成的文件份数}}{\text{在规定的时间内应编制的文件份数}}\times 100\%$。
执行规范	
“企业主导业务流程图”“组织结构设计调查表”“组织结构设计意见汇总表”“组织结构设计方案”“企业组织结构图”“组织结构手册”。	

3.3 组织结构变革流程设计与工作执行

3.3.1 组织结构变革流程设计

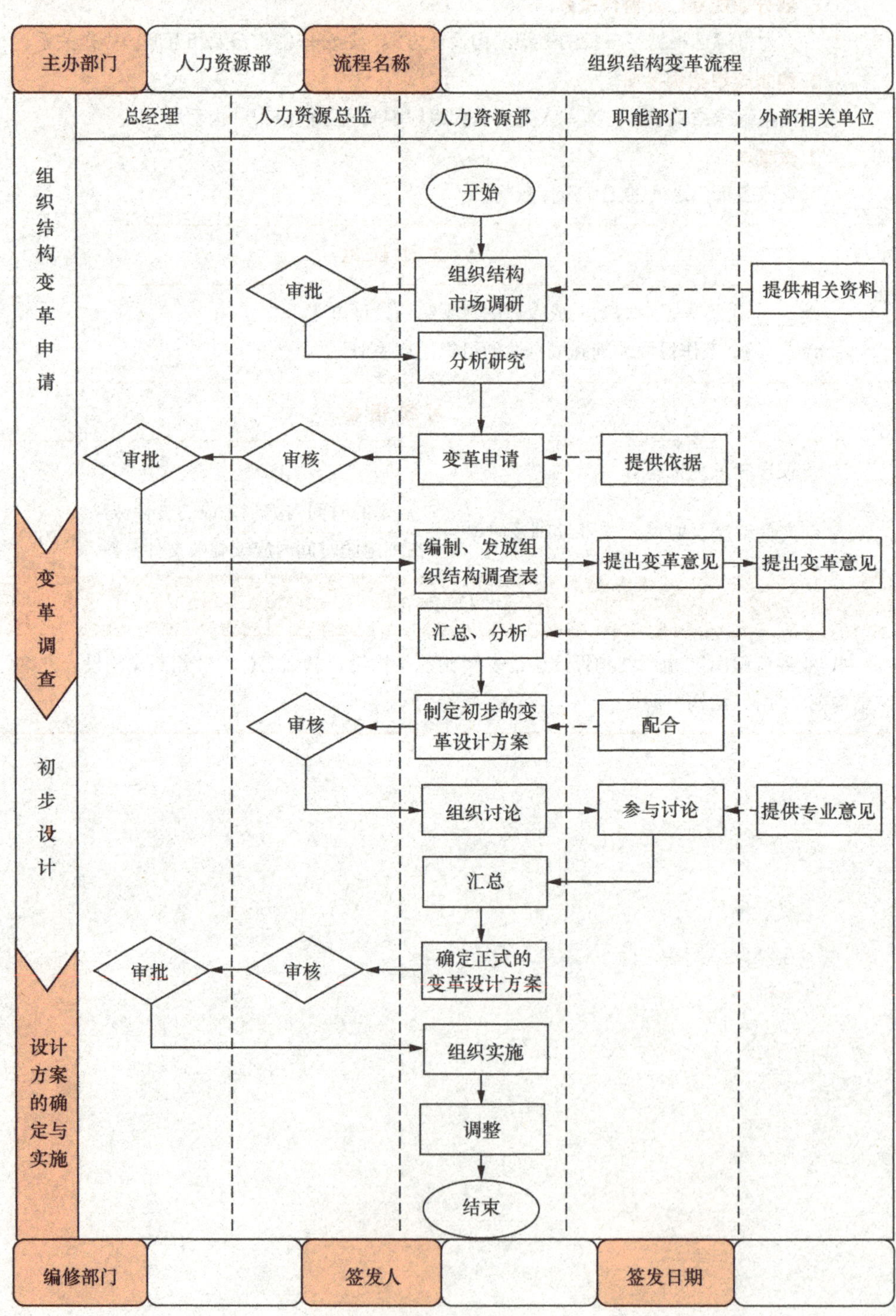

主办部门
人力资源部
流程名称
组织结构变革流程
总经理
人力资源总监
人力资源部
职能部门
外部相关单位
组织结构变革申请
变革调查
初步设计
设计方案的确定与实施
开始
组织结构市场调研
审批
提供相关资料
分析研究
审批
审核
变革申请
提供依据
编制、发放组织结构调查表
提出变革意见
提出变革意见
汇总、分析
审核
制定初步的变革设计方案
配合
组织讨论
参与讨论
提供专业意见
汇总
审批
审核
确定正式的变革设计方案
组织实施
调整
结束
编修部门
签发人
签发日期

3.3.2 组织结构变革执行程序、工作标准、考核指标、执行规范

<table>
<tr><th>任务名称</th><th>执行程序、工作标准与考核指标</th></tr>
<tr><td rowspan="4">组织结构
变革申请</td><td>执行程序</td></tr>
<tr><td>1. 组织结构市场调研
☆人力资源部定期对国内外企业组织结构的发展进行调研，并编制调研报告。
☆必要时，可寻求外部相关单位的支持。
2. 变革申请
根据对调研结果的分析与研究，结合企业中长期发展战略，编制并提交组织结构变革申请报告。
工作重点
详细说明现行的企业组织结构与企业发展不相适应之处。</td></tr>
<tr><td>工作标准</td></tr>
<tr><td>☆ ____ 个工作日内完成市场调研工作。
☆编制的报告重点突出，并给出了切实可行的改进意见。</td></tr>
<tr><td rowspan="6">变革调查</td><td>执行程序</td></tr>
<tr><td>1. 编制、发放组织结构调查表
☆人力资源部编制企业内部组织结构调查表。
☆人力资源部将调查表发放至各职能部门。
2. 汇总、分析
☆人力资源部及时回收调查表。
☆人力资源部对调查表中的信息进行汇总并分析，为下一步组织结构变革的设计工作提供依据。
工作重点
提炼有效的信息。</td></tr>
<tr><td>工作标准</td></tr>
<tr><td>☆ ____ 个工作日内完成信息的收集工作。
☆筛选出的有效信息不低于 ____ 条。</td></tr>
<tr><td>考核指标</td></tr>
<tr><td>☆调查表编制完成延误的天数。
☆调查表发放的及时性。调查表发放及时，无因拖延而影响调查的情况。</td></tr>
</table>

（续）

<table>
<tr><th>任务名称</th><th>执行程序、工作标准与考核指标</th></tr>
<tr><td rowspan="4">初步设计</td><td>执行程序</td></tr>
<tr><td>1. 制定初步的变革设计方案
人力资源部根据企业组织结构调查意见汇总表及组织结构变革意见，制定初步的组织结构变革设计方案。
2. 汇总
人力资源部对企业总经理的审批意见及各部门的反馈意见进行汇总与梳理。
工作重点
组织结构变革设计方案获得企业总经理及各职能部门负责人的认可。</td></tr>
<tr><td>工作标准</td></tr>
<tr><td>☆____个工作日内完成初步的组织结构变革设计方案。
☆____个工作日内完成反馈意见的分析与整理工作。</td></tr>
<tr><td rowspan="4">设计方案的确定与实施</td><td>执行程序</td></tr>
<tr><td>1. 确定正式的变革设计方案
☆根据总经理的审批意见及各部门的有效反馈意见，人力资源部对设计方案进行修改，确定正式的组织结构变革设计方案。
☆将方案提交企业领导审批。
2. 调整
根据变革方案的实施情况，人力资源部做好部门及人员的调整工作。
工作重点
组织结构变革方案要符合企业运营的现状。</td></tr>
<tr><td>工作标准</td></tr>
<tr><td>☆____月____日前完成部门及人员的调整工作。
☆无影响企业有序运营的情形出现。</td></tr>
<tr><td colspan="2">执行规范</td></tr>
<tr><td colspan="2">“组织结构市场调研报告”“组织结构变革申请报告”“组织结构调查表”“组织结构变革设计方案”“人员调整计划表”“组织结构管理制度”。</td></tr>
</table>

第4章 工作分析与评价管理

4.1 工作分析与评价管理流程设计

4.1.1 流程设计的目的

工作分析与评价是企业人力资源管理活动的基础工作。工作分析是对某特定的工作做出明确规定，并确定完成这一工作所需要的知识技能等资格条件的过程。工作评价是在工作分析的基础上，对企业所设岗位需承担的责任大小、工作强度、难易程度、所需资格条件等进行评价，从而为企业各岗位的相对价值评定提供依据，并以此作为薪酬分配的重要依据。

工作分析与评价管理流程设计的目的如下：

（1）将部门的工作职能分解到各个岗位，明确规定各个岗位的职责和权限，确定各个岗位的主要工作绩效指标和任职者的基本要求；

（2）为企业定岗、定编、绩效考核、薪酬福利设计等人力资源管理工作奠定基础，并提供决策依据。

4.1.2 流程结构设计

围绕工作分析与评价的内容，本章将这一主体流程进行细分，其结构设计如图4-1所示。

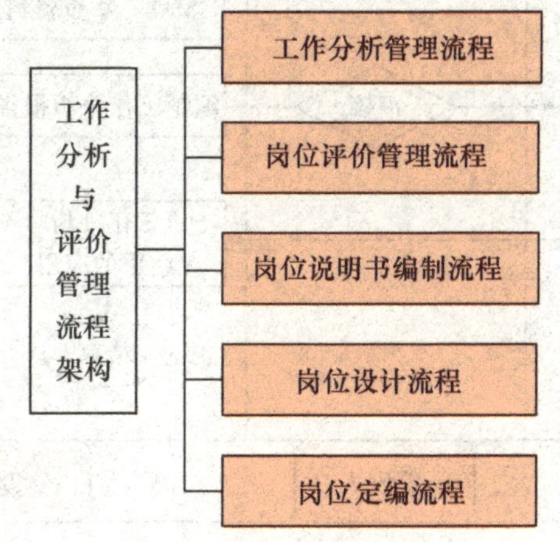

工作分析与评价管理流程架构
工作分析管理流程
岗位评价管理流程
岗位说明书编制流程
岗位设计流程
岗位定编流程

图4-1 工作分析与评价管理流程结构设计

4.2 工作分析管理流程设计与工作执行

4.2.1 工作分析管理流程设计

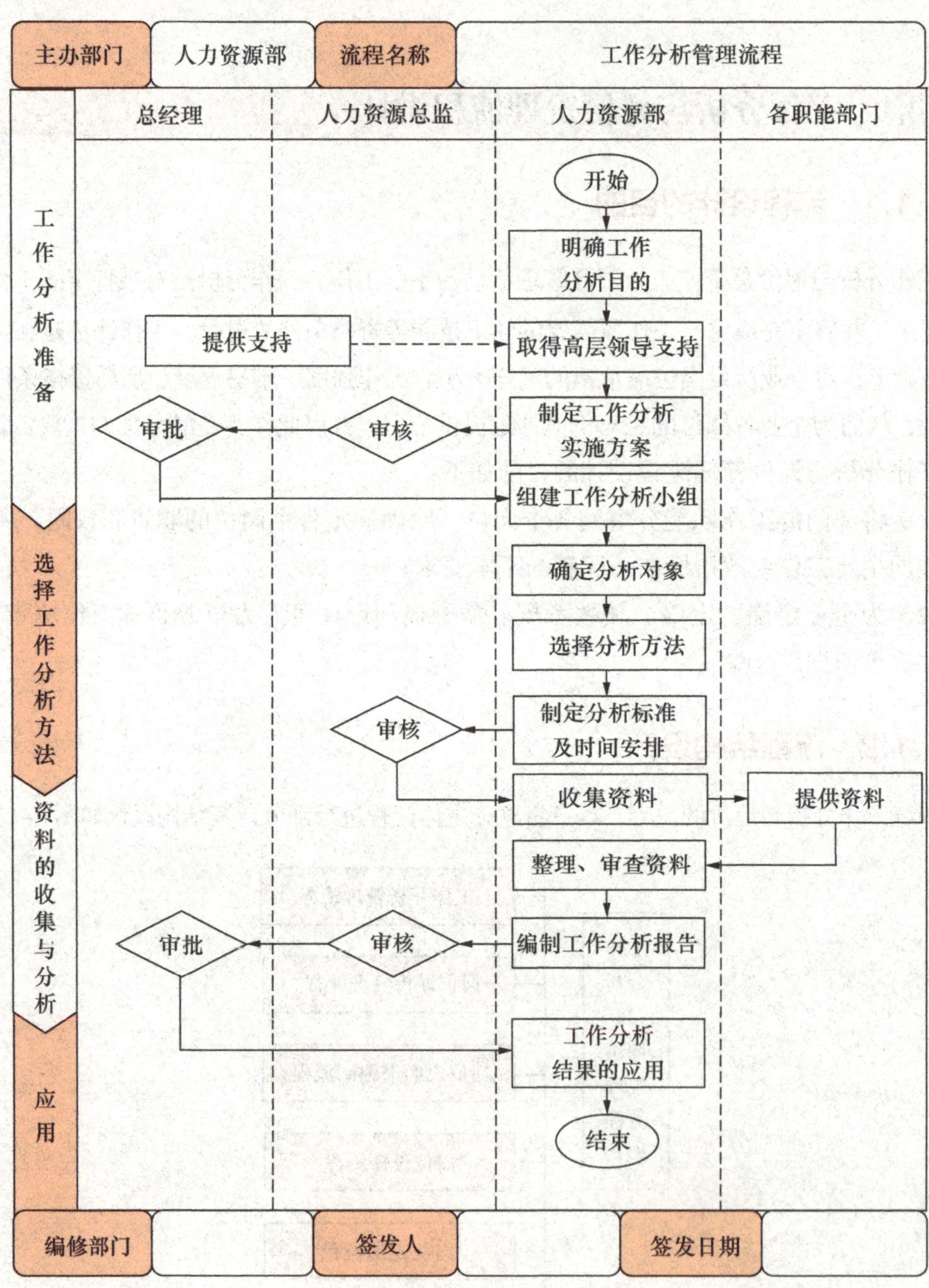

主办部门
人力资源部
流程名称
工作分析管理流程
总经理
人力资源总监
人力资源部
各职能部门
工作分析准备
选择工作分析方法
资料的收集与分析
应用
开始
明确工作分析目的
提供支持
取得高层领导支持
审批
审核
制定工作分析实施方案
组建工作分析小组
确定分析对象
选择分析方法
审核
制定分析标准及时间安排
收集资料
提供资料
整理、审查资料
审批
审核
编制工作分析报告
工作分析结果的应用
结束
编修部门
签发人
签发日期

4.2.2 工作分析管理执行程序、工作标准、考核指标、执行规范

<table>
<tr><th>任务名称</th><th>执行程序、工作标准与考核指标</th></tr>
<tr><td rowspan="4">工作分析准备</td><td>执行程序</td></tr>
<tr><td>1. 明确工作分析目的
在进行工作分析之前，人力资源部应先明确工作分析的目的、主要解决的问题、有什么作用、采取什么方法、对哪些岗位进行分析、需要收集哪些信息等问题。
2. 制定工作分析实施方案
☆人力资源部组织制定工作分析实施方案。
☆将工作分析实施方案提交企业领导审批。
3. 组建工作分析小组
人力资源部着手组建工作分析小组，成员包括岗位分析专家、岗位任职者及其上级主管等人员。
工作重点
☆明确工作分析的目的。
☆明确工作分析小组成员各自的职责。</td></tr>
<tr><td>工作标准</td></tr>
<tr><td>☆明确此次工作分析需要解决的问题。
☆工作分析实施方案的内容包括工作分析的总目标、时间安排，确定工作分析小组成员，工作分析所需收集的信息，收集信息的渠道和方法，以及工作分析的成果预测等。</td></tr>
<tr><td rowspan="4">选择工作分析方法</td><td>执行程序</td></tr>
<tr><td>1. 选择分析方法
根据分析对象及其特点，人力资源部选择合适的分析方法。
2. 制定分析标准及时间安排
☆根据所选择的分析方法，结合其特点及岗位的特点，确定分析的标准。
☆对工作分析的时间做出具体安排。
☆将分析标准及时间安排提交企业人力资源总监审核。
工作重点
选择的分析方法能达到此次工作分析的目的。</td></tr>
<tr><td>工作标准</td></tr>
<tr><td>☆工作分析的方法有访谈法、问卷调查法、观察法、工作日志法、资料分析法、能力要求法及关键事件法等。
☆工作分析的时间安排合理，符合此次工作分析的进度及要求，具有可行性。</td></tr>
</table>

（续）

<table>
<tr><th>任务名称</th><th>执行程序、工作标准与考核指标</th></tr>
<tr><td rowspan="6">资料的收集与分析</td><td>执行程序</td></tr>
<tr><td>1. 收集资料
工作分析小组根据工作分析实施计划收集资料。
2. 整理、审查资料
工作分析小组对收集的资料进行整理、审查。
3. 编制工作分析报告
工作分析小组对分析结果进行总结，编制工作分析报告，并提交人力资源总监审核、总经理审批。
工作重点
对收集到的资料进行筛选，找出对此次工作分析有用的信息。</td></tr>
<tr><td>工作标准</td></tr>
<tr><td>☆收集的资料包括岗位信息、数据。其中，岗位信息包括工作名称、工作任务、工作职责、工作关系、劳动强度、工作环境，以及必备的知识、经验和心理素质等。
☆____个工作日内完成资料的分析、总结工作。</td></tr>
<tr><td>考核指标</td></tr>
<tr><td>☆资料收集的及时性。
☆信息分析的有效性。</td></tr>
<tr><td rowspan="4">应用</td><td>执行程序</td></tr>
<tr><td>根据经审批的工作分析报告，对企业相关岗位及部门进行人员调整、绩效考核、薪酬福利设计等工作。</td></tr>
<tr><td>工作标准</td></tr>
<tr><td>工作分析的结果能满足后期人力资源管理工作的需要。</td></tr>
<tr><td colspan="2">执行规范</td></tr>
<tr><td colspan="2">“工作分析实施方案”“工作分析实施计划”“工作分析报告”。</td></tr>
</table>

4.3 岗位评价管理流程设计与工作执行

4.3.1 岗位评价管理流程设计

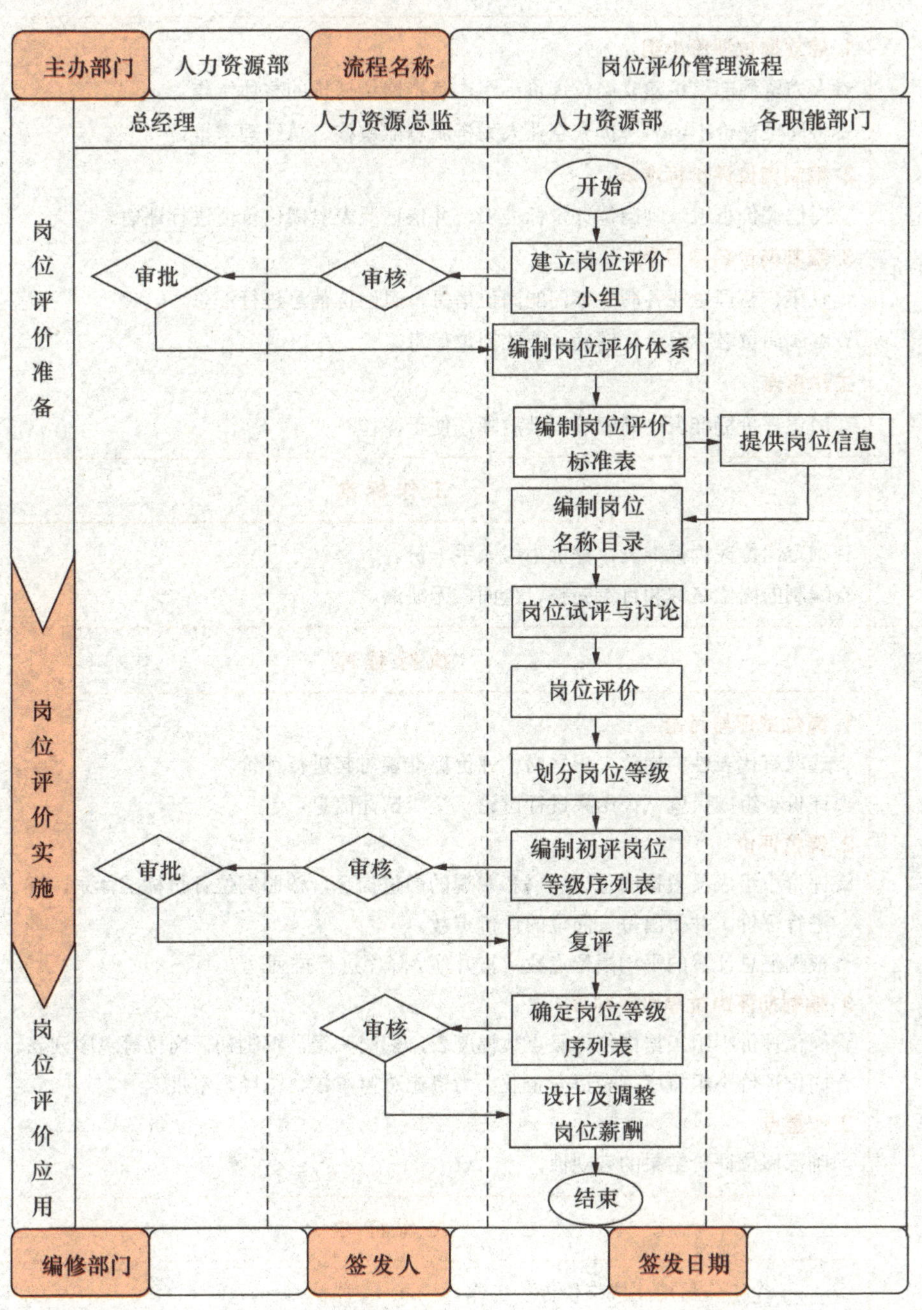

主办部门
人力资源部
流程名称
岗位评价管理流程
总经理
人力资源总监
人力资源部
各职能部门
岗位评价准备
岗位评价实施
岗位评价应用
开始
建立岗位评价小组
审核
审批
编制岗位评价体系
编制岗位评价标准表
提供岗位信息
编制岗位名称目录
岗位试评与讨论
岗位评价
划分岗位等级
编制初评岗位等级序列表
审核
审批
复评
确定岗位等级序列表
审核
设计及调整岗位薪酬
结束
编修部门
签发人
签发日期

第4章 工作分析与评价管理

4.3.2 岗位评价管理执行程序、工作标准、考核指标、执行规范

<table>
<tr><th>任务名称</th><th>执行程序、工作标准与考核指标</th></tr>
<tr><td rowspan="4">岗位评价准备</td><td>执行程序</td></tr>
<tr><td>1. 建立岗位评价小组
☆人力资源部组织建立岗位评价小组，负责岗位评价的整体工作。
☆将岗位评价小组名单提交企业人力资源总监审核、总经理审批。
2. 编制岗位评价标准表
岗位评价小组编制岗位评价标准表，并依据此表对岗位价值进行评估。
3. 编制岗位名称目录
☆收集、整理企业各职能部门的岗位信息，对岗位信息进行汇总。
☆编制岗位名称目录，明确企业的岗位信息。
工作重点
岗位评价标准表中的评价标准清晰，便于操作。</td></tr>
<tr><td>工作标准</td></tr>
<tr><td>☆制定岗位评价标准表，评价小组人手一份。
☆编制的岗位名称和目录完整、全面，无缺漏。</td></tr>
<tr><td rowspan="4">岗位评价实施</td><td>执行程序</td></tr>
<tr><td>1. 岗位试评与讨论
☆选取有代表性的岗位，根据岗位评价标准表对其进行评价。
☆评价小组成员就试评结果进行讨论，交流试评信息。
2. 岗位评价
☆评价小组成员根据岗位说明书和掌握的岗位信息，依照岗位评价标准体系，逐一对岗位进行评价，并得出每一岗位的评价点数。
☆根据汇总计算的平均岗位点数，按升序 / 降序进行排列。
3. 编制初评岗位等级序列表
☆岗位评价小组根据岗位等级点数幅度表，划岗归级，编制初评岗位等级序列表。
☆岗位评价小组将序列表提交企业人力资源总监审核、总经理审批。
工作重点
确保岗位评价结果的客观性。</td></tr>
<tr><td>工作标准</td></tr>
<tr><td>☆ ____ 个工作日内完成岗位评价工作。
☆ ____ 个工作日内完成岗位等级序列表的编制工作。</td></tr>
</table>

（续）

<table>
<tr><th>任务名称</th><th>执行程序、工作标准与考核指标</th></tr>
<tr><td rowspan="6">岗位评价应用</td><td>执行程序</td></tr>
<tr><td>1. 确定岗位等级序列表
根据岗位评价复评的结果，岗位评价小组确定岗位等级序列表。
2. 设计及调整岗位薪酬
根据经审核的岗位等级序列表，人力资源部重新设计企业的薪酬福利体系。
工作重点
岗位等级序列表要能体现出各个岗位相对价值的高低，且评估标准清晰。</td></tr>
<tr><td>工作标准</td></tr>
<tr><td>____个工作日内将确定的岗位等级序列表提交企业人力资源总监审核。</td></tr>
<tr><td>考核指标</td></tr>
<tr><td>领导满意度评分不低于 95 分。</td></tr>
<tr><td colspan="2">执行规范</td></tr>
<tr><td colspan="2">“岗位评价管理办法”“岗位评价标准表”“岗位说明书”“岗位等级序列表”“岗位评价点数汇总表”。</td></tr>
</table>

4.4 岗位说明书编制流程设计与工作执行

4.4.1 岗位说明书编制流程设计

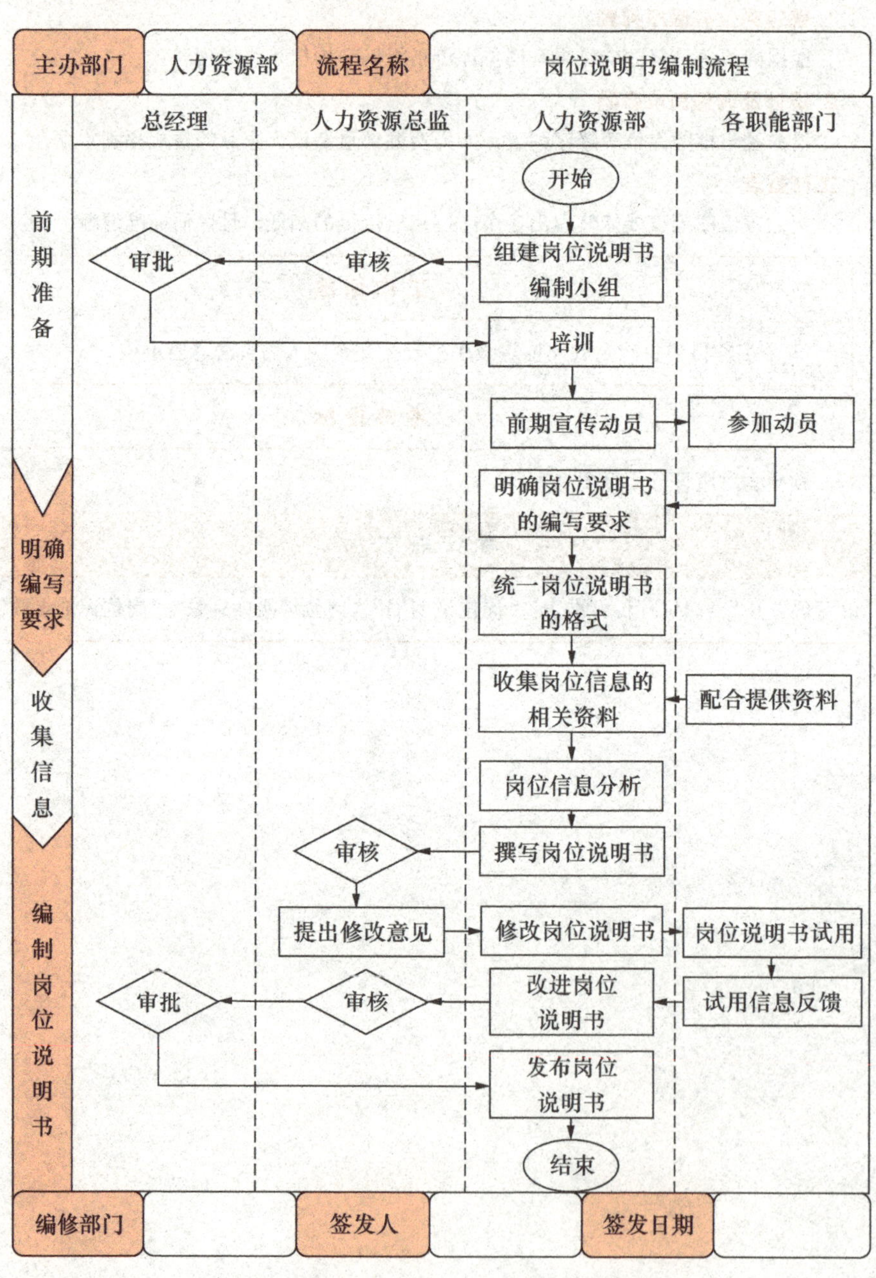

主办部门
人力资源部
流程名称
岗位说明书编制流程
总经理
人力资源总监
人力资源部
各职能部门
前期准备
明确编写要求
收集信息
编制岗位说明书
开始
组建岗位说明书编制小组
审核
审批
培训
前期宣传动员
参加动员
明确岗位说明书的编写要求
统一岗位说明书的格式
收集岗位信息的相关资料
配合提供资料
岗位信息分析
撰写岗位说明书
审核
提出修改意见
修改岗位说明书
岗位说明书试用
试用信息反馈
改进岗位说明书
审核
审批
发布岗位说明书
结束
编修部门
签发人
签发日期

4.4.2 岗位说明书编制执行程序、工作标准、考核指标、执行规范

<table>
<tr><th>任务名称</th><th>执行程序、工作标准与考核指标</th></tr>
<tr><td rowspan="4">前期准备</td><td>执行程序</td></tr>
<tr><td>1. 组建岗位说明书编制小组
根据岗位说明书编制任务，人力资源部组织建立岗位说明书编制小组。
2. 前期宣传动员
☆在开展岗位说明书编写工作前，人力资源部负责人应与企业高层领导进行沟通，取得高层领导的支持。
☆发布岗位说明书编制公告，对各职能部门进行动员，取得各职能部门的配合。
工作重点
选取的岗位说明书编制小组成员应具备编制岗位说明书所需的各项技能。</td></tr>
<tr><td>工作标准</td></tr>
<tr><td>☆____个工作日内确定岗位说明书编制小组成员名单。
☆各职能部门应积极配合岗位说明书的编制工作。</td></tr>
<tr><td rowspan="4">明确编写要求</td><td>执行程序</td></tr>
<tr><td>1. 明确岗位说明书的编写要求
人力资源部需事先制定岗位说明书的编写要求。
2. 统一岗位说明书的格式
☆确定岗位说明书的框架及模板。
☆确定岗位说明书编写的格式及其他细节问题。
工作重点
对岗位说明书的编写要求给出清晰的说明。</td></tr>
<tr><td>工作标准</td></tr>
<tr><td>☆岗位说明书的内容应包括工作描述与工作规范两部分。
☆岗位说明书的格式应统一。</td></tr>
<tr><td rowspan="2">收集信息</td><td>执行程序</td></tr>
<tr><td>1. 收集岗位信息的相关资料
在各职能部门的配合下，岗位说明书编制小组应通过各种渠道，灵活运用各种方法收集各岗位的信息资料。
2. 岗位信息分析
岗位说明书编制小组对收集的信息进行分析，为编制岗位说明书做好准备。</td></tr>
</table>

人力资源管理
流程设计与服务工作标准

（续）

任务名称	执行程序、工作标准与考核指标
收集信息	**工作重点** 筛选出有效的、实用的信息。
	工 作 标 准
	☆获取岗位信息的渠道包括查阅企业已有制度、同行业或其他相关岗位说明书，以及与员工沟通等。 ☆ ____ 个工作日内完成岗位信息的分析、筛选工作。
编制岗位说明书	**执 行 程 序**
	1. 撰写岗位说明书 人力资源部组织岗位说明书编制小组进行岗位说明书的撰写工作。 **2. 改进岗位说明书** 根据各职能部门的反馈意见，人力资源部对岗位说明书进行改进。
	工作重点 收集并筛选各职能部门对岗位说明书的反馈意见。
	工 作 标 准
	☆依照确定的模板及编写要求编制岗位说明书。 ☆各职能部门将发现的问题及时反馈至人力资源部。
	考 核 指 标
	☆岗位说明书的规范性。撰写的岗位说明书的格式规范且统一，内容完整，表述清晰。 ☆岗位说明书编制及时率： $岗位说明书编制及时率=\frac{在规定时间内编制完成的岗位说明书份数}{在规定时间内应编制的岗位说明书份数}\times 100\%$
执 行 规 范	
“岗位说明书编制规范”“岗位调查表”“岗位说明书”。	

4.5 岗位设计流程与工作执行

4.5.1 岗位设计流程

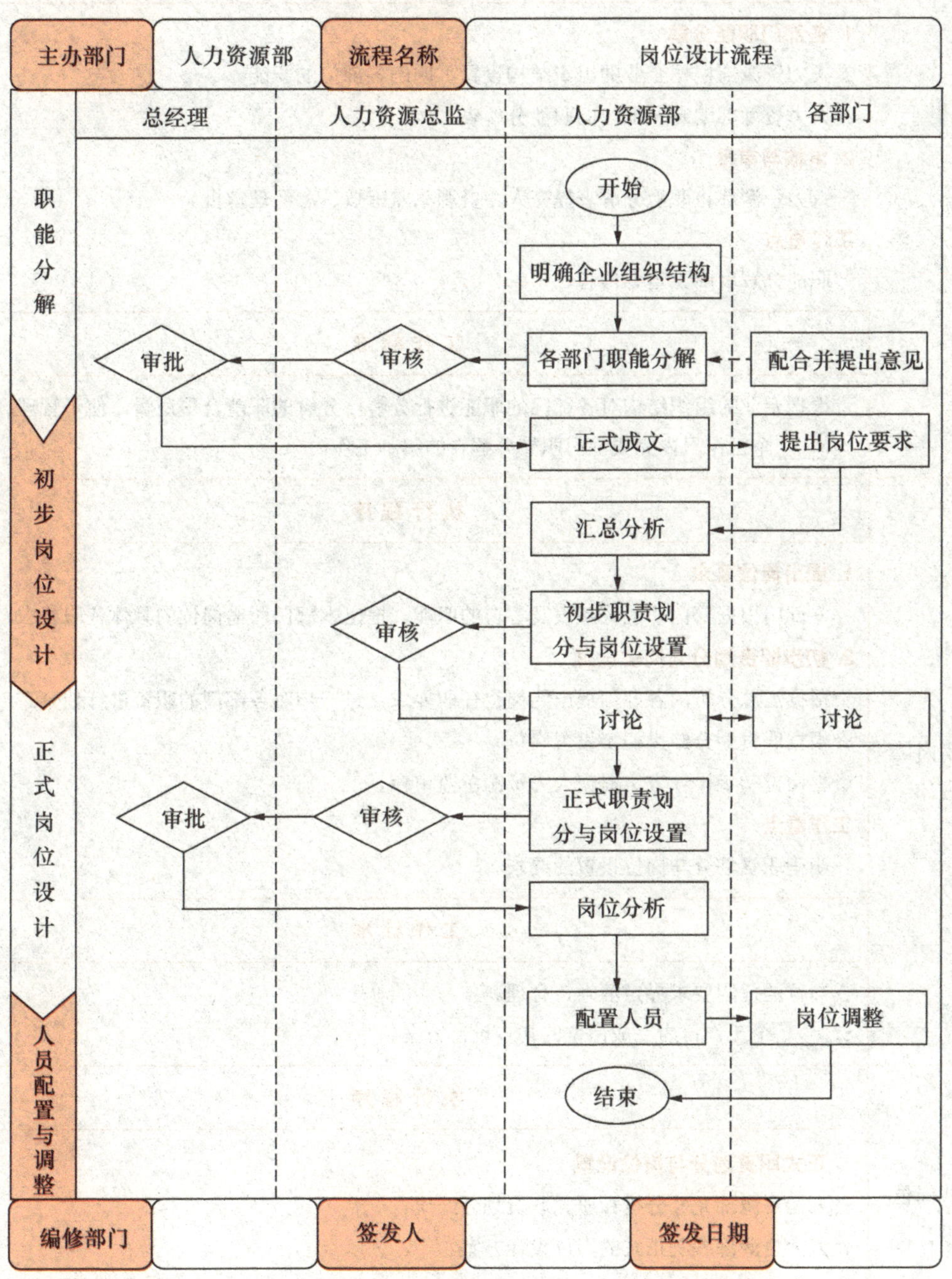

主办部门
人力资源部
流程名称
岗位设计流程
总经理
人力资源总监
人力资源部
各部门
职能分解
初步岗位设计
正式岗位设计
人员配置与调整
开始
明确企业组织结构
审批
审核
各部门职能分解
配合并提出意见
正式成文
提出岗位要求
汇总分析
审核
初步职责划分与岗位设置
讨论
讨论
审批
审核
正式职责划分与岗位设置
岗位分析
配置人员
岗位调整
结束
编修部门
签发人
签发日期

4.5.2 岗位设计执行程序、工作标准、考核指标、执行规范

任务名称	执行程序、工作标准与考核指标
职能分解	**执行程序**
	1. 各部门职能分解 ☆人力资源部根据企业的组织结构设置，明确各部门的职能。 ☆人力资源部编制各部门的职能分解表。 **2. 审核与审批** 人力资源部将职能分解表提交人力资源总监审核、总经理审批。 **工作重点** 职能分解表中无重叠内容。
	工作标准
	☆根据企业的组织结构对各部门的职能进行分解，分解的职能合乎逻辑，便于管理。 ☆____个工作日内完成部门职能分解表的编制工作。
初步岗位设计	**执行程序**
	1. 提出岗位要求 各部门根据部门职能分解表及各自的职能，提出本部门所需岗位的具体任职要求。 **2. 初步职责划分与岗位设置** ☆根据汇总分析的各部门提出的岗位任职要求，进一步对各部门的职责进行划分。 ☆根据职责划分结果初步设置岗位。 ☆将岗位初步设计方案提交人力资源总监审核。 **工作重点** 明确职责划分与岗位设置的要求。
	工作标准
	☆岗位的任职要求界定清晰、合理。 ☆____个工作日内完成岗位的初步设计方案。
正式岗位设计	**执行程序**
	1. 正式职责划分与岗位设置 ☆人力资源部充分分析和研究职责划分结果。 ☆人力资源部编制正式的岗位设计方案。 **2. 审核与审批** 人力资源部将岗位设计方案提交人力资源总监审核、总经理审批。

（续）

<table>
<tr><th>任务名称</th><th>执行程序、工作标准与考核指标</th></tr>
<tr><td rowspan="5">正式岗位设计</td><td>工作重点
职责划分清晰，无交叉、无空白。</td></tr>
<tr><td>工作标准</td></tr>
<tr><td>___ 个工作日内完成职责划分与岗位设置工作。</td></tr>
<tr><td>考核指标</td></tr>
<tr><td>☆岗位设计方案编制的及时性。
☆岗位设计方案内容的完整性。</td></tr>
<tr><td rowspan="4">人员配置与调整</td><td>执行程序</td></tr>
<tr><td>1. 配置人员
根据岗位设计方案及岗位说明书，人力资源部为各岗位配置相应的人员。
2. 岗位调整
各职能部门接受人力资源部的岗位调整。
工作重点
依照岗位设计方案进行人员调整。</td></tr>
<tr><td>工作标准</td></tr>
<tr><td>☆人员配置工作在 ___ 月 ___ 日前完成。
☆岗位调整工作在 ___ 月 ___ 日前完成。</td></tr>
<tr><td colspan="2">执行规范</td></tr>
<tr><td colspan="2">“企业组织结构图”“各部门职能分解表”“各部门职责细分表”“岗位初步设计方案”“岗位设计方案”“人员配置表”。</td></tr>
</table>

4.6 岗位定编流程设计与工作执行

4.6.1 岗位定编流程设计

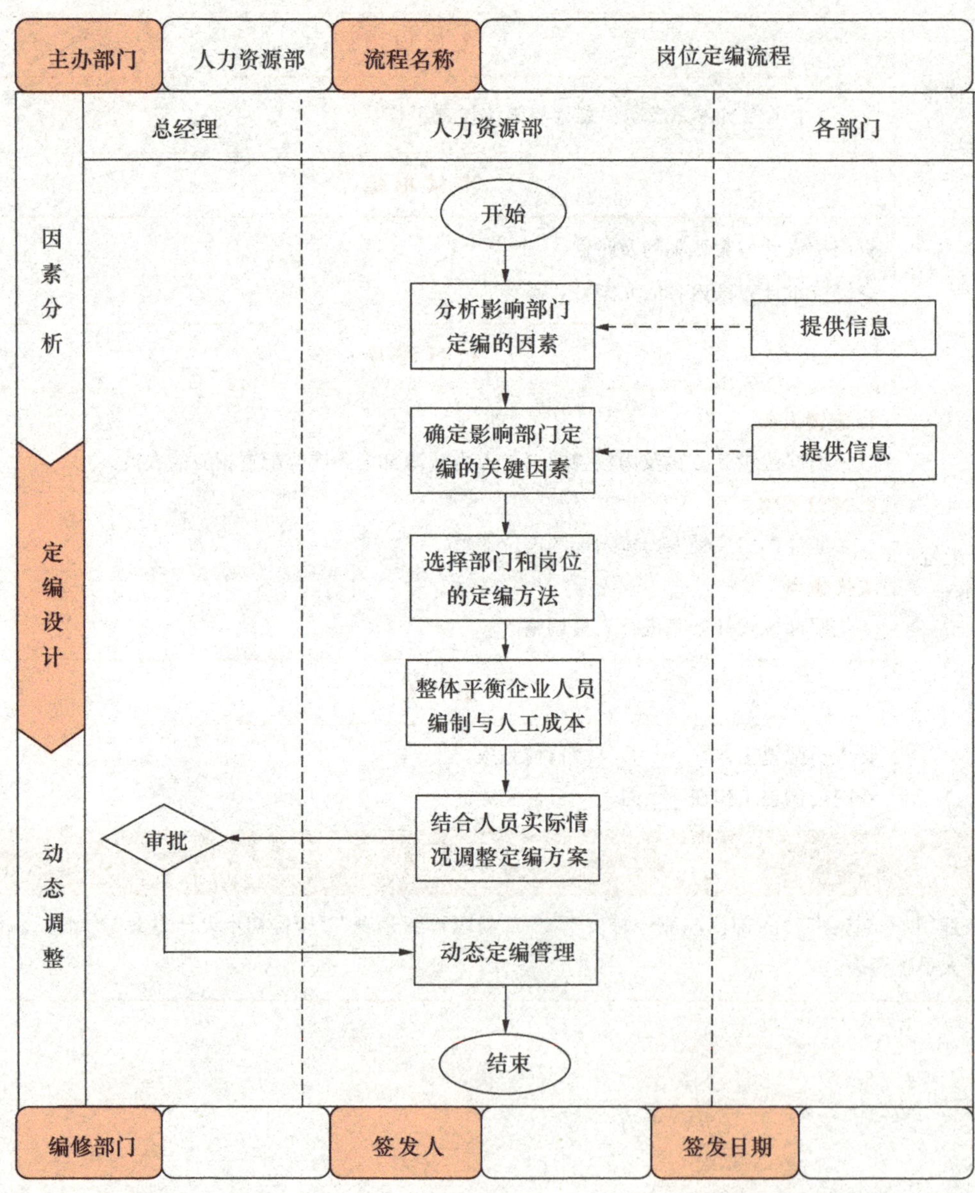
主办部门
人力资源部
流程名称
岗位定编流程
总经理
人力资源部
各部门
因素分析
定编设计
动态调整
开始
分析影响部门定编的因素
提供信息
确定影响部门定编的关键因素
提供信息
选择部门和岗位的定编方法
整体平衡企业人员编制与人工成本
结合人员实际情况调整定编方案
审批
动态定编管理
结束
编修部门
签发人
签发日期

4.6.2 岗位定编执行程序、工作标准、考核指标、执行规范

<table>
<tr><th>任务名称</th><th>执行程序、工作标准与考核指标</th></tr>
<tr><td rowspan="4">因素分析</td><td>执行程序</td></tr>
<tr><td>1. 分析影响部门定编的因素
人力资源部需从宏观与微观两个角度，并从中选取合适的要素来对其进行分析。
2. 确定影响部门定编的关键因素
人力资源部结合本企业实际情况，从诸多影响部门定编的因素中选取关键因素进行分析。
工作重点
排除非定编驱动因素，寻找定编的关键动因。</td></tr>
<tr><td>工作标准</td></tr>
<tr><td>☆分析的要素包括岗位工作结构与工作量、人工效率等。
☆ ____ 个工作日内完成对影响部门定编的关键因素的分析工作。</td></tr>
<tr><td rowspan="4">定编设计</td><td>执行程序</td></tr>
<tr><td>1. 选择部门和岗位的定编方法
人力资源部根据企业的实际情况及各部门、各岗位的业务特点，选择合适的定编方法。
2. 整体平衡企业人员编制与人工成本
人力资源部根据初步设计的岗位定编方案计算人工成本，使其与企业的总体效益保持合理的比例。
工作重点
选择的定编方法与各业务单位的特点相符。</td></tr>
<tr><td>工作标准</td></tr>
<tr><td>☆明确定编的原则。
☆将人工成本控制在预算内。</td></tr>
<tr><td rowspan="2">动态调整</td><td>执行程序</td></tr>
<tr><td>1. 结合人员实际情况调整定编方案
☆人力资源部将既定的定编方案与现有的定编情况进行对比与分析，根据实际情况对方案进行调整。
☆将调整后的定编方案提交企业总经理审批。
2. 动态定编管理
随着企业的发展，各部门的业务会有所调整，人力资源部据此再对调整的部门和岗位进行定编设计。</td></tr>
</table>

（续）

任务名称	执行程序、工作标准与考核指标
动态调整	**工作重点** 针对发现的问题进行分析，提出各部门工作改进方案或定编调整方案。
	工 作 标 准
	☆ ____ 个工作日内完成方案的调整工作。 ☆根据内外部环境的变化（如市场、业务、员工技能的提高等）对定编进行动态调整。
	考 核 指 标
	☆方案调整的及时性。 ☆领导满意度评分不低于 95 分。
执 行 规 范	
“企业组织结构图”“部门编制表”“岗位定编汇总表”“岗位定编方案”。	

第5章 招聘管理

5.1 招聘管理流程设计

5.1.1 流程设计的目的

招聘管理是人力资源管理的重要模板，其招聘标准能显示出企业自身的定位和企业未来发展的目标，因此，规范招聘管理工作显得尤为重要。

企业对人才招聘管理流程进行设计的目的如下：

（1）规范、完善员工的招聘管理流程，充分体现公开、公平、公正的原则，不拘一格选拔人才；

（2）通过对招聘环节与步骤的严格把控，保证企业员工的素质，满足企业的人力资源需求与长远发展；

（3）使企业的员工招聘工作科学化、规范化、程序化。

5.1.2 流程结构设计

招聘管理流程的内容是很丰富的，围绕员工招聘这一事宜，可将其细分为以下流程，具体的流程结构设计如图 5-1 所示。

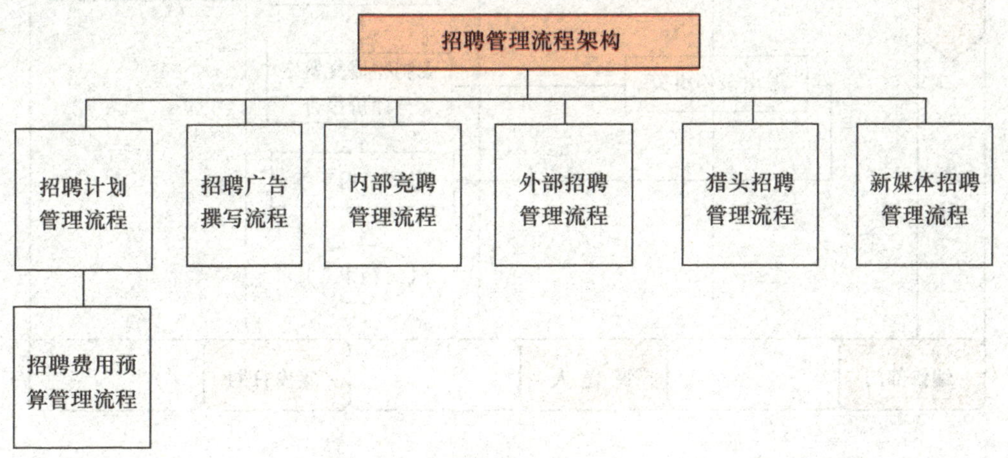

招聘管理流程架构
招聘计划管理流程
招聘广告撰写流程
内部竞聘管理流程
外部招聘管理流程
猎头招聘管理流程
新媒体招聘管理流程
招聘费用预算管理流程

图 5-1　招聘管理流程结构设计

5.2 招聘管理流程设计与工作执行

5.2.1 招聘管理流程设计

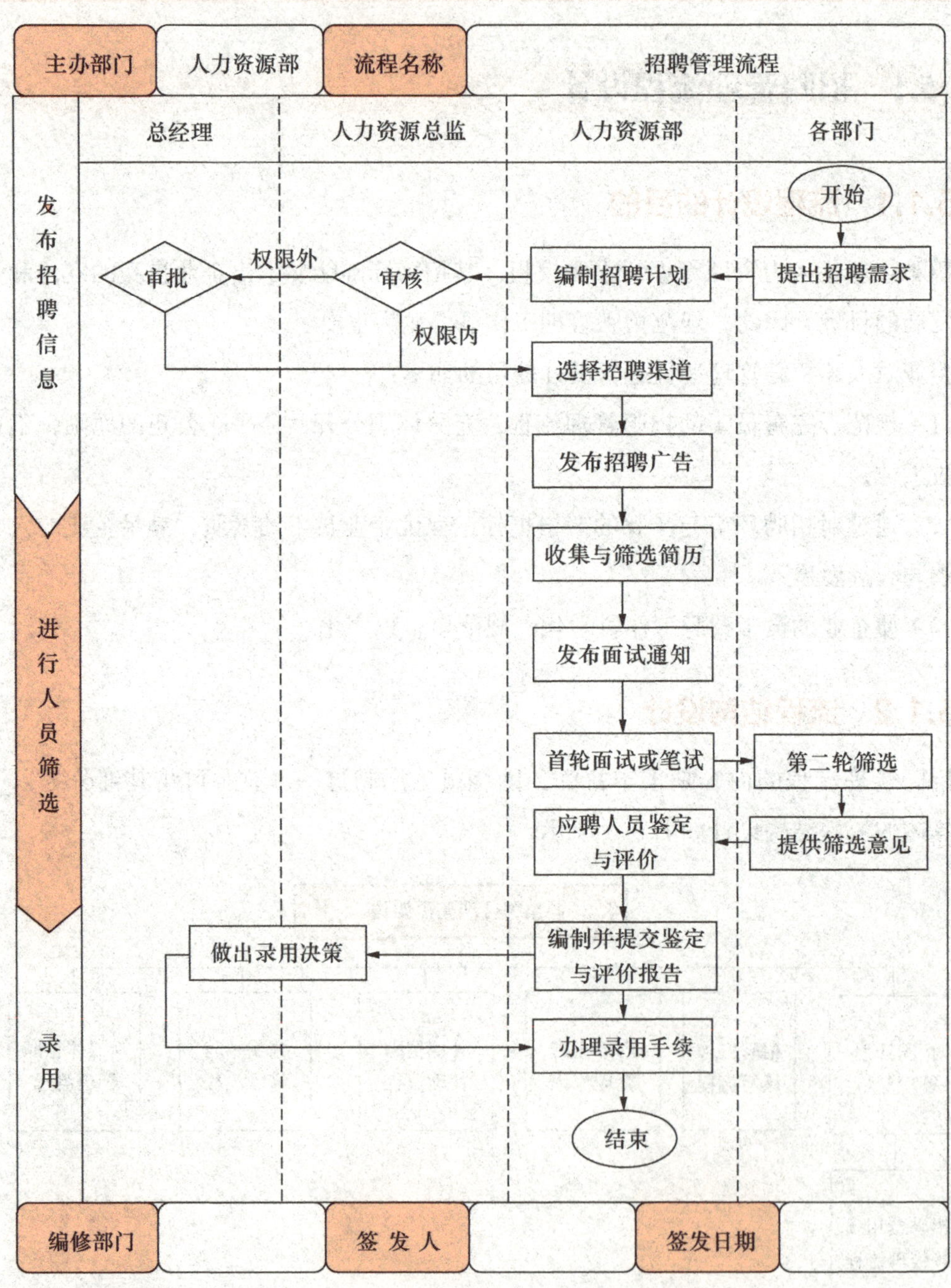

主办部门
人力资源部
流程名称
招聘管理流程
总经理
人力资源总监
人力资源部
各部门
发布招聘信息
进行人员筛选
录用
开始
提出招聘需求
编制招聘计划
审核
权限外
审批
权限内
选择招聘渠道
发布招聘广告
收集与筛选简历
发布面试通知
首轮面试或笔试
第二轮筛选
提供筛选意见
应聘人员鉴定与评价
编制并提交鉴定与评价报告
做出录用决策
办理录用手续
结束
编修部门
签 发 人
签发日期

5.2.2 招聘管理执行程序、工作标准、考核指标、执行规范

<table>
<tr><th>任务名称</th><th>执行程序、工作标准与考核指标</th></tr>
<tr><td rowspan="4">发布招聘信息</td><td>执行程序</td></tr>
<tr><td>1. 编制招聘计划
☆企业人力资源部统计各部门的招聘需求，结合企业发展战略及人力资源战略，编制招聘计划。
☆招聘计划的内容具体包括本阶段招聘的岗位名称、人数、到岗时间、招聘预算等。
2. 选择招聘渠道
根据招聘岗位的特点及招聘预算，选择合适、有效的招聘渠道。
3. 发布招聘广告
☆结合企业需求编制招聘广告。
☆根据已确定的招聘渠道，选择合适的招聘广告形式。
工作重点
☆招聘渠道选择合理。
☆招聘广告无违规内容。</td></tr>
<tr><td>工作标准</td></tr>
<tr><td>☆招聘计划编制及时、内容完善。
☆招聘渠道有内部招聘和外部招聘两种，内部招聘包括内部晋升及内部推荐等，外部招聘有网络招聘、校园招聘、现场招聘及猎头招聘等。
☆招聘广告发布及时。</td></tr>
<tr><td rowspan="2">进行人员筛选</td><td>执行程序</td></tr>
<tr><td>1. 收集与筛选简历
☆企业人力资源部在招聘信息发布平台上收集简历。
☆企业人力资源部对收集的简历进行筛选。
2. 首轮面试或笔试
☆根据面试岗位的不同，可灵活选用相应的面试方式。
☆技术类岗位可采用笔试，考察应聘者的学识、技能等；一般非技术类岗位可采用面试，如有需要，也可采用面试与笔试相结合的方式。
☆将首轮筛选出的人员交由各部门主管进行第二轮筛选。
3. 应聘人员鉴定与评价
☆根据各部门主管的筛选意见，对应聘人员进行综合评价与鉴定。
☆对应聘人员的信息进行核查，及时识别出信息造假及信息不符的情况，降低企业用工风险。
工作重点
明确应聘人员的筛选条件。</td></tr>
</table>

（续）

<table>
<tr><th>任务名称</th><th>执行程序、工作标准与考核指标</th></tr>
<tr><td rowspan="2">进行人员筛选</td><td>工作标准</td></tr>
<tr><td>☆测评方法选择合适。
☆以事实为依据对应聘人员进行鉴定，评价结果客观、公正。</td></tr>
<tr><td rowspan="6">录用</td><td>执行程序</td></tr>
<tr><td>1. 编制并提交鉴定与评价报告
人力资源部根据对应聘人员的综合鉴定与评价结果编制鉴定与评价报告，并提交企业领导审阅，请其做出录用决策。
2. 办理录用手续
人力资源部向被录用人员发送录用通知书，并为其办理录用手续。
工作重点
确保被录用人员的能力符合招聘岗位的要求。</td></tr>
<tr><td>工作标准</td></tr>
<tr><td>☆编制的应聘人员鉴定与评价报告内容完整，提交及时。
☆录用手续办理及时、完备。</td></tr>
<tr><td>考核指标</td></tr>
<tr><td>☆录用手续办理的及时性与完备性。
☆录用比率：录用比率 = $\frac{\text{录用人数}}{\text{应聘人数}} \times 100\%$。</td></tr>
<tr><td colspan="2">执行规范</td></tr>
<tr><td colspan="2">“招聘计划书”“岗位说明书”“员工招聘管理制度”“面试实施细则”“员工录用管理规定”“应聘人员鉴定与评价报告”。</td></tr>
</table>

人力资源管理
流程设计与服务工作标准

5.3 招聘计划管理流程设计与工作执行

5.3.1 招聘计划管理流程设计

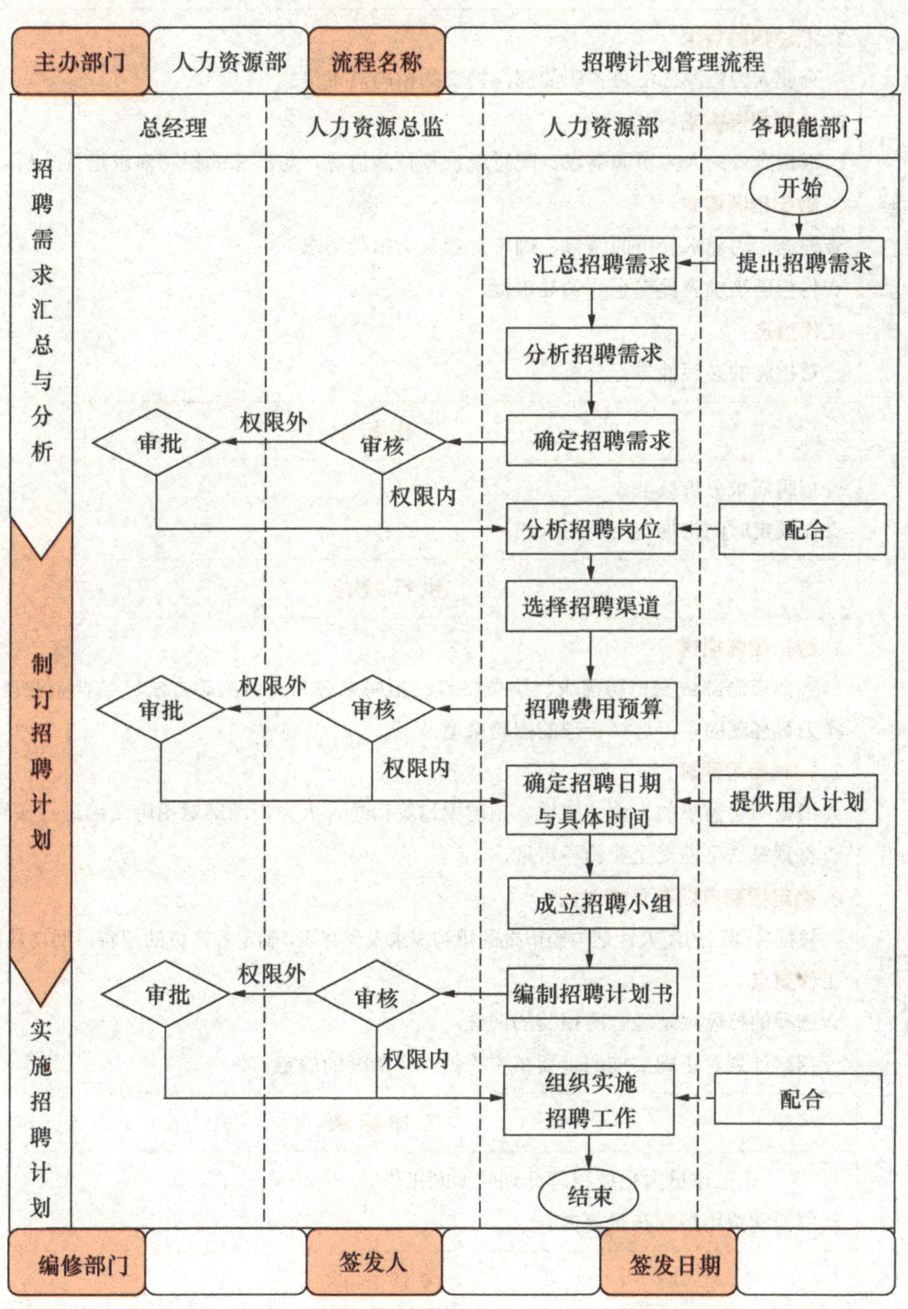

主办部门
人力资源部
流程名称
招聘计划管理流程
总经理
人力资源总监
人力资源部
各职能部门
招聘需求汇总与分析
制订招聘计划
实施招聘计划
开始
提出招聘需求
汇总招聘需求
分析招聘需求
确定招聘需求
审核
权限外
审批
权限内
分析招聘岗位
配合
选择招聘渠道
招聘费用预算
审核
权限外
审批
权限内
确定招聘日期与具体时间
提供用人计划
成立招聘小组
编制招聘计划书
审核
权限外
审批
权限内
组织实施招聘工作
配合
结束
编修部门
签发人
签发日期

5.3.2 招聘计划管理执行程序、工作标准、考核指标、执行规范

<table>
<tr><th>任务名称</th><th>执行程序、工作标准与考核指标</th></tr>
<tr><td rowspan="4">招聘需求汇总与分析</td><td>执 行 程 序</td></tr>
<tr><td>1. 汇总招聘需求
企业人力资源部汇总各职能部门提交的招聘需求信息。
2. 分析招聘需求
根据企业的人力资源需求、配置现状及预测情况，对汇总的招聘需求进行分析。
3. 确定招聘需求
☆根据招聘需求分析的结果，确定企业人员招聘需求。
☆将招聘需求表提交企业领导审批。
工作重点
对招聘的必要性进行分析。</td></tr>
<tr><td>工 作 标 准</td></tr>
<tr><td>☆招聘需求分析精准。
☆在规定时间内提交招聘需求表。</td></tr>
<tr><td rowspan="6">制订招聘计划</td><td>执 行 程 序</td></tr>
<tr><td>1. 选择招聘渠道
人力资源部依据招聘需求、岗位特点、招聘来源和具体招聘方法，结合企业自身经济实力等客观因素，选择合理的招聘渠道。
2. 招聘费用预算
☆根据招聘需求的人数、岗位、招聘渠道等信息，人力资源部对招聘费用进行预算。
☆将预算结果提交企业领导审批。
3. 确定招聘日期与具体时间
根据各部门的用人计划与经审批的招聘需求及预算表，确定各岗位的招聘日期与具体时间。
工作重点
☆选择的招聘渠道适合所招聘的岗位。
☆招聘计划对招聘实施的重要事宜都做出了清晰的规定。</td></tr>
<tr><td>工 作 标 准</td></tr>
<tr><td>☆ ____ 个工作日内完成招聘计划的编制工作。
☆将招聘费用控制在预算内。</td></tr>
<tr><td>考 核 指 标</td></tr>
<tr><td>☆招聘计划编制的及时性。
☆招聘费用是否超出预算。</td></tr>
</table>

（续）

<table>
<tr><th>任务名称</th><th>执行程序、工作标准与考核指标</th></tr>
<tr><td rowspan="6">实施
招聘计划</td><td>执行程序</td></tr>
<tr><td>1. 编制招聘计划书
☆根据前期招聘需求分析、招聘渠道选择以及招聘费用预算等编制招聘计划书，并提交企业领导审批。
☆招聘计划书的内容主要包括人员需求情况、招聘信息发布的时间和渠道、招聘小组成员名单、招聘截止日期、新员工上岗时间、招聘费用预算、招聘工作时间表等。
2. 组织实施招聘工作
人力资源部根据招聘计划书组织实施招聘工作。
工作重点
编制的招聘计划书内容全面，可操作性强。</td></tr>
<tr><td>工作标准</td></tr>
<tr><td>☆____个工作日内完成招聘计划书的编制工作。
☆按时完成招聘计划。</td></tr>
<tr><td>考核指标</td></tr>
<tr><td>☆此项工作的主要考核指标为招聘计划完成率。
☆招聘计划完成率 $= \frac{\text{实际招聘的人数}}{\text{计划招聘的人数}} \times 100\%$</td></tr>
<tr><td colspan="2">执行规范</td></tr>
<tr><td colspan="2">“招聘需求表”“招聘计划书”“招聘计划实施方案”。</td></tr>
</table>

5.4 招聘费用预算管理流程设计与工作执行

5.4.1 招聘费用预算管理流程设计

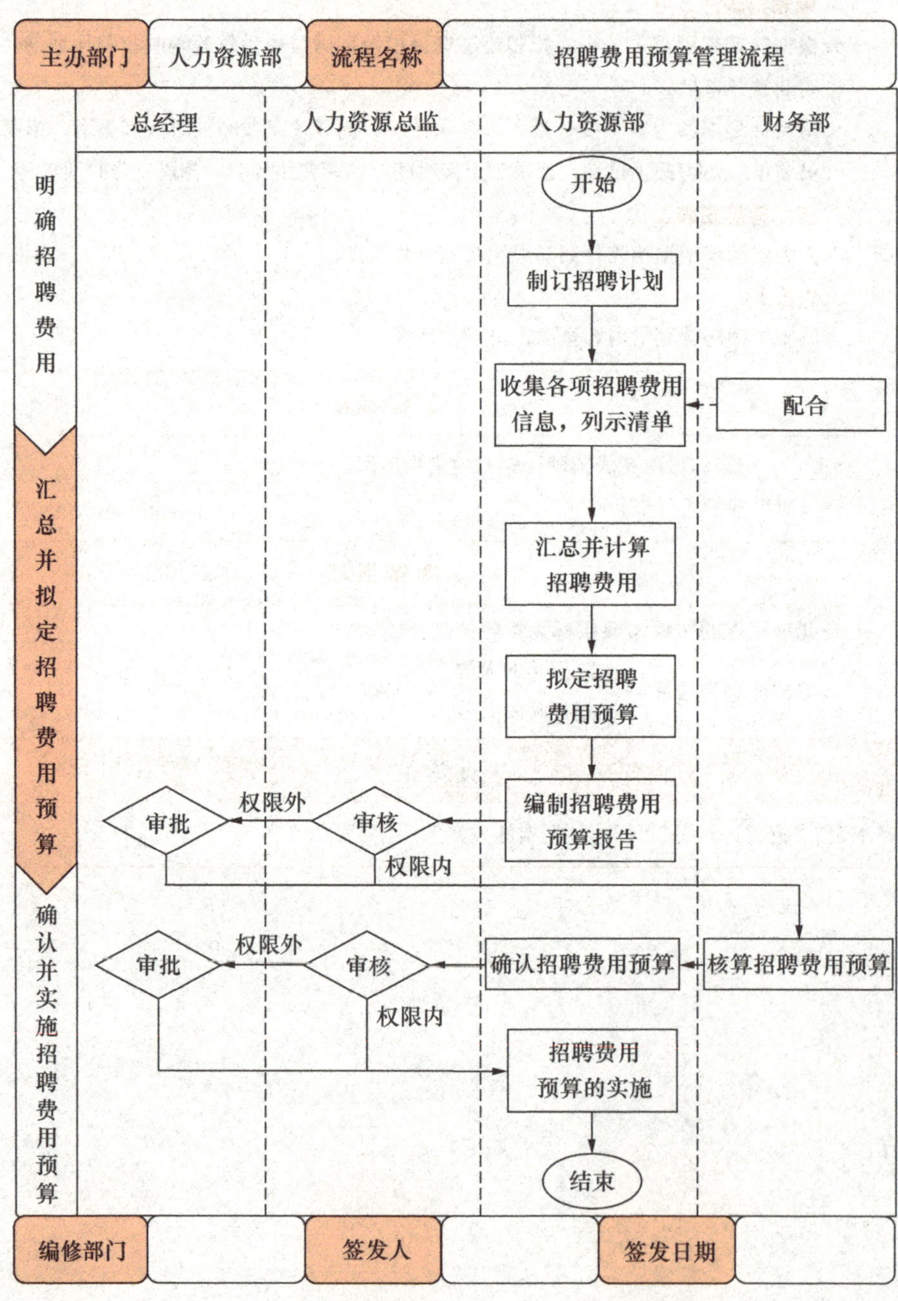

主办部门
人力资源部
流程名称
招聘费用预算管理流程
总经理
人力资源总监
人力资源部
财务部
明确招聘费用
汇总并拟定招聘费用预算
确认并实施招聘费用预算
开始
制订招聘计划
收集各项招聘费用信息，列示清单
配合
汇总并计算招聘费用
拟定招聘费用预算
编制招聘费用预算报告
审核
权限外
审批
权限内
核算招聘费用预算
确认招聘费用预算
审核
权限外
审批
权限内
招聘费用预算的实施
结束
编修部门
签发人
签发日期

5.4.2 招聘费用预算管理执行程序、工作标准、考核指标、执行规范

任务名称	执行程序、工作标准与考核指标
明确招聘费用	**执行程序**
	1. 制订招聘计划 在开展招聘工作前，人力资源部需制订该阶段的招聘计划，它是开展招聘工作的依据。 **2. 收集各项招聘费用信息，列示清单** ☆根据招聘需求及所选择的招聘渠道，收集相关的费用信息。 ☆招聘过程产生的各项费用主要包括管理费用、人员费用、招聘广告印刷费、场地租赁费、员工推荐费以及中介机构的费用等。 **工作重点** 明确招聘费用的范畴。
	工作标准
	☆制订清晰的招聘计划。 ☆资料收集完整。
汇总并拟定招聘费用预算	**执行程序**
	1. 拟定招聘费用预算 ☆人力资源部需对招聘过程中的各种突发状况及可能产生的费用进行预测。 ☆将预测的费用与招聘费用清单汇总，形成招聘费用预算。 **2. 编制招聘费用预算报告** ☆整理招聘费用预算，编制招聘费用预算报告，并提交人力资源总监审核、总经理审批。 ☆预算报告应详细列出各项费用产生的原因及数额等。 **工作重点** 招聘的各项支出须在预算中有明确的列支。
	工作标准
	☆对招聘环节可能产生的费用预测准确、完整，无缺漏。 ☆ ____ 个工作日内完成招聘费用预算报告的编制工作。
确认并实施招聘费用预算	**执行程序**
	1. 确认招聘费用预算 企业人力资源部对招聘费用进行确认，并提交人力资源总监审核、总经理审批。 **2. 招聘费用预算的实施** 人力资源部根据最终审批的招聘费用预算报告，组织做好招聘费用预算的实施工作。

（续）

任务名称	执行程序、工作标准与考核指标
确认并实施招聘费用预算	**工作重点** 将招聘费用预算与实际支出的偏差控制在合理范围内。
	工作标准
	☆确认招聘费用预算报告已呈权限领导审批。 ☆依据招聘费用预算报告，合理控制支出。
	考核指标
	☆此项工作的主要考核指标为招聘费用预算完成率。 ☆招聘费用预算完成率 $= \frac{\text{招聘费用实际支出}}{\text{招聘费用预算支出}} \times 100\%$
执行规范	
“招聘计划书”“招聘费用清单”“招聘费用预算报告”。	

5.5 招聘广告撰写流程设计与工作执行

5.5.1 招聘广告撰写流程设计

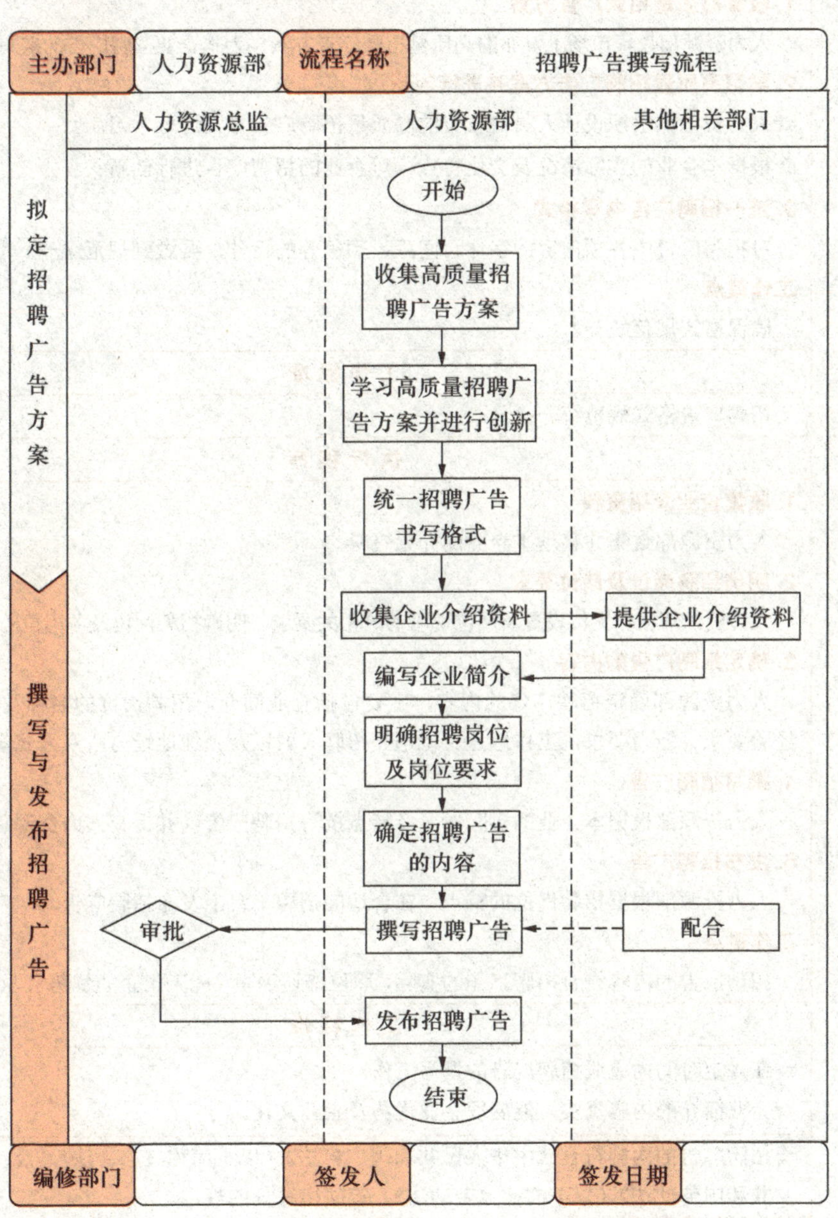

主办部门
人力资源部
流程名称
招聘广告撰写流程
人力资源总监
人力资源部
其他相关部门
拟定招聘广告方案
撰写与发布招聘广告
开始
收集高质量招聘广告方案
学习高质量招聘广告方案并进行创新
统一招聘广告书写格式
收集企业介绍资料
提供企业介绍资料
编写企业简介
明确招聘岗位及岗位要求
确定招聘广告的内容
审批
撰写招聘广告
配合
发布招聘广告
结束
编修部门
签发人
签发日期

5.5.2 招聘广告撰写执行程序、工作标准、考核指标、执行规范

任务名称	执行程序、工作标准与考核指标
拟定招聘广告方案	**执行程序** **1. 收集高质量招聘广告方案** 人力资源部收集市场上发布的高质量招聘广告方案，为本企业招聘广告的撰写提供参考。 **2. 学习高质量招聘广告方案并进行创新** ☆人力资源部组织设计人员对收集的高质量招聘广告方案进行学习。 ☆根据本企业的实际情况及文化特点，对企业的招聘广告进行创新。 **3. 统一招聘广告书写格式** 对招聘广告中各项内容的字体、间距、颜色等的设计，要做到规范统一。 **工作重点** 确保格式规范统一。
	工作标准
	招聘广告格式规范统一。
撰写与发布招聘广告	**执行程序** **1. 收集企业介绍资料** 人力资源部收集并整理本企业的介绍资料。 **2. 明确招聘岗位及岗位要求** 人力资源部根据岗位设置及岗位说明书的相关要求，明确招聘岗位及各岗位的任职要求。 **3. 确定招聘广告的内容** 人力资源部确定招聘广告的内容，主要包括企业简介，招聘岗位的名称及学历要求、经验要求、能力要求，工作地点、待遇、招聘人数以及企业地址与联系方式等。 **4. 撰写招聘广告** 人力资源部根据本企业的实际情况及特点撰写招聘广告，并提交人力资源总监审批。 **5. 发布招聘广告** 人力资源部根据招聘岗位的特点，在合适的招聘平台上发布招聘广告。 **工作重点** 招聘广告的内容符合招聘工作的实际，职位描述清晰，能突出企业优势及职位优越性。
	工作标准
	☆在规定时间内完成招聘广告的撰写工作。 ☆企业简介的内容真实，能展现企业优势及企业文化。
	☆招聘广告的内容符合《中华人民共和国广告法》（以下简称《广告法》）及《中华人民共和国劳动法》（以下简称《劳动法》）等法律法规的规定。
	考核指标
	招聘广告编制的及时性与规范性。
执行规范	
《广告法》《劳动法》及企业的“岗位说明书”与“招聘广告撰写规范”。	

5.6 内部竞聘管理流程设计与工作执行

5.6.1 内部竞聘管理流程设计

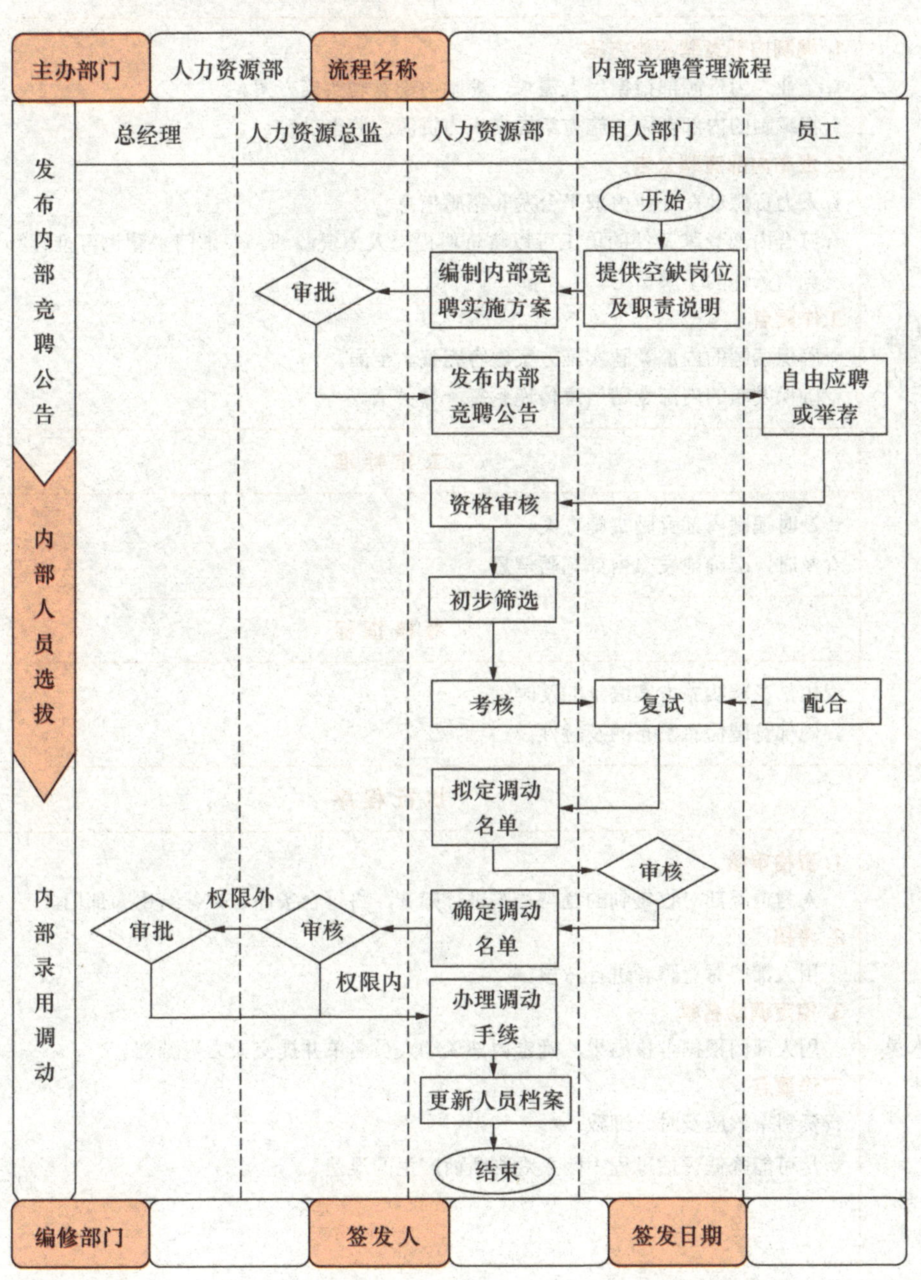

主办部门
人力资源部
流程名称
内部竞聘管理流程
总经理
人力资源总监
人力资源部
用人部门
员工
发布内部竞聘公告
内部人员选拔
内部录用调动
开始
提供空缺岗位及职责说明
编制内部竞聘实施方案
审批
发布内部竞聘公告
自由应聘或举荐
资格审核
初步筛选
考核
复试
配合
拟定调动名单
审核
确定调动名单
审核
权限外
审批
权限内
办理调动手续
更新人员档案
结束
编修部门
签发人
签发日期

5.6.2 内部竞聘执行程序、工作标准、考核指标、执行规范

<table>
<tr><th>任务名称</th><th>执行程序、工作标准与考核指标</th></tr>
<tr><td rowspan="6">发布内部竞聘公告</td><td>执行程序</td></tr>
<tr><td>1. 编制内部竞聘实施方案
☆企业人力资源部根据用人需求，编制内部竞聘实施方案。
☆将编制的内部竞聘实施方案提交人力资源总监审批。
2. 发布内部竞聘公告
☆人力资源部在企业内部平台发布招聘信息。
☆符合内部竞聘条件的员工可以将资料提交人力资源部。各部门主管也可推荐符合内部竞聘条件的下属员工。
工作重点
☆确保编制的内部竞聘实施方案内容完整、全面。
☆确保发布的内部竞聘信息传递到每一名员工。</td></tr>
<tr><td>工作标准</td></tr>
<tr><td>☆及时编制内部竞聘实施方案。
☆及时、准确地发布内部竞聘信息。</td></tr>
<tr><td>考核指标</td></tr>
<tr><td>☆内部竞聘实施方案编制的及时性。
☆内部竞聘信息发布的及时性。</td></tr>
<tr><td rowspan="4">内部人员选拔</td><td>执行程序</td></tr>
<tr><td>1. 资格审核
人力资源部对收集到的竞聘资料进行筛选，将符合条件者推荐给用人部门。
2. 考核
用人部门对竞聘者进行考核。
3. 拟定调动名单
用人部门根据考核结果，确定内部调动人员名单并提交人力资源部。
工作重点
☆资料审核应及时、细致。
☆尽可能降低评估过程中因主观判断而产生的误差。</td></tr>
<tr><td>工作标准</td></tr>
<tr><td>☆对竞聘人员的资料审核要及时、准确。
☆对竞聘人员的评估要客观公正。</td></tr>
</table>

（续）

<table>
<tr><th>任务名称</th><th>执行程序、工作标准与考核指标</th></tr>
<tr><td rowspan="2">内部人员选拔</td><td>考核指标</td></tr>
<tr><td>☆竞聘到岗率：竞聘到岗率 = $\frac{\text{实际到岗人数}}{\text{竞聘人数}}\times 100\%$。
☆用人部门满意度。</td></tr>
<tr><td rowspan="4">内部录用调动</td><td>执行程序</td></tr>
<tr><td>1. 确定调动名单
人力资源部将确定的内部调动名单提交人力资源总监审核、总经理审批。
2. 办理调动手续
人力资源部为内部调动人员办理调动手续，各用人部门予以配合。
工作重点
办理内部调动手续。</td></tr>
<tr><td>工作标准</td></tr>
<tr><td>☆内部调动手续办理的及时性。
☆内部调动手续办理的规范性。</td></tr>
<tr><th colspan="2">执行规范</th></tr>
<tr><td colspan="2">“岗位说明书”“岗位变动表”“内部竞聘管理制度”“内部竞聘实施方案”。</td></tr>
</table>

5.7 外部招聘管理流程设计与工作执行

5.7.1 外部招聘管理流程设计

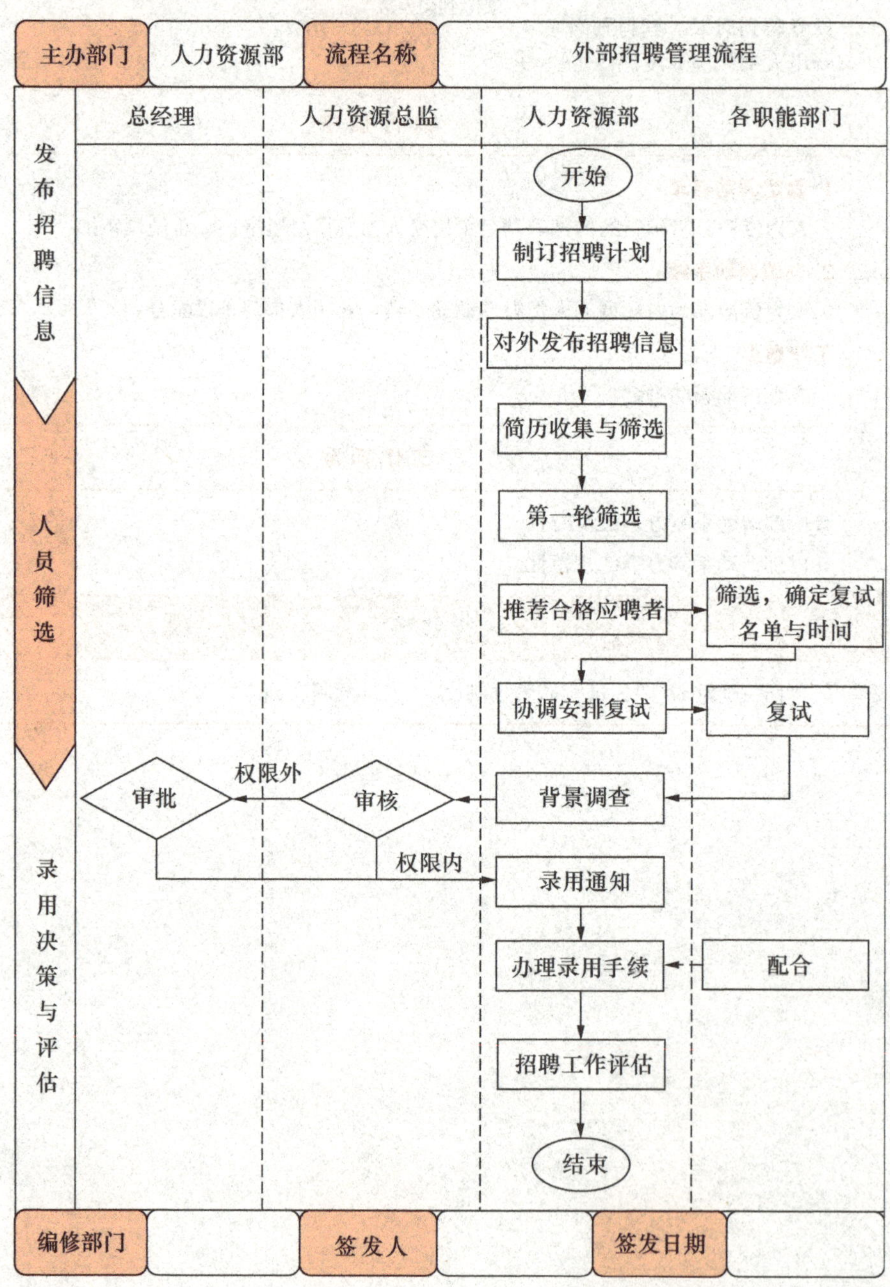
主办部门
人力资源部
流程名称
外部招聘管理流程
总经理
人力资源总监
人力资源部
各职能部门
发布招聘信息
人员筛选
录用决策与评估
开始
制订招聘计划
对外发布招聘信息
简历收集与筛选
第一轮筛选
推荐合格应聘者
筛选，确定复试名单与时间
协调安排复试
复试
背景调查
审核
权限外
审批
权限内
录用通知
办理录用手续
配合
招聘工作评估
结束
编修部门
签发人
签发日期

5.7.2 外部招聘管理执行程序、工作标准、考核指标、执行规范

<table>
<tr><th>任务名称</th><th>执行程序、工作标准与考核指标</th></tr>
<tr><td rowspan="4">发布
招聘信息</td><td>执行程序</td></tr>
<tr><td>1. 制订招聘计划
企业人力资源部根据各职能部门的用人需求，制订招聘计划。
2. 对外发布招聘信息
☆根据招聘计划，在相应的招聘渠道发布招聘信息。
☆招聘信息的内容应包括企业的基本情况，招聘的岗位、数量与基本条件，岗位薪资与待遇，招聘有效期，工作地点，联系方式及其他有关注意事项等。
工作重点
☆招聘计划中的重点内容要突出。
☆合理选择招聘渠道。</td></tr>
<tr><td>工作标准</td></tr>
<tr><td>☆及时、合理地制订招聘计划。
☆及时、准确地发布招聘信息。</td></tr>
<tr><td rowspan="4">人员筛选</td><td>执行程序</td></tr>
<tr><td>1. 简历收集与筛选
☆企业人力资源部在招聘信息发布平台上收集简历。
☆依据招聘岗位要求，筛选出合适的简历。
2. 第一轮筛选
☆安排首轮面试或笔试。
☆筛选出合格的应聘者。
3. 协调安排复试
根据用人部门的复试名单及时间安排，通知相关人员参加复试。
工作重点
☆明确筛选简历的要求。
☆将第一轮考核合格的应聘者推荐给用人部门。</td></tr>
<tr><td>工作标准</td></tr>
<tr><td>☆筛选出的简历要符合招聘岗位的要求。
☆用人部门对推荐人选的满意度评价不低于____分。</td></tr>
</table>

（续）

任务名称	执行程序、工作标准与考核指标
人员筛选	**考核指标**
	☆应聘比率：应聘比率 = $\frac{应聘人数}{计划招聘人数}$ ×100%。 ☆用人部门满意度。
录用决策与评估	**执行程序**
	1. 背景调查 人力资源部对通过复试且拟录用的应聘者进行背景调查，编制调查报告，并请人力资源总监审核、总经理审批。 **2. 办理录用手续** 为新进员工办理录用手续，具体包括入职登记、签订劳动合同、发放办公用品等。 **3. 招聘工作评估** ☆对招聘工作进行总结、评估，编制招聘工作评估报告。 ☆招聘工作评估报告的内容包括招聘费用的使用情况，招聘录用比率，招聘工作的完成情况、不足和改善措施等。
	工作重点 通过应聘者背景调查获取更丰富、更有效的信息。
	工作标准
	☆ ____ 个工作日内完成应聘者背景调查工作。 ☆在规定的时间内，依照企业的规定为录用人员办理入职手续。 ☆招聘工作结束后的 ____ 个工作日内，出具招聘工作评估报告。
	考核指标
	招聘录用率：招聘录用率 = $\frac{录用人数}{应聘人数}$ ×100%。
执行规范	
“招聘计划表”“面试评价表”“录用通知”“招聘管理制度”“招聘工作评估报告”。	

5.8 猎头招聘管理流程设计与工作执行

5.8.1 猎头招聘管理流程设计

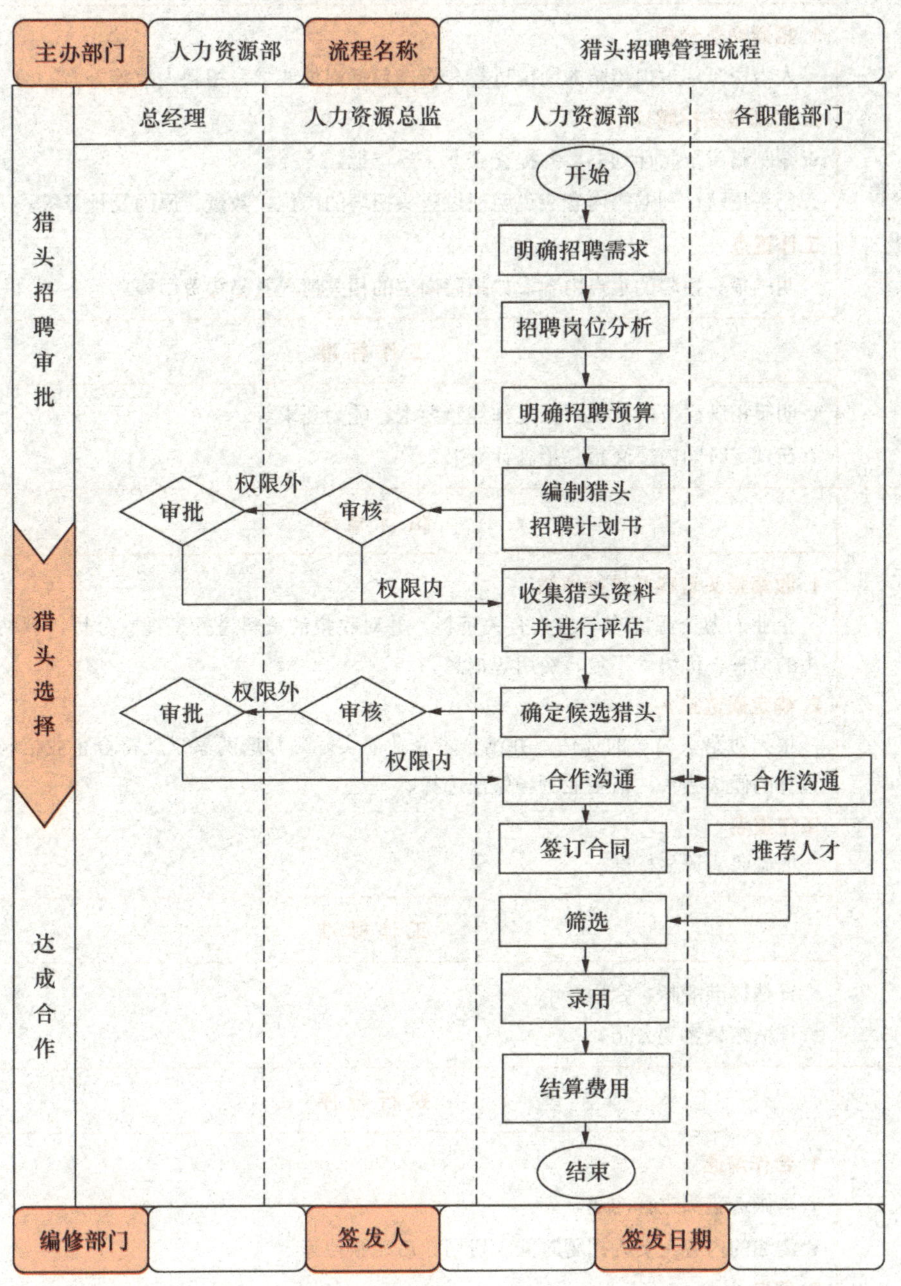

主办部门
人力资源部
流程名称
猎头招聘管理流程
总经理
人力资源总监
人力资源部
各职能部门
猎头招聘审批
猎头选择
达成合作
开始
明确招聘需求
招聘岗位分析
明确招聘预算
编制猎头招聘计划书
审核
审批
权限外
权限内
收集猎头资料并进行评估
确定候选猎头
审核
审批
权限外
权限内
合作沟通
合作沟通
签订合同
推荐人才
筛选
录用
结算费用
结束
编修部门
签发人
签发日期

5.8.2 猎头招聘管理执行程序、工作标准、考核指标、执行规范

任务名称	执行程序、工作标准与考核指标
猎头招聘审批	**执行程序**
	1. 招聘岗位分析 人力资源部对拟招聘的岗位进行分析，包括岗位要求、招聘人数等方面。 **2. 编制猎头招聘计划书** ☆编制猎头招聘计划书，并提交企业领导审批。 ☆猎头招聘计划书的内容应说明通过猎头招聘的岗位、数量、原因及预算等。 **工作重点** 明确猎头招聘的重点内容，如招聘岗位的相关情况及猎头费用等。
	工作标准
	☆明确招聘岗位的要求，如工作经验要求、能力要求等。 ☆在规定时间内提交猎头招聘计划书。
猎头选择	**执行程序**
	1. 收集猎头资料并进行评估 企业人力资源部收集猎头有关资料，并对收集的资料进行整理、分析，评估各家猎头的信誉、优势、不足、费用等信息。 **2. 确定候选猎头** 根据对猎头公司的评估，并结合本企业的实际，筛选两家以上符合企业招聘条件及预算的候选猎头，请企业领导做出选择。 **工作重点** 明确猎头评估标准。
	工作标准
	☆评估标准清晰、合理。 ☆评估结果客观公正。
达成合作	**执行程序**
	1. 合作沟通 ☆与候选猎头进行沟通。 ☆沟通的内容主要为招聘时间、费用、后期服务等。 **2. 筛选** 筛选、面试猎头推荐的人才。

（续）

<table>
<tr><th>任务名称</th><th>执行程序、工作标准与考核指标</th></tr>
<tr><td rowspan="5">达成合作</td><td>3. 结算费用
根据与猎头签订的合同条款，人力资源部安排结算招聘费用。
工作重点
确定合格的录用者。</td></tr>
<tr><td>工 作 标 准</td></tr>
<tr><td>☆猎头公司推荐的人选符合企业要求。
☆猎头招聘费用依照签订的协议支付。</td></tr>
<tr><td>考 核 指 标</td></tr>
<tr><td>☆用人部门满意度。
☆猎头实际招聘费用是否超出预算。</td></tr>
<tr><td colspan="2">执 行 规 范</td></tr>
<tr><td colspan="2">“猎头招聘管理制度”“猎头招聘计划书”“猎头招聘服务协议”“猎头推荐报告”。</td></tr>
</table>

5.9 新媒体招聘管理流程设计与工作执行

5.9.1 新媒体招聘管理流程设计

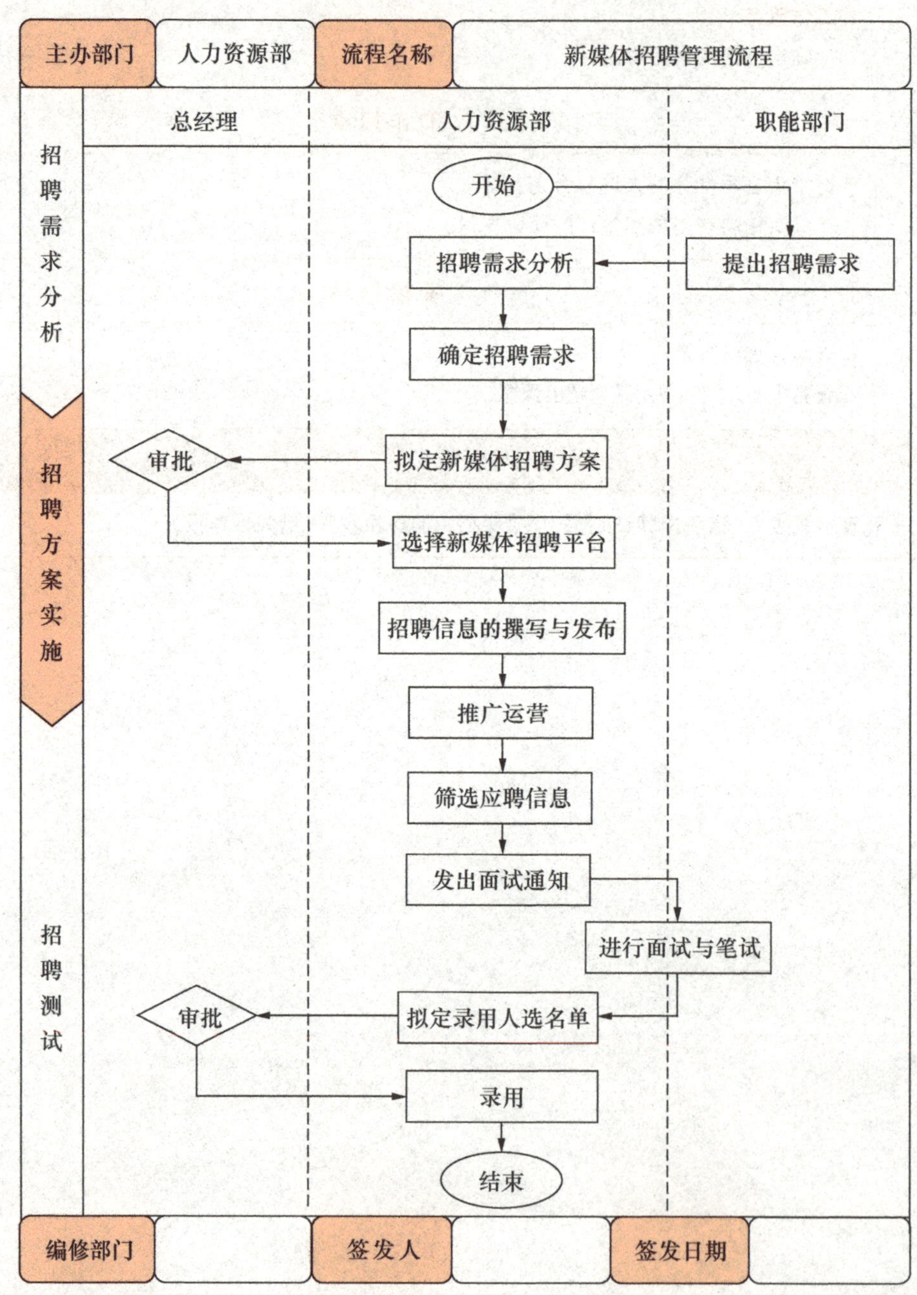

主办部门
人力资源部
流程名称
新媒体招聘管理流程
总经理
人力资源部
职能部门
招聘需求分析
招聘方案实施
招聘测试
开始
招聘需求分析
提出招聘需求
确定招聘需求
审批
拟定新媒体招聘方案
选择新媒体招聘平台
招聘信息的撰写与发布
推广运营
筛选应聘信息
发出面试通知
进行面试与笔试
审批
拟定录用人选名单
录用
结束
编修部门
签发人
签发日期

5.9.2 新媒体招聘管理执行程序、工作标准、考核指标、执行规范

<table>
<tr><th>任务名称</th><th>执行程序、工作标准与考核指标</th></tr>
<tr><td rowspan="4">招聘需求分析</td><td>执行程序</td></tr>
<tr><td>1. 提出招聘需求
各部门根据企业年度发展规划和本部门的人员编制情况，提出招聘需求。
2. 确定招聘需求
人力资源部对招聘需求进行分析，确定企业未来一段时间内需招聘的岗位及人数。
工作重点
对招聘的必要性进行分析。</td></tr>
<tr><td>工作标准</td></tr>
<tr><td>☆招聘需求分析精准。
☆在规定时间内提交招聘需求表。</td></tr>
<tr><td rowspan="4">招聘方案实施</td><td>执行程序</td></tr>
<tr><td>1. 拟定新媒体招聘方案
☆人力资源部根据确定的招聘需求，拟定新媒体招聘方案。
☆将拟定的新媒体招聘方案提交企业总经理审批。
2. 选择新媒体招聘平台
人力资源部需从社交网站、微博、微信等新媒体平台中，结合应聘者的求职习惯，灵活选择适合本企业招聘需求的招聘平台。
3. 招聘信息的撰写与发布
☆人力资源部根据招聘岗位及信息发布平台的特点，撰写招聘广告。
☆在选定的新媒体招聘平台上发布招聘信息。
4. 推广运营
为了提高招聘的效果，人力资源部要想办法提升新媒体招聘平台的活跃度，吸引人才踊跃报名。
工作重点
招聘广告的内容真实，不得出现虚假信息与违规信息。</td></tr>
<tr><td>工作标准</td></tr>
<tr><td>☆不同的新媒体，其定位存在差异，人力资源部要了解其运营模式和招聘优势。
☆招聘信息要在规定时间内发布，且信息准确，无违规。</td></tr>
</table>

（续）

<table>
<tr><th>任务名称</th><th>执行程序、工作标准与考核指标</th></tr>
<tr><td rowspan="6">招聘测试</td><td>执行程序</td></tr>
<tr><td>1. 筛选应聘信息
人力资源部对通过新媒体平台收集到的应聘信息进行筛选。
2. 发出面试通知
人力资源部向初步筛选合格的应聘者发出面试通知。
3. 进行面试与笔试
根据岗位特点，对应聘者进行面试与笔试。
4. 拟定录用人选名单
人力资源部根据面试与笔试成绩，拟定录用人选名单，并提交企业总经理审批。
工作重点
确保挑选出的应聘者的能力符合岗位的任职要求。</td></tr>
<tr><td>工作标准</td></tr>
<tr><td>☆____个工作日内完成应聘信息的筛选工作。
☆____个工作日内完成招聘考核工作。</td></tr>
<tr><td>考核指标</td></tr>
<tr><td>☆招聘完成率：招聘完成率 $=\frac{\text{实际招聘的人数}}{\text{计划招聘的人数}}\times 100\%$。
☆招聘录用率：招聘录用率 $=\frac{\text{录用人数}}{\text{应聘人数}}\times 100\%$。</td></tr>
<tr><td colspan="2">执行规范</td></tr>
<tr><td colspan="2">“新媒体招聘管理办法”“招聘计划书”“面试评价表”“录用通知”“新媒体招聘评估报告”。</td></tr>
</table>

第6章 面试甄选与录用管理

6.1 面试甄选与录用管理流程设计

6.1.1 流程设计的目的

面试甄选与录用管理是企业招聘管理中的重要环节，面试甄选的行为绩效直接关系到企业录用人员的质量，影响外部人员对企业形象的认识、影响企业声誉等。面试甄选与录用管理流程设计的目的如下：

（1）规范企业面试甄选与录用管理工作，提高面试甄选与录用管理工作的质量和效果；

（2）确保人岗匹配，满足招聘需求，完成招聘任务；

（3）逐步实现面试甄选与录用管理工作的规范化、科学化与程序化。

6.1.2 流程结构设计

面试甄选与录用管理流程主要采用并列式的结构设计方式，各个细分的流程均是对面试甄选与录用管理工作的规范。其具体的结构设计如图 6–1 所示。

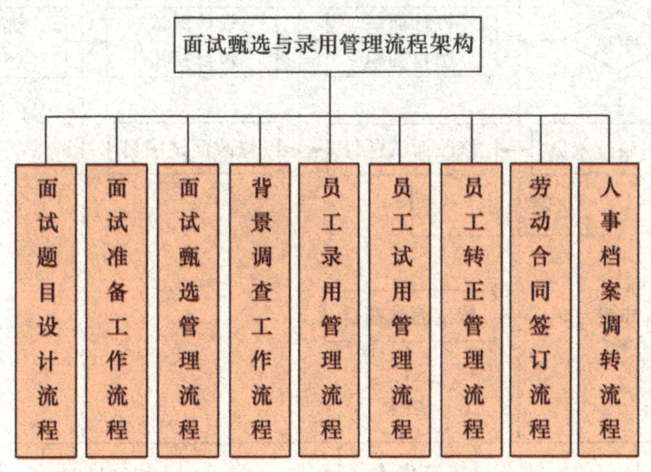
面试甄选与录用管理流程架构
面试题目设计流程
面试准备工作流程
面试甄选管理流程
背景调查工作流程
员工录用管理流程
员工试用管理流程
员工转正管理流程
劳动合同签订流程
人事档案调转流程

图 6–1 面试甄选与录用管理流程的结构设计

6.2 面试题目设计流程与工作执行

6.2.1 面试题目设计流程

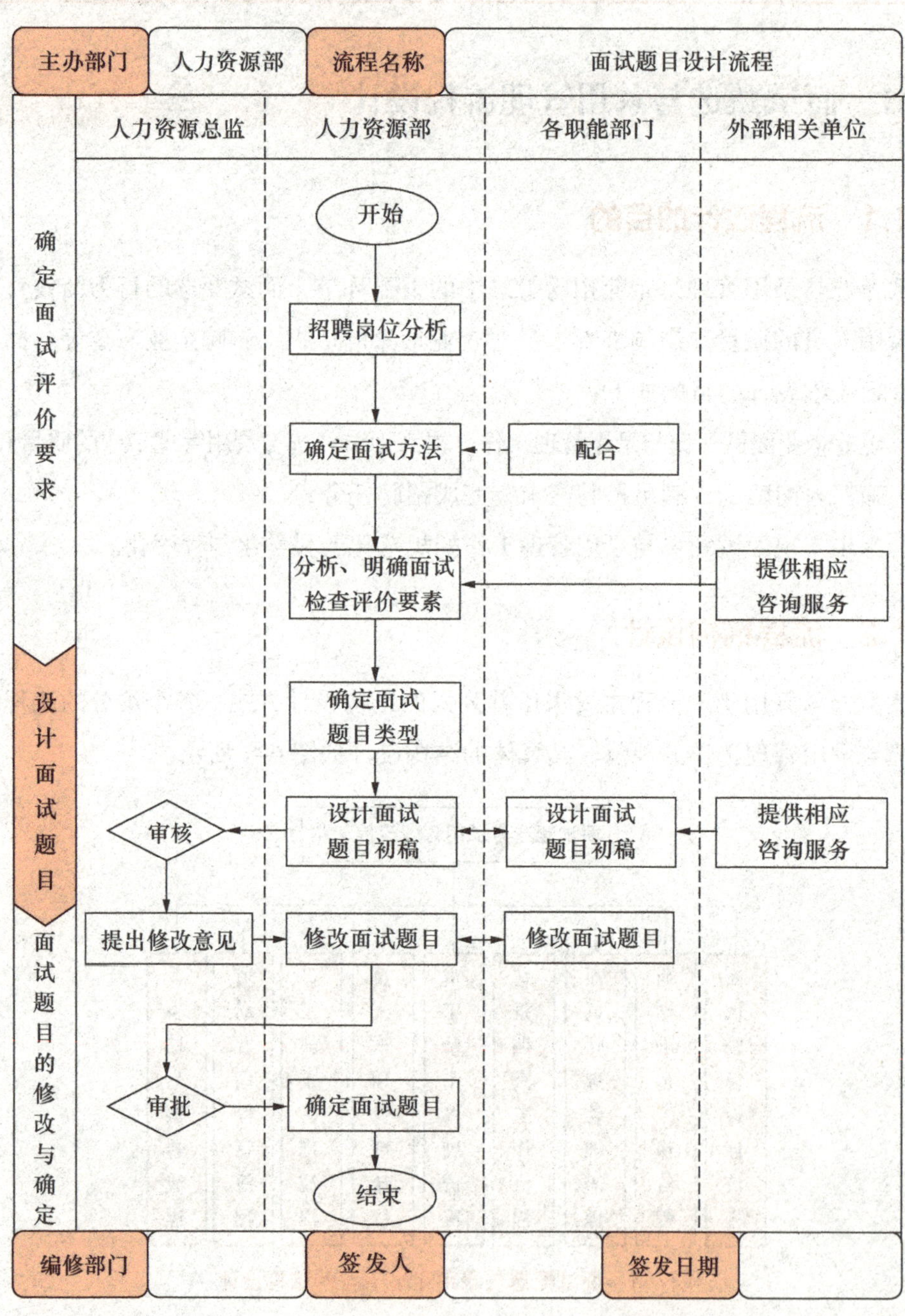
主办部门
人力资源部
流程名称
面试题目设计流程
人力资源总监
人力资源部
各职能部门
外部相关单位
确定面试评价要求
设计面试题目
面试题目的修改与确定
开始
招聘岗位分析
确定面试方法
配合
分析、明确面试检查评价要素
提供相应咨询服务
确定面试题目类型
审核
设计面试题目初稿
设计面试题目初稿
提供相应咨询服务
提出修改意见
修改面试题目
修改面试题目
审批
确定面试题目
结束
编修部门
签发人
签发日期

6.2.2 面试题目设计执行程序、工作标准、考核指标、执行规范

任务名称	执行程序、工作标准与考核指标
确定面试评价要求	**执行程序**
	1. 确定面试方法 根据对招聘岗位的分析，明确岗位特点、应聘人数、招聘岗位要求等因素，人力资源部据此确定合适的面试方法。 **2. 分析、明确面试检查评价要素** ☆针对招聘岗位的特点及测评对象，分析、明确评价的主要要素，如语言表达、应变能力、工作技能等。 ☆必要时，人力资源部可寻求外部专业机构的帮助与指导，外部机构如咨询公司、高校相关专业研究部门等。 **工作重点** 选择合适的面试方法对应聘者进行面试。
	工作标准
	根据招聘岗位的特点，选择合适的面试方法，如个人面试、集体面试、结构化面试、非结构化面试、混合式面试以及压力面试等。
设计面试题目	**执行程序**
	1. 确定面试题目类型 人力资源部根据评价要素，确定面试题目类型。 **2. 设计面试题目初稿** ☆根据确定的面试方法、面试题目类型及岗位特点，人力资源部与用人部门共同讨论并编制面试题目初稿。 ☆必要时可寻求外部单位的协助。 ☆人力资源部将面试题目初稿提交企业人力资源总监审核。 **工作重点** 设计的面试题目能满足招聘工作的需要。
	工作标准
	☆设计的面试题目类型多样，包括背景性问题、意愿性问题、现象性问题、情境性问题及人际关系类问题等。 ☆ ____ 个工作日内完成面试题目初稿的设计与编制工作。

（续）

任务名称	执行程序、工作标准与考核指标
面试题目的修改与确定	**执行程序**
	1. 修改面试题目 根据人力资源总监的反馈意见，人力资源部对初次编制的面试题目进行修改，直至审批通过。 **2. 确定面试题目** 人力资源部对修改完成的面试题目进行复查，检查是否存在漏洞，如发现问题，再次对面试题目进行完善，直至符合企业的要求。 **工作重点** 对不符合实际的面试题目要及时进行修改。
	工作标准
	面试题目的修改在____个工作日内完成。
	考核指标
	☆企业领导满意度评价。 ☆面试题目编制延误的次数。
执行规范	
“岗位说明书”“面试评价要素统计表”“面试题目类型列表”。	

6.3 面试准备工作流程设计与工作执行

6.3.1 面试准备工作流程设计

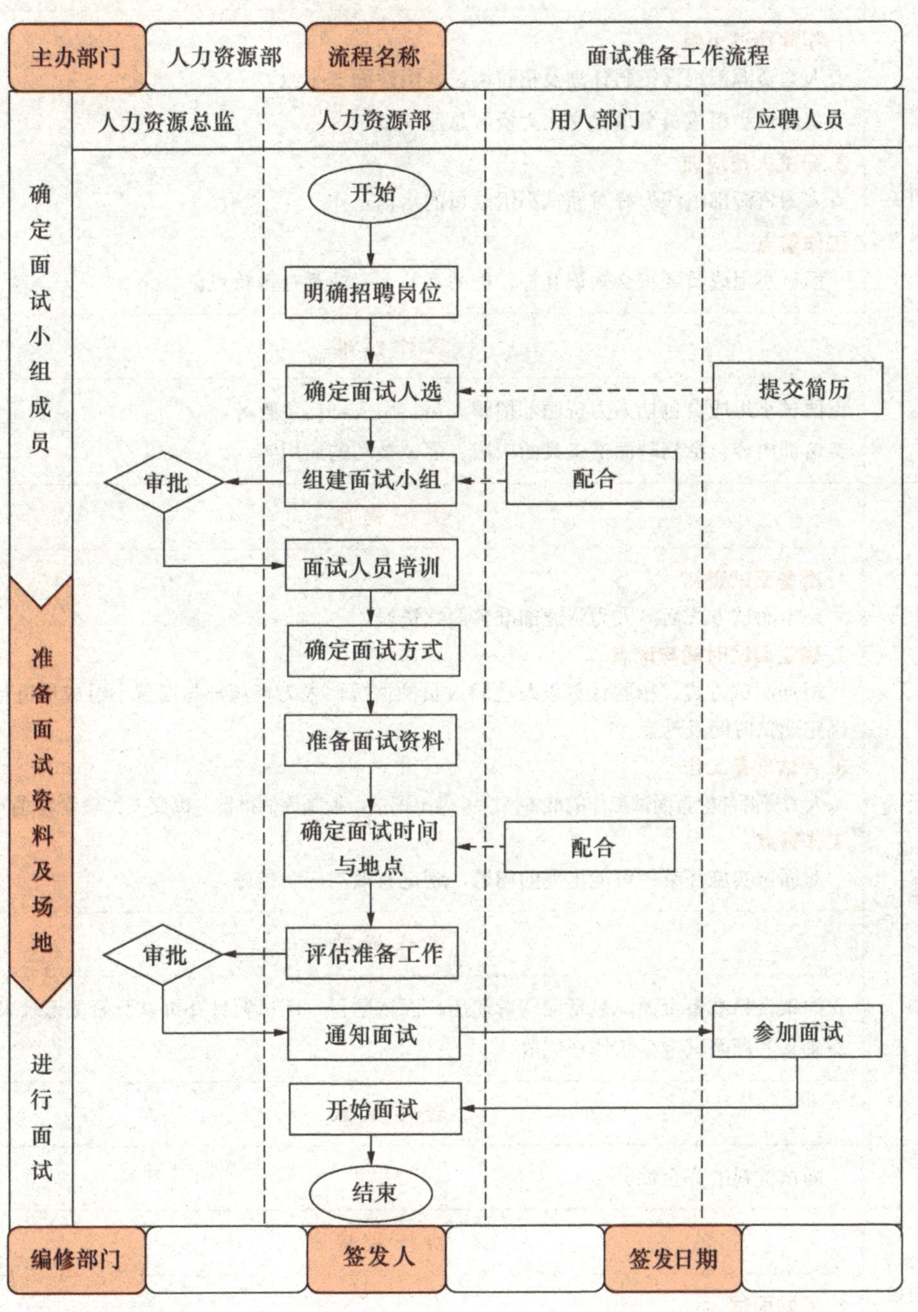

主办部门
人力资源部
流程名称
面试准备工作流程
人力资源总监
人力资源部
用人部门
应聘人员
确定面试小组成员
准备面试资料及场地
进行面试
开始
明确招聘岗位
确定面试人选
提交简历
审批
组建面试小组
配合
面试人员培训
确定面试方式
准备面试资料
确定面试时间与地点
配合
审批
评估准备工作
通知面试
参加面试
开始面试
结束
编修部门
签发人
签发日期

6.3.2 面试准备工作执行程序、工作标准、考核指标、执行规范

任务名称	执行程序、工作标准与考核指标
确定面试小组成员	**执行程序**
	1. 组建面试小组 ☆人力资源部根据招聘计划及招聘岗位，组建面试小组。 ☆将面试小组成员名单提交人力资源总监审批。 **2. 面试人员培训** ☆人力资源部组织做好对面试小组成员的培训工作。 **工作重点** 面试小组成员要符合知识互补、能力互补、专业互补等特点。
	工作标准
	☆面试小组成员包括人力资源部招聘人员、用人部门主管等。 ☆培训内容包括招聘面试工具的应用、面试技巧的应用等。
准备面试资料及场地	**执行程序**
	1. 准备面试资料 确定面试方式后，人力资源部准备面试资料。 **2. 确定面试时间与地点** 根据面试方式、招聘计划以及应聘人员的情况，人力资源部与面试小组成员进行协调，确定面试时间及地点。 **3. 评估准备工作** 人力资源部检查面试工作的准备情况并做出评估，编制评估报告，提交人力资源总监审批。 **工作重点** 对面试实施环节中可能出现的问题，制定有效的应对措施。
	工作标准
	☆面试资料准备全面，包括应聘者简历、面试题目、面试题目评价以及面试记录表等。 ☆确认各项面试准备工作已完成。
	考核指标
	面试资料的齐全性。
进行面试	**执行程序**
	1. 通知面试 人力资源部依照事先确定的面试人选及面试时间安排，通知应聘人员参加面试。

（续）

<table>
<tr><th>任务名称</th><th>执行程序、工作标准与考核指标</th></tr>
<tr><td rowspan="5">进行面试</td><td>2. 开始面试
面试小组对应聘人员进行面试，考核其是否符合岗位的任职要求。
工作重点
灵活选用测评方法对参加面试的人员进行考核。</td></tr>
<tr><td>工 作 标 准</td></tr>
<tr><td>☆依据确定的时间开展面试工作。
☆制定清晰的考核标准，以便对参加面试的人员进行评估。</td></tr>
<tr><td>考 核 指 标</td></tr>
<tr><td>☆面试通知发送的及时性：面试通知在面试人员名单确定后____天内完成发送，无拖延的情况。
☆招聘录用率：招聘录用率 = $\frac{\text{录用人数}}{\text{应聘人数}}$ ×100%。</td></tr>
<tr><th colspan="2">执 行 规 范</th></tr>
<tr><td colspan="2">“面试小组成员名单”“岗位说明书”“面试记录表”“面试通知书”“面试登记表”。</td></tr>
</table>

6.4 面试甄选管理流程设计与工作执行

6.4.1 面试甄选管理流程设计

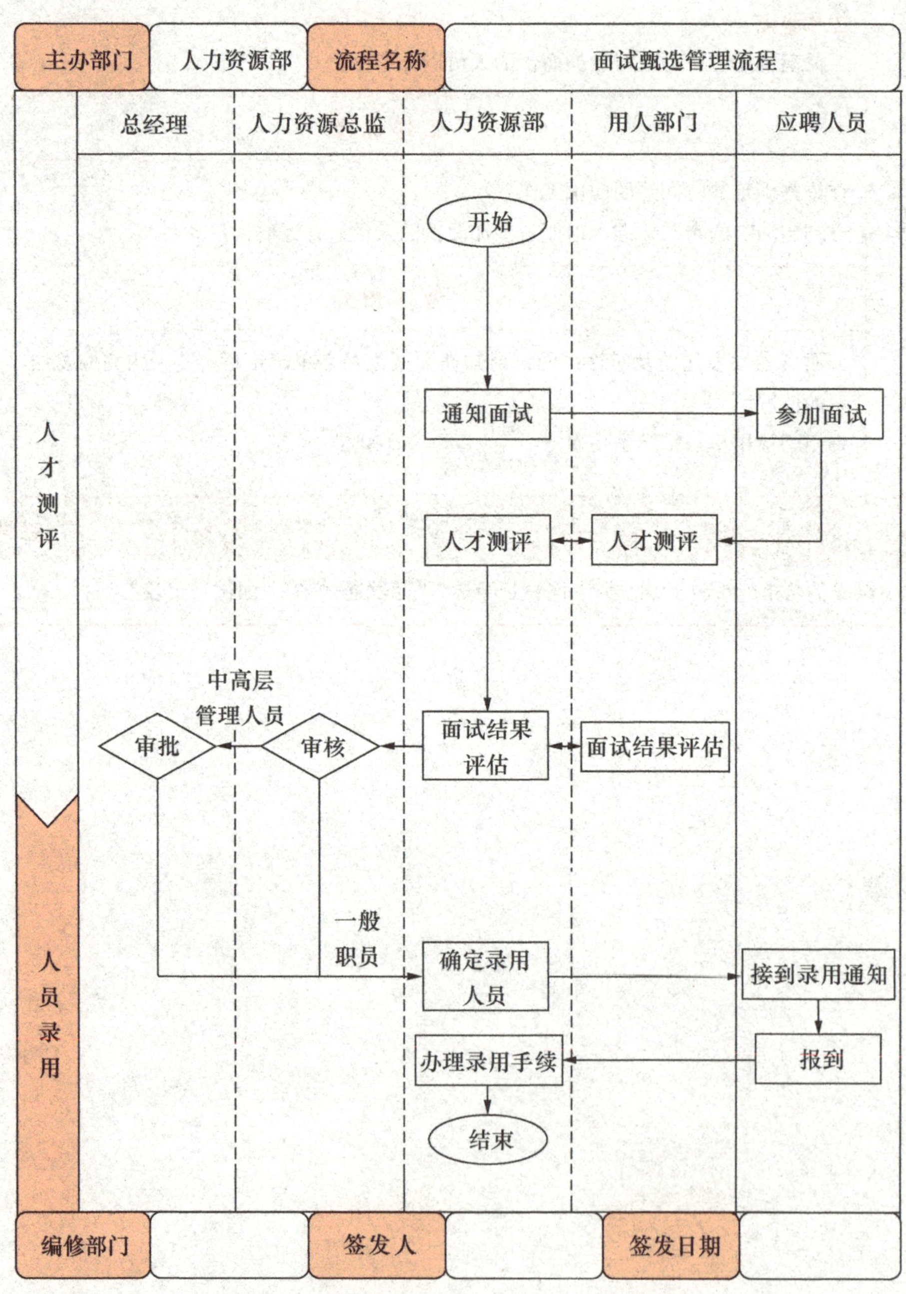

主办部门
人力资源部
流程名称
面试甄选管理流程
总经理
人力资源总监
人力资源部
用人部门
应聘人员
人才测评
人员录用
开始
通知面试
参加面试
人才测评
人才测评
中高层
管理人员
审批
审核
面试结果评估
面试结果评估
一般
职员
确定录用人员
接到录用通知
办理录用手续
报到
结束
编修部门
签发人
签发日期

6.4.2 面试甄选管理执行程序、工作标准、考核指标、执行规范

<table>
<tr><th>任务名称</th><th>执行程序、工作标准与考核指标</th></tr>
<tr><td rowspan="4">人才测评</td><td>执行程序</td></tr>
<tr><td>1. 通知面试
人力资源部通知、安排通过简历筛选的应聘人员参加面试。
2. 人才测评
面试小组对参加面试的应聘者进行测评。
3. 面试结果评估
☆根据人才测评结果，人力资源部撰写面试评估报告。
☆人力资源部将面试评估报告提交人力资源总监审核、总经理审批。
工作重点
灵活选用测评方法对参加面试的人员进行考核。</td></tr>
<tr><td>工作标准</td></tr>
<tr><td>☆确保面试工作顺利进行。
☆根据所招聘人员的层级与岗位，分别由权限领导做出录用决策。</td></tr>
<tr><td rowspan="6">人员录用</td><td>执行程序</td></tr>
<tr><td>1. 确定录用人员
根据权限领导审批的结果，确定录用人员名单。
2. 办理录用手续
人力资源部为新入职员工办理录用手续。
工作重点
录用人员的综合素质、能力与岗位要求相匹配。</td></tr>
<tr><td>工作标准</td></tr>
<tr><td>☆及时向面试合格者发出录用通知。
☆录用手续的办理要符合企业的规定。</td></tr>
<tr><td>考核指标</td></tr>
<tr><td>☆录用通知发放的及时性。
☆招聘计划完成率：招聘计划完成率 = $\frac{\text{实际招聘人数}}{\text{计划招聘人数}}\times 100\%$。</td></tr>
<tr><td colspan="2">执行规范</td></tr>
<tr><td colspan="2">“招聘计划书”“面试小组成员名单”“面试方案”“面试登记表”“面试记录表”“人员评估报告”“录用人员名单”“录用通知书”。</td></tr>
</table>

6.5 背景调查工作流程设计与工作执行

6.5.1 背景调查工作流程设计

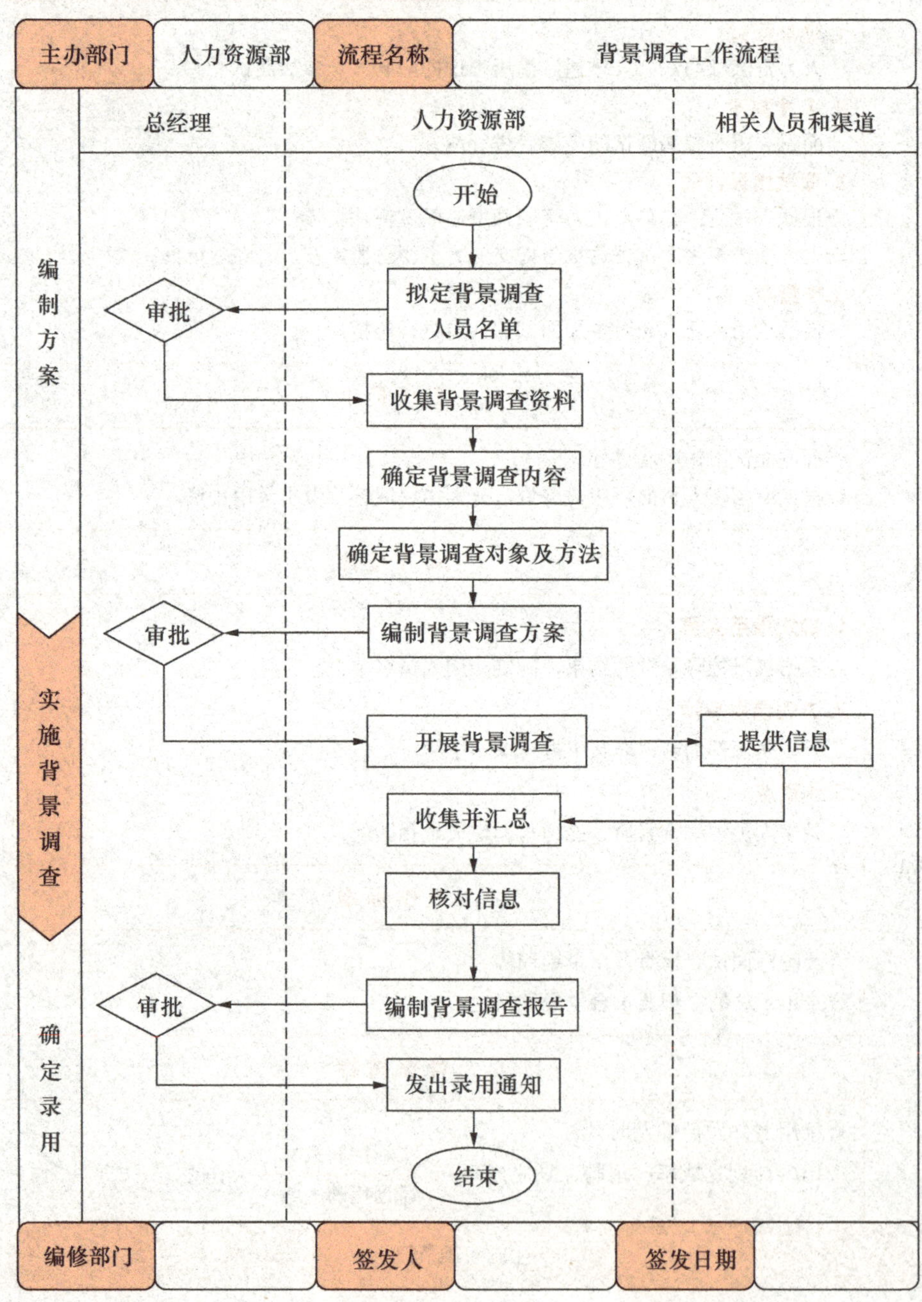

主办部门
人力资源部
流程名称
背景调查工作流程
总经理
人力资源部
相关人员和渠道
编制方案
实施背景调查
确定录用
开始
拟定背景调查人员名单
审批
收集背景调查资料
确定背景调查内容
确定背景调查对象及方法
编制背景调查方案
审批
开展背景调查
提供信息
收集并汇总
核对信息
编制背景调查报告
审批
发出录用通知
结束
编修部门
签发人
签发日期

6.5.2 背景调查执行程序、工作标准、考核指标、执行规范

<table>
<tr><th>任务名称</th><th>执行程序、工作标准与考核指标</th></tr>
<tr><td rowspan="4">编制方案</td><td>执行程序</td></tr>
<tr><td>1. 拟定背景调查人员名单
人力资源部根据面试结果，拟定背景调查人员名单，提交总经理审批。
2. 收集背景调查资料
人力资源部收集并整理应聘人员在招聘过程中提供的各类资料。
3. 确定背景调查内容
人力资源部根据企业的要求及招聘岗位的特点，确定对应聘人员背景调查的内容。
4. 确定背景调查对象及方法
人力资源部确定背景调查的对象，并根据应聘人员的具体情况确定背景调查方法。
5. 编制背景调查方案
人力资源部根据确定的背景调查对象、调查内容及方法，编制具体的背景调查方案，并提交总经理审批。
工作重点
编制的背景调查方案能有效指导背景调查工作的开展。</td></tr>
<tr><td>工作标准</td></tr>
<tr><td>☆收集的背景调查资料齐全，包括应聘人员的学历证明、工作经历及相关介绍等。
☆编制的背景调查方案内容全面，包括背景调查对象、背景调查方法、背景调查任务实施说明等。</td></tr>
<tr><td rowspan="4">实施背景调查</td><td>执行程序</td></tr>
<tr><td>1. 开展背景调查
人力资源部依据经审批的背景调查方案，与应聘人员提供的原单位工作证明人进行沟通，了解应聘人员的相关信息。
2. 核对信息
人力资源部将背景调查结果汇总的资料与应聘人员提供的资料进行比对，核实其提供的信息是否真实。
工作重点
根据信息比对结果，决定是否录用。</td></tr>
<tr><td>工作标准</td></tr>
<tr><td>☆依据制定的背景调查方案实施背景调查工作。
☆ ____ 个工作日内完成信息的核实工作。</td></tr>
</table>

人力资源管理
流程设计与服务工作标准

（续）

<table>
<tr><th>任务名称</th><th>执行程序、工作标准与考核指标</th></tr>
<tr><td rowspan="7">确定录用</td><td>执行程序</td></tr>
<tr><td>1. 编制背景调查报告
☆人力资源部根据信息核对结果，编制背景调查报告。
☆人力资源部将编制完成的背景调查报告提交总经理审批。</td></tr>
<tr><td>2. 发出录用通知
人力资源部向通过总经理审批的被录用者发出录用通知。
工作重点
背景调查内容涵盖企业要求的考核点。</td></tr>
<tr><td>工作标准</td></tr>
<tr><td>☆____个工作日内完成背景调查报告的编制工作。
☆及时发出录用通知。</td></tr>
<tr><td>考核指标</td></tr>
<tr><td>☆背景调查报告提交的及时性。
☆录用通知发放的及时性。</td></tr>
<tr><td colspan="2">执行规范</td></tr>
<tr><td colspan="2">“背景调查实施方案”“背景调查报告”“员工背景调查表”“录用通知书”。</td></tr>
</table>

6.6 员工录用管理流程设计与工作执行

6.6.1 员工录用管理流程设计

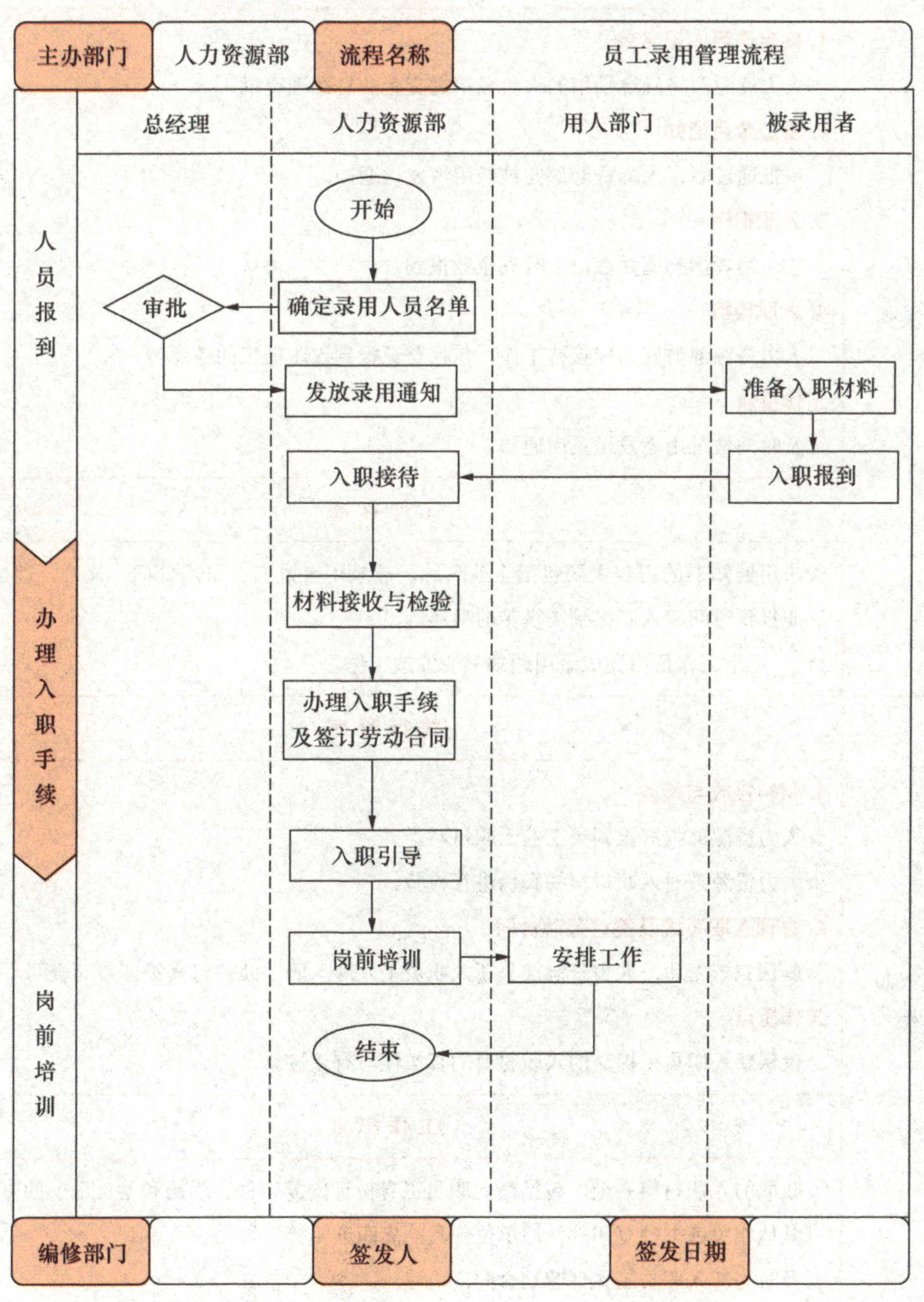

主办部门
人力资源部
流程名称
员工录用管理流程
总经理
人力资源部
用人部门
被录用者
人员报到
办理入职手续
岗前培训
开始
确定录用人员名单
审批
发放录用通知
准备入职材料
入职报到
入职接待
材料接收与检验
办理入职手续及签订劳动合同
入职引导
岗前培训
安排工作
结束
编修部门
签发人
签发日期

6.6.2 员工录用管理执行程序、工作标准、考核指标、执行规范

<table>
<tr><th>任务名称</th><th>执行程序、工作标准与考核指标</th></tr>
<tr><td rowspan="4">人员报到</td><td>执行程序</td></tr>
<tr><td>1. 确定录用人员名单
人力资源部将确定录用的人员名单提交企业总经理审批。
2. 发放录用通知
审批通过后，人力资源部向被录用者发送通知。
3. 入职报到
被录用者接到通知后，准时到企业报到。
4. 入职接待
人力资源部做好入职接待工作，包括登记报到入职员工的信息等。
工作重点
及时向被录用者发送录用通知。</td></tr>
<tr><td>工作标准</td></tr>
<tr><td>☆录用通知书的内容主要包括企业名称、被录用者姓名、录用部门、岗位、薪酬、入职报到时间、入职报到需携带的材料等。
☆ ____ 个工作日内完成录用通知书的发放工作。</td></tr>
<tr><td rowspan="4">办理入职手续</td><td>执行程序</td></tr>
<tr><td>1. 材料接收与检验
☆人力资源部收取报到员工的入职材料。
☆人力资源部对入职材料的真伪进行检验。
2. 办理入职手续及签订劳动合同
确认完毕之后，人力资源部为新入职员工办理入职手续并与其签订劳动合同。
工作重点
确保新入职员工提交的入职材料的真实性与有效性。</td></tr>
<tr><td>工作标准</td></tr>
<tr><td>☆收取的入职材料齐全，包括新入职员工身份证的复印件、学历和学位证书的复印件、其他相关证书的复印件及原单位开具的离职证明等。
☆及时与新入职员工签订劳动合同。</td></tr>
</table>

（续）

<table>
<tr><th>任务名称</th><th>执行程序、工作标准与考核指标</th></tr>
<tr><td rowspan="2">办理入职手续</td><td>考核指标</td></tr>
<tr><td>☆入职手续办理的及时性。
☆入职手续办理的规范性。</td></tr>
<tr><td rowspan="4">岗前培训</td><td>执行程序</td></tr>
<tr><td>1. 入职引导
人力资源部要做好新入职员工的入职引导工作，包括为新入职员工发放办公用品、介绍办公环境等。
2. 岗前培训
人力资源部为新入职员工安排岗前培训。
工作重点
向新入职员工宣讲企业的规章制度、岗位职责与工作要求等。</td></tr>
<tr><td>工作标准</td></tr>
<tr><td>☆岗前培训的内容包括企业概况、企业规章制度、岗位职责、业务流程等方面。
☆____个工作日内完成对新入职员工的岗前培训工作。</td></tr>
<tr><td colspan="2">执行规范</td></tr>
<tr><td colspan="2">“录用通知书”“员工入职登记表”“劳动合同”“员工录用管理制度”“岗前培训实施方案”。</td></tr>
</table>

6.7 员工试用管理流程设计与工作执行

6.7.1 员工试用管理流程设计

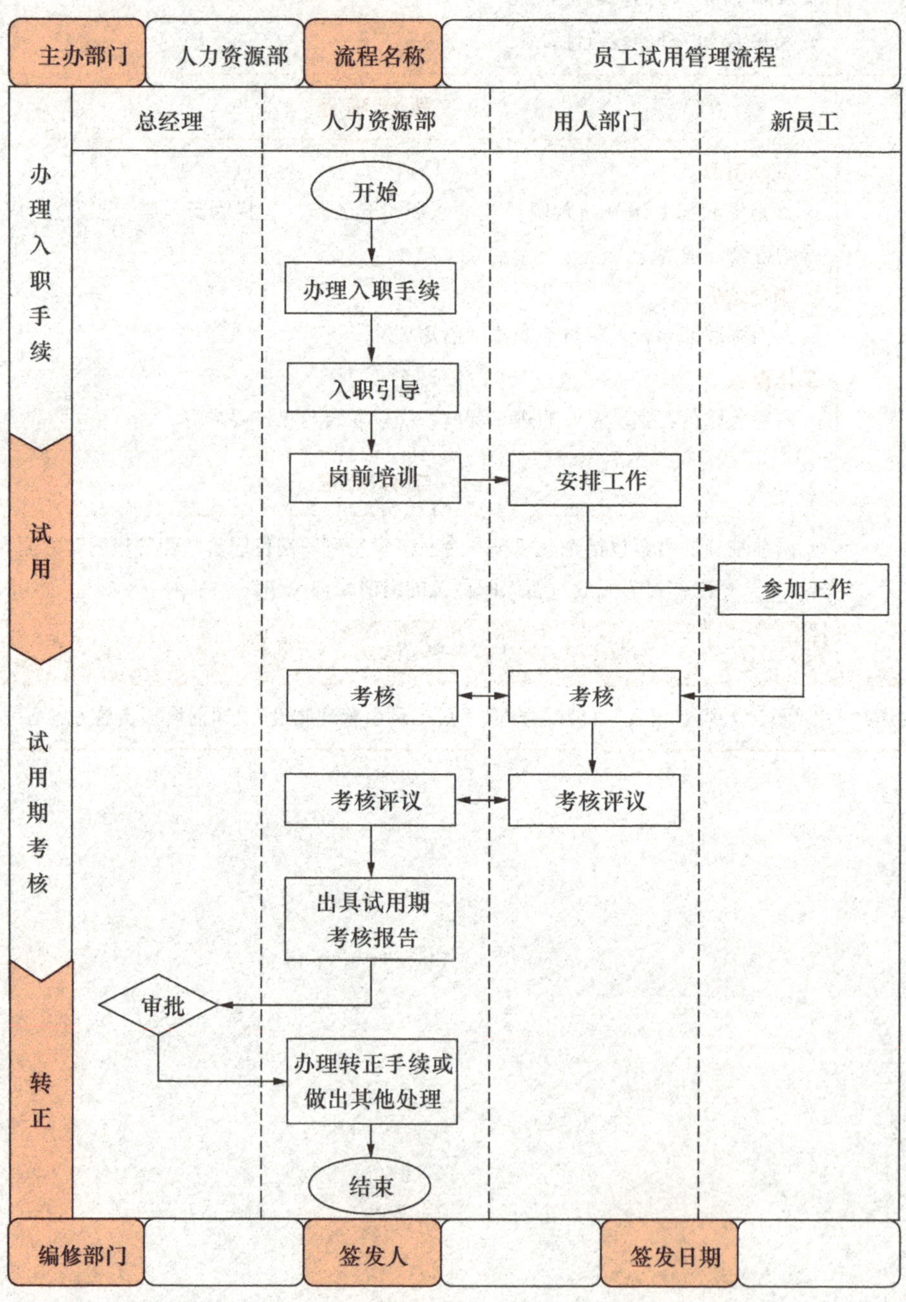

主办部门
人力资源部
流程名称
员工试用管理流程
总经理
人力资源部
用人部门
新员工
办理入职手续
试用
试用期考核
转正
开始
办理入职手续
入职引导
岗前培训
安排工作
参加工作
考核
考核
考核评议
考核评议
出具试用期考核报告
审批
办理转正手续或做出其他处理
结束
编修部门
签发人
签发日期

6.7.2 员工试用执行程序、工作标准、考核指标、执行规范

<table>
<tr><th>任务名称</th><th>执行程序、工作标准与考核指标</th></tr>
<tr><td rowspan="6">办理入职手续</td><td>执行程序</td></tr>
<tr><td>1. 办理入职手续
人力资源部为新入职员工办理入职手续。
2. 入职引导
人力资源部准备好员工入职说明、岗位说明书、员工手册等资料，为新入职员工大体介绍企业及工作岗位的情况。
工作重点
☆及时、规范地为新员工办理入职手续。
☆帮助员工加强对企业的了解。</td></tr>
<tr><td>工作标准</td></tr>
<tr><td>依据企业规定的程序为新入职员工办理入职手续。</td></tr>
<tr><td>考核指标</td></tr>
<tr><td>☆入职手续办理的及时性。
☆入职手续办理的规范性。</td></tr>
<tr><td rowspan="6">试用</td><td>执行程序</td></tr>
<tr><td>1. 岗前培训
人力资源部对新入职员工进行岗前培训。
2. 安排工作
用人部门为新入职员工安排工作。
工作重点
做好新入职员工试用期的工作跟踪。</td></tr>
<tr><td>工作标准</td></tr>
<tr><td>☆依照企业规定的内容对新入职员工进行岗前培训。
☆工作分配合理。</td></tr>
<tr><td>考核指标</td></tr>
<tr><td>☆信息记录的完整性。
☆培训计划完成率：培训计划完成率 $= \frac{\text{培训完成的项目（时）数}}{\text{计划培训的项目（时）数}} \times 100\%$。</td></tr>
</table>

（续）

任务名称	执行程序、工作标准与考核指标
试用期考核	**执行程序** **1. 考核** ☆人力资源部对员工在试用期的考勤，以及对规章制度的遵守情况等进行考核。 ☆用人部门对员工试用期间的工作能力、工作绩效等进行考核。 **2. 考核评议** 人力资源部与用人部门依据企业制定的绩效考核标准，对员工试用期的表现进行评议。 **3. 出具试用期考核报告** 人力资源部根据员工的表现出具试用期考核评议报告。 **工作重点** 考核有据可依，考核结果准确，及时编制试用期考核评议报告。 **工作标准** 有关员工试用期表现的记录完整；考核标准清晰，结果客观。 **考核指标** 考核数据的准确率：考核数据的准确率 = $\frac{\text{实查无误的数据}}{\text{考核数据总数}} \times 100\%$。
转正	**执行程序** **1. 审批** 人力资源部将编制的试用期考核评议报告提交企业总经理审批。 **2. 办理转正手续或做出其他处理** ☆对于通过试用期考核的人员，人力资源部为其办理转正。 ☆对于未通过试用期考核的人员，人力资源部依照企业规定，予以延长试用期或做出其他处理。 **工作重点** 依据试用期考核结果做出决策。 **工作标准** ☆试用期考核评议报告要在____个工作日内提交总经理审核。 ☆结果处理客观、公正。 **考核指标** ☆员工转正手续办理的规范性。 ☆试用期考核报告提交的及时性。
执行规范	
“员工入职说明”“岗位说明书”“员工手册”“试用期考核评议报告”“员工试用期考核管理办法”。	

6.8 员工转正管理流程设计与工作执行

6.8.1 员工转正管理流程设计

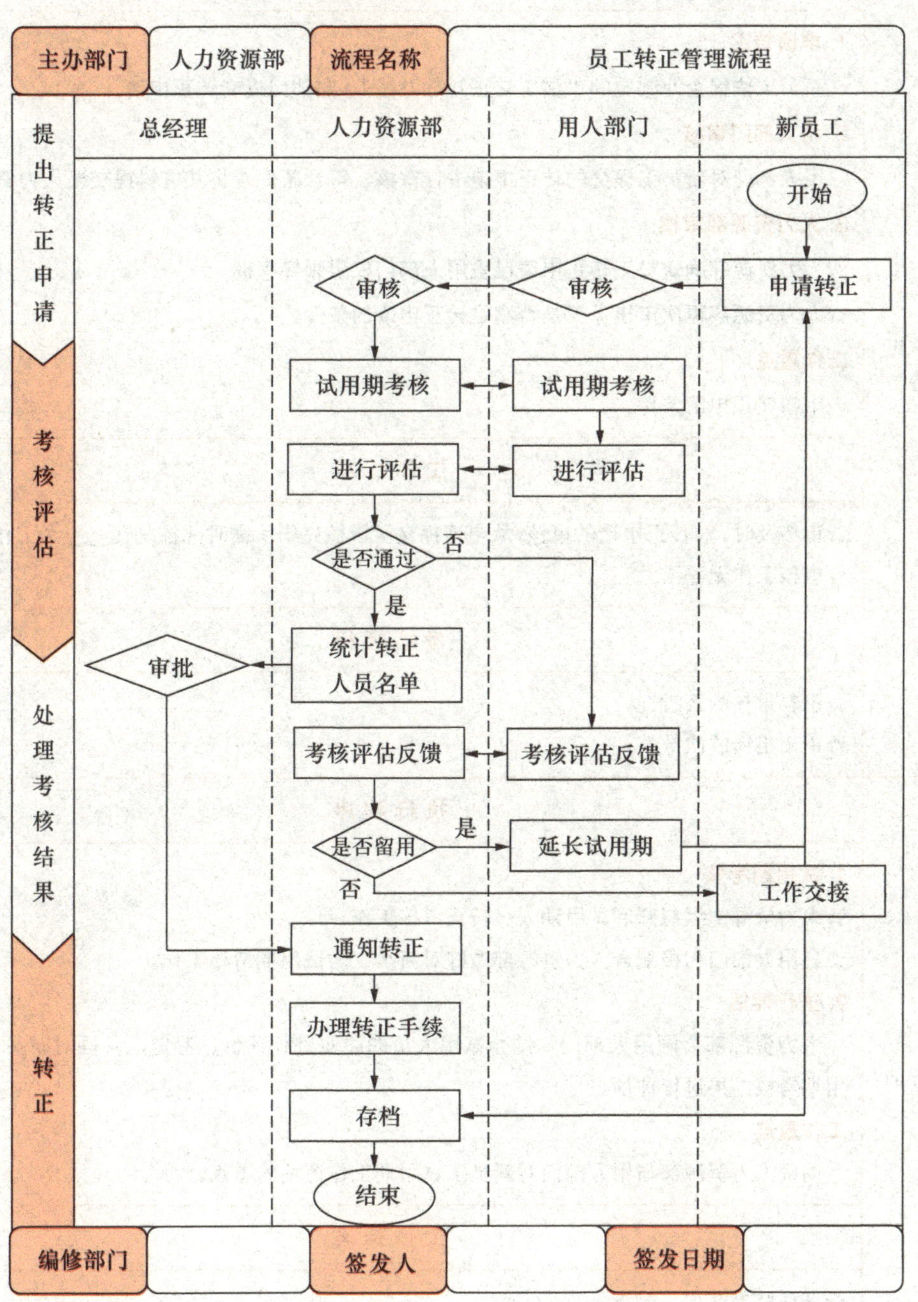
主办部门
人力资源部
流程名称
员工转正管理流程
提出转正申请
考核评估
处理考核结果
转正
总经理
人力资源部
用人部门
新员工
开始
申请转正
审核
审核
试用期考核
试用期考核
进行评估
进行评估
是否通过
否
是
统计转正人员名单
审批
考核评估反馈
考核评估反馈
是否留用
是
延长试用期
否
工作交接
通知转正
办理转正手续
存档
结束
编修部门
签发人
签发日期

6.8.2 员工转正执行程序、工作标准、考核指标、执行规范

<table>
<tr><th>任务名称</th><th>执行程序、工作标准与考核指标</th></tr>
<tr><td rowspan="6">提出转正申请</td><td>执行程序</td></tr>
<tr><td>1. 申请转正
新员工依据企业制定的“员工转正管理办法”，向部门提交转正申请。
2. 用人部门审核
用人部门对新员工提交的转正申请进行审核，符合条件者将其资料提交至人力资源部。
3. 人力资源部审核
☆人力资源部确认员工转正申请已呈用人部门权限领导审批。
☆人力资源部再次审核员工是否满足转正申请的条件。
工作重点
审核转正申请条件。</td></tr>
<tr><td>工作标准</td></tr>
<tr><td>☆审核及时。对转正申请的审核，从申请提交至审核完毕所需时间控制在____个工作日内。
☆审核工作无差错。</td></tr>
<tr><td>考核指标</td></tr>
<tr><td>☆资料审核的及时性。
☆审核出错的次数。</td></tr>
<tr><td rowspan="4">考核评估</td><td>执行程序</td></tr>
<tr><td>1. 试用期考核
☆人力资源部组织开展试用期人员转正考核工作。
☆各用人部门积极配合人力资源部做好对新员工的试用期考核工作。
2. 进行评估
人力资源部会同用人部门，结合试用人员的述职进行评价、鉴定，共同对新员工的试用期考核结果进行评估。
工作重点
明确人力资源部与用人部门对新员工试用期工作评估的重点。</td></tr>
<tr><td>工作标准</td></tr>
<tr><td>☆评估结果客观、公正。
☆评估工作在 ____ 个工作日内完成。</td></tr>
</table>

（续）

任务名称	执行程序、工作标准与考核指标
考核评估	**考核指标** ☆评估结果的公正性。 ☆考核工作按时完成率： $$考核工作按时完成率=\frac{在规定时间内实际完成的考核工作次数}{在规定时间内应完成的考核工作次数}\times 100\%$$
处理考核结果	**执行程序** **1. 统计转正人员名单** 人力资源部统计考核评估结果合格且决定予以转正的员工名单，并将名单提交企业总经理审批。 **2. 考核评估反馈** ☆人力资源部统计考核评估未通过的人员名单。 ☆根据考核评估结果，人力资源部及用人部门与未通过考核的人员进行面谈，反馈其在试用期内的工作表现情况，肯定其成绩、指出其不足。 ☆人力资源部记录面谈后的反馈情况，为后期做出是否留用提供依据。 **工作标准** ☆试用期考核反馈工作在考核结束后的____个工作日内完成。 ☆反馈面谈记录完整。
转正	**执行程序** **1. 通知转正** 人力资源部向相关用人部门发出员工转正通知单。 **2. 办理转正手续** 人力资源部依据企业规定，为通过试用期考核的员工办理转正手续。 **工作标准** ☆在规定时间内完成转正手续的办理工作。 ☆转正手续的办理符合企业的规定。
执行规范	
“员工转正管理办法”“员工转正申请表”“考核评议报告”“转正名单统计表”。	

6.9　劳动合同签订流程设计与工作执行

6.9.1　劳动合同签订流程设计

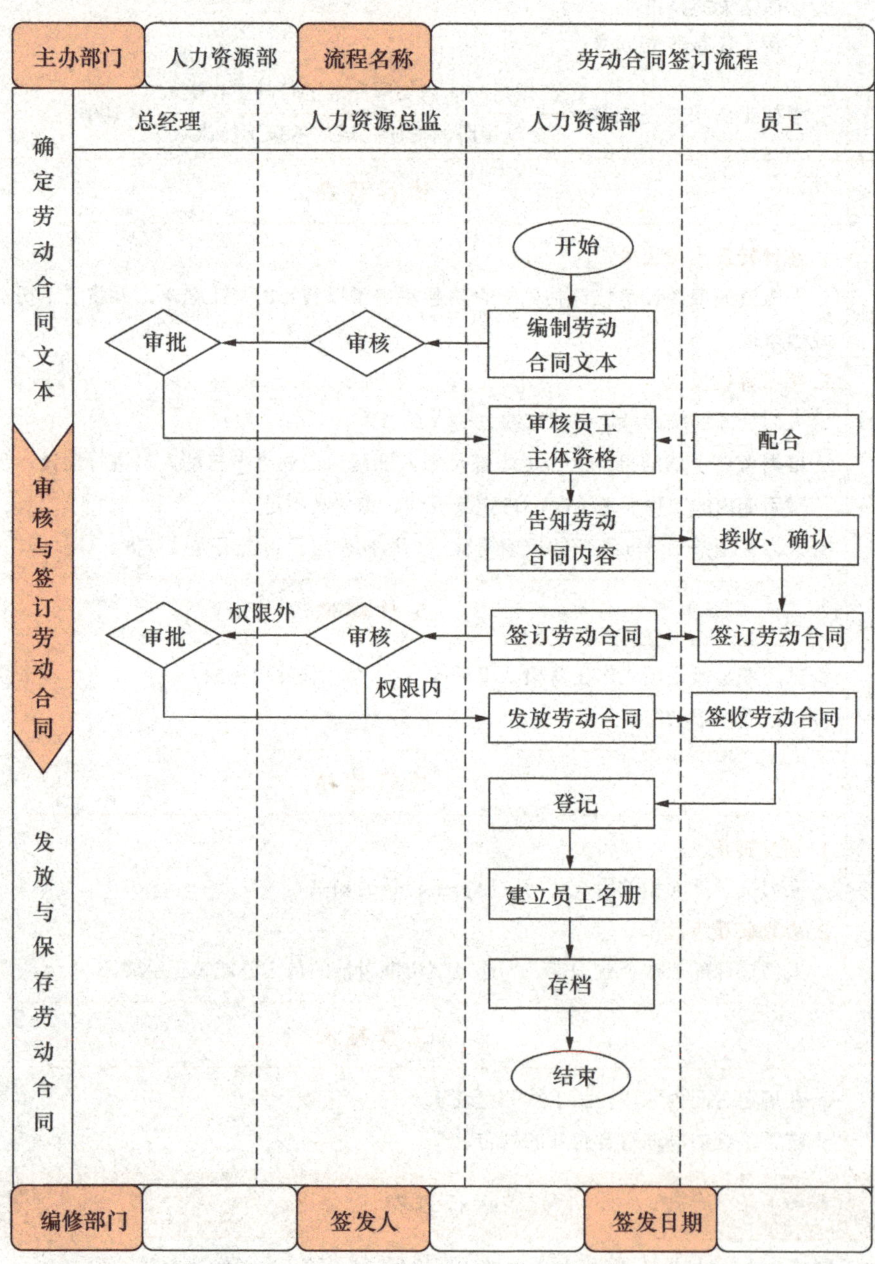

主办部门
人力资源部
流程名称
劳动合同签订流程
总经理
人力资源总监
人力资源部
员工
确定劳动合同文本
审核与签订劳动合同
发放与保存劳动合同
开始
编制劳动合同文本
审核
审批
审核员工主体资格
配合
告知劳动合同内容
接收、确认
签订劳动合同
签订劳动合同
审核
权限外
审批
权限内
发放劳动合同
签收劳动合同
登记
建立员工名册
存档
结束
编修部门
签发人
签发日期

6.9.2 劳动合同签订执行程序、工作标准、考核指标、执行规范

<table>
<tr><th>任务名称</th><th>执行程序、工作标准与考核指标</th></tr>
<tr><td rowspan="4">确定劳动合同文本</td><td>执行程序</td></tr>
<tr><td>1. 编制劳动合同文本
人力资源部根据现行的劳动合同范本，编制本企业的劳动合同文本。
2. 审核与审批
人力资源部将编制完成的劳动合同文本提交人力资源总监审核、总经理审批。
工作重点
明确劳动合同所包含的内容。</td></tr>
<tr><td>工作标准</td></tr>
<tr><td>☆劳动合同的编制在 ____ 个工作日内完成。
☆劳动合同的内容符合法律的规定。
☆劳动合同文本内容的编制必须充分考虑到企业和员工两方面的利益。</td></tr>
<tr><td rowspan="4">审核与签订劳动合同</td><td>执行程序</td></tr>
<tr><td>1. 审核员工主体资格
人力资源部对需签订劳动合同的员工的主体资格进行审核。
2. 告知劳动合同内容
人力资源部如实告知员工的工作内容、工作条件、工作地点、职业危害、安全状况、劳动报酬及员工要求了解的其他情况等。
3. 签订劳动合同
☆员工确认完劳动合同内容后，人力资源部与其签订劳动合同。
☆人力资源部将签订的劳动合同提交企业领导审批。
工作重点
☆明确审核的内容，包括员工的年龄、学历、资格、工作经历、体检报告等，核实员工个人资料的准确性，核实员工与其他用人单位是否存在劳动关系。
☆对签订合同的员工履行告知义务。</td></tr>
<tr><td>工作标准</td></tr>
<tr><td>☆对员工主体资格的审核仔细、全面。
☆劳动合同签订及时。</td></tr>
</table>

（续）

<table>
<tr><th>任务名称</th><th>执行程序、工作标准与考核指标</th></tr>
<tr><td rowspan="2">审核与签订劳动合同</td><td>考核指标</td></tr>
<tr><td>☆劳动合同签订的及时性。
☆劳动合同签订率：劳动合同签订率 = $\frac{\text{签订劳动合同的员工数}}{\text{企业员工总数}} \times 100\%$。</td></tr>
<tr><td rowspan="4">发放与保存劳动合同</td><td>执行程序</td></tr>
<tr><td>1. 发放劳动合同
☆确认劳动合同已盖章。
☆用人单位与员工各执一份劳动合同。
☆人力资源部制作“劳动合同发放签收表”，由收到劳动合同的员工签字确认。
2. 存档
人力资源部将劳动合同文本存档。
工作重点
确认员工已签收劳动合同。</td></tr>
<tr><td>工作标准</td></tr>
<tr><td>以书面形式告知员工劳动合同的发放情况，并要求员工签收。</td></tr>
<tr><td colspan="2">执行规范</td></tr>
<tr><td colspan="2">“劳动合同”“劳动合同发放签收表”“劳动合同管理制度”。</td></tr>
</table>

6.10 人事档案调转流程设计与工作执行

6.10.1 人事档案调转流程设计

主办部门	人力资源部	流程名称	人事档案调转流程设计

	总经理	人力资源部	员工	档案管理机构
申请档案调出		开具离职证明	开始 提出档案调转申请 调入或调出（调出→开具离职证明；调入→确认录用） 准备调出材料 提交资料	
申请档案调入	审批	确认录用 提交调入申请表		开具商调函 调入或调出（调入→领取商调函；调出→办理档案调转手续）
档案调转		领取商调函 领取档案 存档 结束		办理档案调转手续

编修部门		签发人		签发日期	

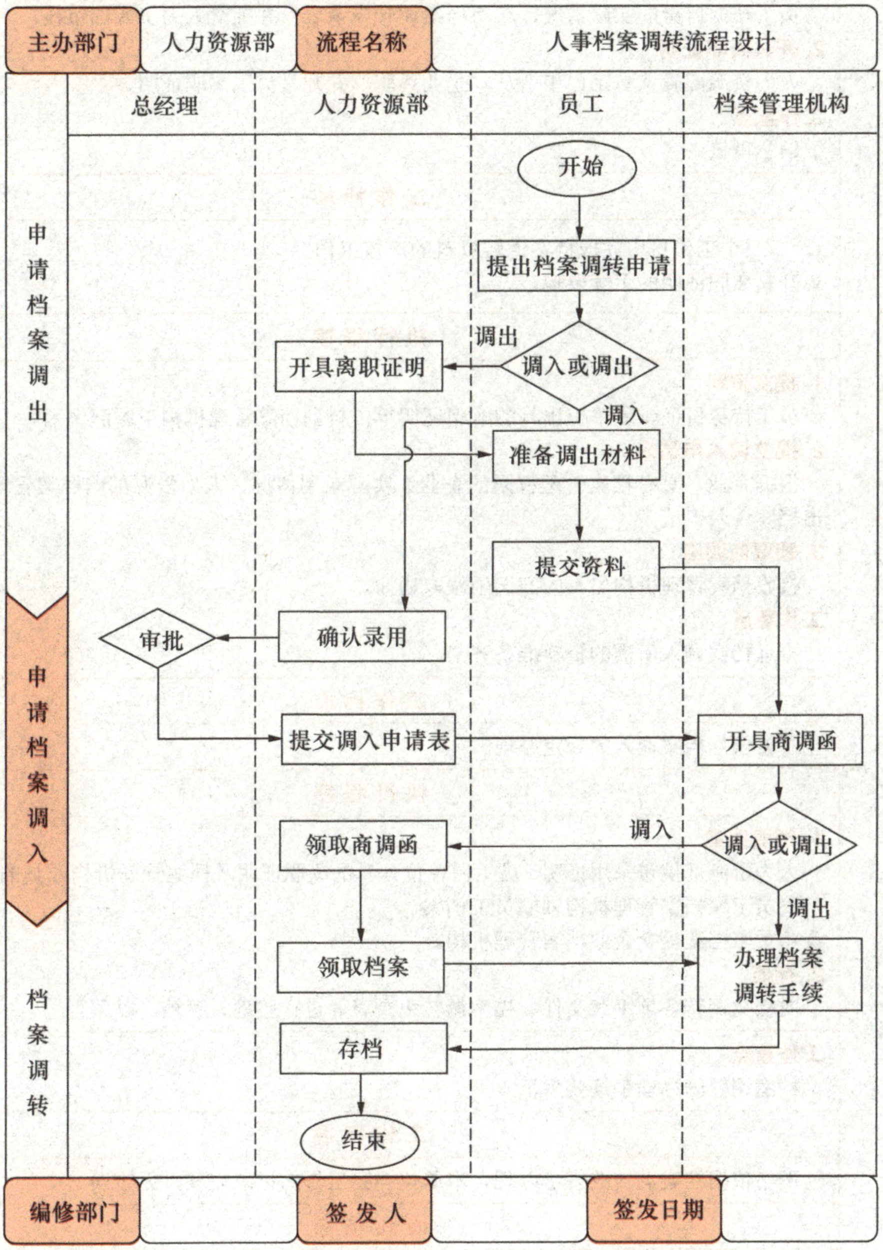

6.10.2 人事档案调转执行程序、工作标准、考核指标、执行规范

<table>
<tr><th>任务名称</th><th>执行程序、工作标准与考核指标</th></tr>
<tr><td rowspan="4">申请
档案调出</td><td>执行程序</td></tr>
<tr><td>1. 提出档案调转申请
员工根据自身的实际情况，填写档案调转申请表，并提交人力资源部审核。
2. 开具离职证明
人力资源部确认员工已申请从本企业离职，并开具员工离职证明。
工作重点
信息审核。</td></tr>
<tr><td>工作标准</td></tr>
<tr><td>☆ ____ 个工作日内完成档案调转资料的审核工作。
☆开具离职证明的手续要规范。</td></tr>
<tr><td rowspan="4">申请
档案调入</td><td>执行程序</td></tr>
<tr><td>1. 提交资料
员工持身份证、原单位出具的解聘证明等资料到档案管理机构申领商调函。
2. 提交调入申请表
根据企业（具有档案管理权限的企业）实际录用情况，人力资源部向档案管理机构提出档案调入申请。
3. 领取商调函
接收档案管理机构出具的商调函领取通知。
工作重点
办理档案调入所需的资料准备齐全。</td></tr>
<tr><td>工作标准</td></tr>
<tr><td>严格依据档案调入的规定办理。</td></tr>
<tr><td rowspan="7">档案调转</td><td>执行程序</td></tr>
<tr><td>1. 领取档案
☆人力资源部携带录用证明、员工原单位开具的离职证明及档案管理机构开具的商调函，到员工原档案管理机构领取员工档案。
☆将员工档案提交企业档案管理机构。
2. 存档
对档案调转各项手续文件、档案调转记录表等进行整理、存档，以备查。</td></tr>
<tr><td>工作重点
档案调转的办理手续要规范。</td></tr>
<tr><td>工作标准</td></tr>
<tr><td>严格依据档案调转的规定办理，本单位档案工作的记录完整，无错误。</td></tr>
<tr><td>考核指标</td></tr>
<tr><td>档案调转手续办理的规范性与及时性。</td></tr>
<tr><th colspan="2">执行规范</th></tr>
<tr><td colspan="2">“员工离职证明”“员工录用通知书”“劳动合同”“档案管理制度”。</td></tr>
</table>

第7章 员工培训与人才盘点管理

7.1 员工培训与人才盘点管理流程设计

7.1.1 流程设计的目的

员工是企业的宝贵资源，实施员工培训与人才盘点管理，有助于有效整合企业资源，为企业达成业绩目标提供坚实的保障。

设计员工培训与人才盘点管理流程的目的如下：

（1）规范员工培训管理，提高培训的效果；

（2）让员工更好地胜任现职工作，促使其担任更高级别的职务，促进工作效率的提高和企业目标的实现；

（3）实现员工培训与人才盘点管理的规范性。

7.1.2 流程结构设计

员工培训与人才盘点管理流程设计主要采用总分结构的模式，总流程为培训管理流程、职业生涯规划管理流程、人才盘点管理流程，子流程主要针对培训管理流程进行设计，包括培训需求调查流程、培训计划制订流程、培训费用预算流程、培训课程设计流程、内部讲师选拔流程、员工离岗培训流程等。具体的流程结构设计如图 7-1 所示。

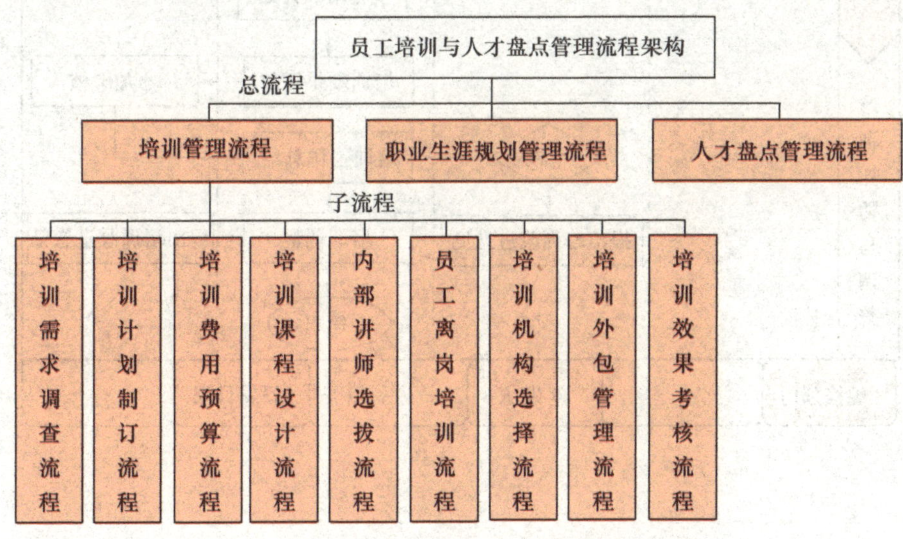

员工培训与人才盘点管理流程架构
总流程
培训管理流程
职业生涯规划管理流程
人才盘点管理流程
子流程
培训需求调查流程
培训计划制订流程
培训费用预算流程
培训课程设计流程
内部讲师选拔流程
员工离岗培训流程
培训机构选择流程
培训外包管理流程
培训效果考核流程

图 7-1 员工培训与人才盘点管理流程结构设计

7.2 培训管理流程设计与工作执行

7.2.1 培训管理流程设计

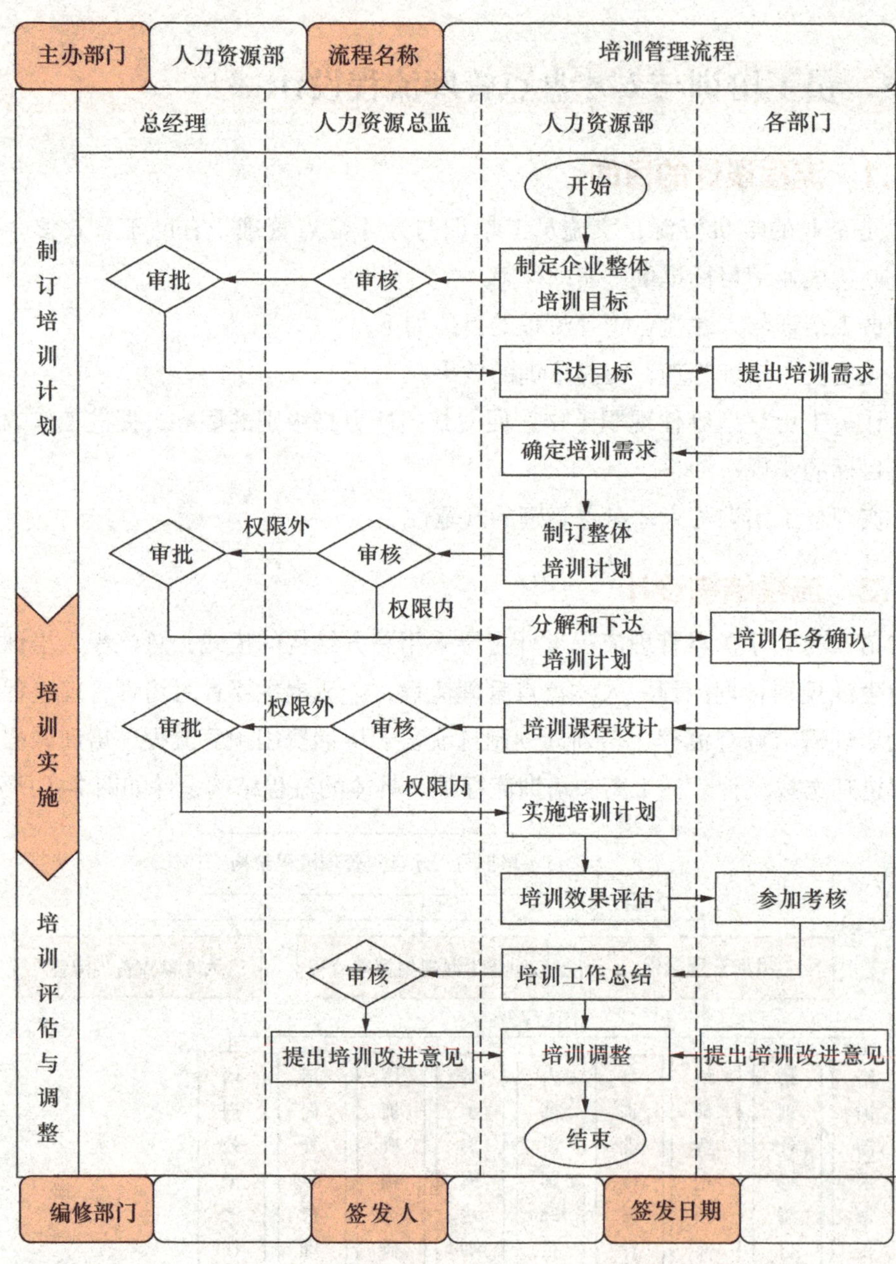

主办部门
人力资源部
流程名称
培训管理流程
总经理
人力资源总监
人力资源部
各部门
制订培训计划
培训实施
培训评估与调整
开始
制定企业整体培训目标
审核
审批
下达目标
提出培训需求
确定培训需求
制订整体培训计划
审核
权限外
审批
权限内
分解和下达培训计划
培训任务确认
培训课程设计
审核
权限外
审批
权限内
实施培训计划
培训效果评估
参加考核
培训工作总结
审核
提出培训改进意见
培训调整
提出培训改进意见
结束
编修部门
签发人
签发日期

7.2.2 培训管理执行程序、工作标准、考核指标、执行规范

任务名称	执行程序、工作标准与考核指标
制订培训计划	**执行程序**
	1. 制定企业整体培训目标 ☆人力资源部根据企业的发展目标，制定相应的培训目标。 ☆将制定的培训目标提交企业领导审批。 **2. 提出培训需求** 各部门根据工作实际，向人力资源部提出培训需求。 **3. 确定培训需求** ☆人力资源部对各部门提出的培训需求进行调查。 ☆根据培训需求调查的信息，人力资源部确定各部门及员工的培训需求。 **4. 制订整体培训计划** 人力资源部根据培训要求制订整体培训计划，并提交企业领导审批。 **工作重点** ☆确定哪些岗位及人员需要培训。 ☆所确定的培训目标应与实际需求相匹配。
	工作标准
	☆在规定时间内完成培训需求调研工作。 ☆制订符合员工培训需求与企业发展目标的培训计划。 ☆培训计划的内容包括接受培训的部门、人员，培训的项目、时间及目标等。
	考核指标
	培训计划制订的及时性与完整性。
培训实施	**执行程序**
	1. 分解和下达培训计划 ☆人力资源部对培训计划进行分解。 ☆人力资源部将分解的培训计划下发至各部门。 **2. 培训课程设计** ☆人力资源部根据培训计划，收集培训课程设计所需的资料。 ☆人力资源部根据收集的资料，确定培训课程的内容，并设计培训课程。 ☆设计完成的培训课程应提交企业人力资源总监审核、总经理审批。 **3. 实施培训计划** 人力资源部负责组织各部门实施培训计划。

（续）

<table>
<tr><th>任务名称</th><th>执行程序、工作标准与考核指标</th></tr>
<tr><td rowspan="6">培训实施</td><td>工作重点
☆明确培训实施部门。
☆注意培训课程内容模块之间的衔接性。</td></tr>
<tr><td>工作标准</td></tr>
<tr><td>☆培训工作准备充分，无遗漏。
☆培训课程设计符合培训目标、内容实用、呈现方式新颖。
☆带有全员性质的培训，由企业人力资源部负责；带有专业性质的培训，由各部门负责，人力资源部予以协助。</td></tr>
<tr><td>考核指标</td></tr>
<tr><td>☆培训计划完成率：培训计划完成率 = $\frac{\text{培训完成的项目（时）数}}{\text{计划培训的项目（时）数}}$ ×100%。
☆员工培训参与率：员工培训参与率 = $\frac{\text{实际参加培训的员工数}}{\text{应参加培训的员工数}}$ ×100%。</td></tr>
<tr><td></td></tr>
<tr><td rowspan="6">培训评估与调整</td><td>执行程序</td></tr>
<tr><td>1. 培训效果评估
培训计划完成后，人力资源部对培训效果进行评估。
2. 培训调整
☆汇总人力资源总监及各部门提出的培训改进意见。
☆分析各项改进意见，并结合改进意见对培训工作进行调整。
工作重点
☆测算培训投资的增值效果。
☆明确下一阶段培训工作的改进方向。</td></tr>
<tr><td>工作标准</td></tr>
<tr><td>☆是否达到了预期的培训效果。
☆知晓培训实施过程中的不足之处。
☆制定下一阶段的改进措施。</td></tr>
<tr><td>考核指标</td></tr>
<tr><td>☆培训考核达标率：培训考核达标率 = $\frac{\text{培训考核达标人数}}{\text{培训的总人数}}$ ×100%。
☆培训投资回报率：培训投资回报率 = $\frac{\text{培训项目收益}}{\text{培训项目成本}}$ ×100%。</td></tr>
<tr><th colspan="2">执行规范</th></tr>
<tr><td colspan="2">“培训管理制度”“培训效果评估实施办法”“员工培训实施方案”“培训工作总结报告”“培训计划表”。</td></tr>
</table>

7.3 培训需求调查流程设计与工作执行

7.3.1 培训需求调查流程设计

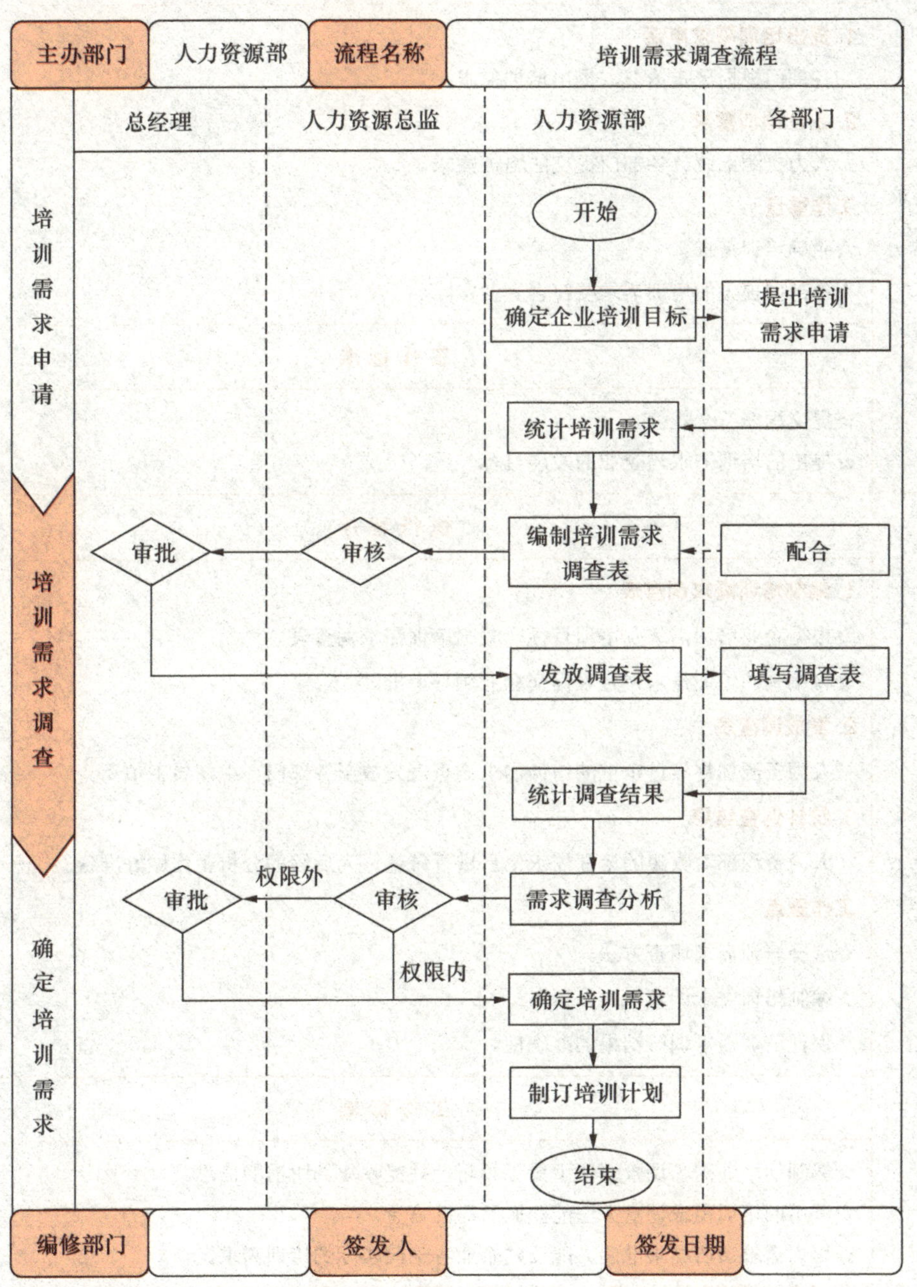

主办部门
人力资源部
流程名称
培训需求调查流程
总经理
人力资源总监
人力资源部
各部门
培训需求申请
培训需求调查
确定培训需求
开始
确定企业培训目标
提出培训需求申请
统计培训需求
编制培训需求调查表
配合
审核
审批
发放调查表
填写调查表
统计调查结果
需求调查分析
审核
权限外
审批
权限内
确定培训需求
制订培训计划
结束
编修部门
签发人
签发日期

7.3.2 培训需求调查执行程序、工作标准、考核指标、执行规范

<table>
<tr><th>任务名称</th><th>执行程序、工作标准与考核指标</th></tr>
<tr><td rowspan="4">培训需求申请</td><td>执 行 程 序</td></tr>
<tr><td>1. 提出培训需求申请
各部门根据现实情况，提出培训需求。
2. 统计培训需求
人力资源部统计各部门提交的培训需求。
工作重点
☆明确培训需求。
☆各部门提出的培训需求要符合企业实际。</td></tr>
<tr><td>工 作 标 准</td></tr>
<tr><td>☆提交程序符合规范。
☆提出的培训需求与企业的发展目标一致。</td></tr>
<tr><td rowspan="4">培训需求调查</td><td>执 行 程 序</td></tr>
<tr><td>1. 编制培训需求调查表
☆根据企业培训需求及培训目标，编制培训需求调查表。
☆将编制的培训需求调查表提交企业领导审批。
2. 发放调查表
人力资源部将经过审批的培训需求调查表发放至各部门，组织员工填写。
3. 统计调查结果
人力资源部对收集的培训需求信息进行统计，为后续的分析工作做好准备。
工作重点
☆选择培训需求调查方法。
☆编制培训需求调查表。
☆保证培训需求调研结果的准确性。</td></tr>
<tr><td>工 作 标 准</td></tr>
<tr><td>☆编制的培训需求调查表便于员工填写，并能收集到所需的信息。
☆采用的培训需求调查方法能获取所需的信息。
☆培训需求调研结果准确，能反映企业各部门实际的培训需求。</td></tr>
</table>

（续）

<table>
<tr><th>任务名称</th><th>执行程序、工作标准与考核指标</th></tr>
<tr><td rowspan="2">培训需求调查</td><td>考核指标</td></tr>
<tr><td>☆培训需求调查表编制的及时性。人力资源部相关人员要在规定时间内提交培训需求调查表。
☆培训需求调查表编制的合理性。编制的培训需求调查表立足企业实际，形式、内容合理，具有可操作性。</td></tr>
<tr><td rowspan="7">确定培训需求</td><td>执行程序</td></tr>
<tr><td>1. 需求调查分析
☆人力资源部采用合适的方法对统计的需求结果进行分析。
☆人力资源部将需求分析结果上报企业领导审批。
2. 确定培训需求
人力资源部根据需求分析的结果及领导审批的情况，确定是对员工实施能力培训还是素质培训，或是其他方面的培训。
3. 制订培训计划
人力资源部根据确定的培训需求制订培训计划。</td></tr>
<tr><td>工作重点
☆选取培训需求分析内容。
☆选择培训需求分析方法。</td></tr>
<tr><td>工作标准</td></tr>
<tr><td>☆培训需求分析要从员工的现有状况与应有状况、现实培训需求与未来培训需求之间的差距分析等方面进行。
☆选择恰当的培训方法。</td></tr>
<tr><td>考核指标</td></tr>
<tr><td>培训需求的合理性。培训需求符合企业发展目标，且能有效实施。</td></tr>
<tr><th colspan="2">执行规范</th></tr>
<tr><td colspan="2">“培训需求申请表”“培训需求调查表”“培训需求统计表”“培训需求调查分析报告”。</td></tr>
</table>

7.4 培训计划制订流程设计与工作执行

7.4.1 培训计划制订流程设计

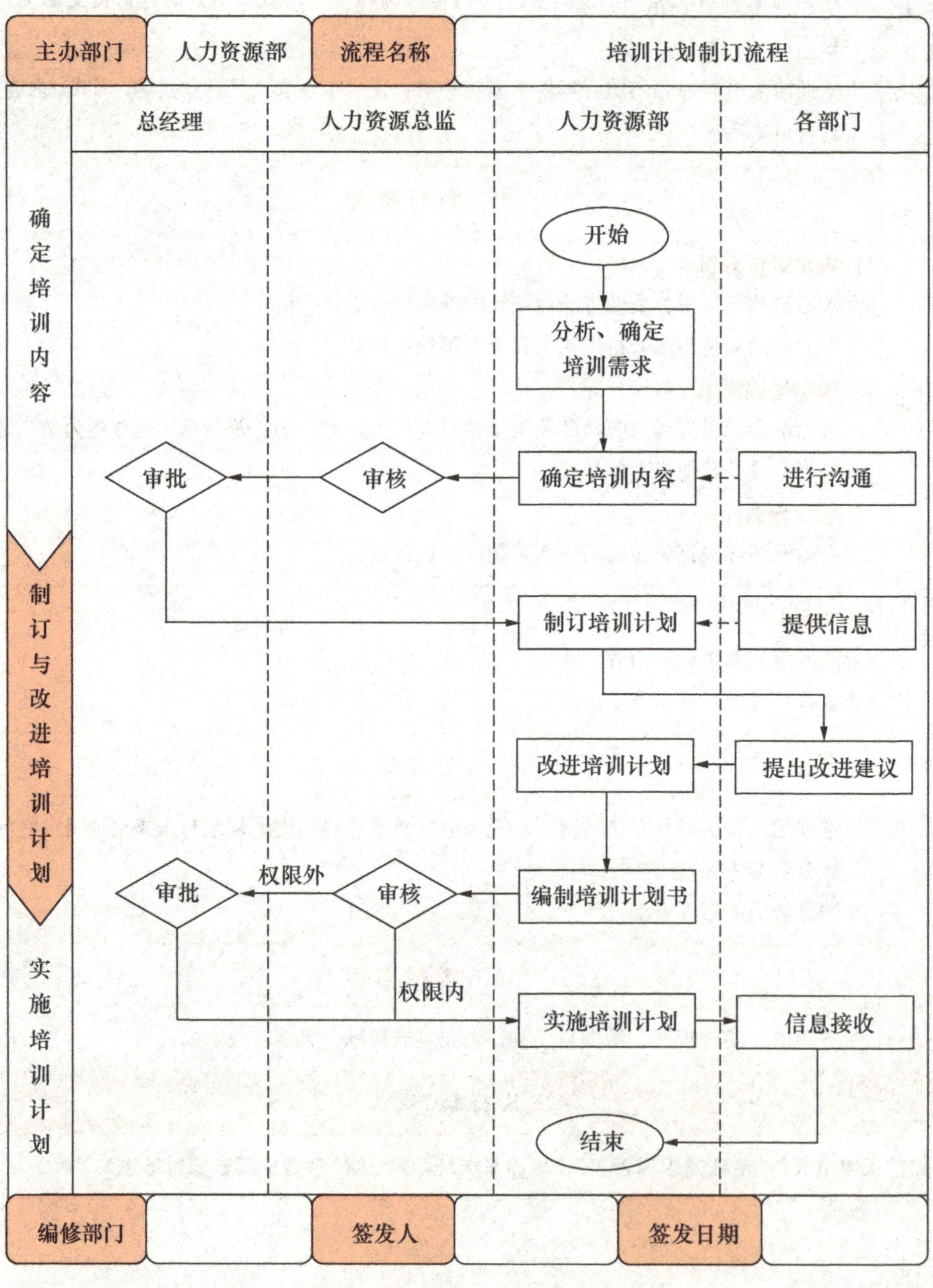

主办部门
人力资源部
流程名称
培训计划制订流程
总经理
人力资源总监
人力资源部
各部门
确定培训内容
制订与改进培训计划
实施培训计划
开始
分析、确定培训需求
审批
审核
确定培训内容
进行沟通
制订培训计划
提供信息
改进培训计划
提出改进建议
审批
权限外
审核
编制培训计划书
权限内
实施培训计划
信息接收
结束
编修部门
签发人
签发日期

7.4.2 培训计划制订执行程序、工作标准、考核指标、执行规范

<table>
<tr><th>任务名称</th><th>执行程序、工作标准与考核指标</th></tr>
<tr><td rowspan="4">确定培训内容</td><td>执行程序</td></tr>
<tr><td>1. 分析、确定培训需求
☆各部门根据企业发展与市场变化的情况，向人力资源部提出培训需求。
☆人力资源部对各部门提出的培训需求进行调查分析，并编写培训需求分析报告。
2. 确定培训内容
☆人力资源部与各部门沟通，结合培训需求分析报告确定培训内容，编制培训内容统计表或培训项目报告。
☆人力资源部将培训内容统计表或培训项目报告提交企业人力资源总监审核、总经理审批。
工作重点
☆明确各部门的培训需求。
☆根据各部门的培训需求确定培训内容。</td></tr>
<tr><td>工作标准</td></tr>
<tr><td>☆培训需求分析准确。
☆培训内容符合部门（员工）的需求。</td></tr>
<tr><td rowspan="4">制订与改进培训计划</td><td>执行程序</td></tr>
<tr><td>1. 制订培训计划
☆根据审批通过的培训内容，制订初步的培训计划。
☆各部门向人力资源部提供编制培训计划所必需的信息。
2. 改进培训计划
☆人力资源部将培训计划发放到各部门。
☆各部门根据培训计划提出建议，并反馈给人力资源部。
☆人力资源部根据各部门提出的建议对培训计划进行改进。
3. 编制培训计划书
☆人力资源部根据改进的培训计划编制培训计划书。
☆人力资源部将培训计划书提交企业人力资源总监审核、总经理审批。
工作重点
☆及时制订培训计划。
☆完善培训计划的内容。</td></tr>
<tr><td>工作标准</td></tr>
<tr><td>☆在____个工作日内完成培训计划的制订工作。</td></tr>
</table>

人力资源管理
流程设计与服务工作标准

（续）

任务名称	执行程序、工作标准与考核指标
制订与改进培训计划	☆培训计划制订完善，培训内容、培训对象、培训时间、培训地点、培训方式、培训讲师等在培训计划书里都有明确的说明。
	考核指标
	☆培训计划制订的及时性。 ☆培训计划的完善性。
实施培训计划	**执行程序**
	人力资源部将经过领导审批的培训计划书发放至各部门，各部门依据培训计划书开展培训工作。
	工作重点 组织各部门实施培训计划。
	工作标准
	培训计划书更改之处不超过____处。
执行规范	
“培训需求分析报告”“培训计划书”。	

7.5 培训费用预算流程设计与工作执行

7.5.1 培训费用预算流程设计

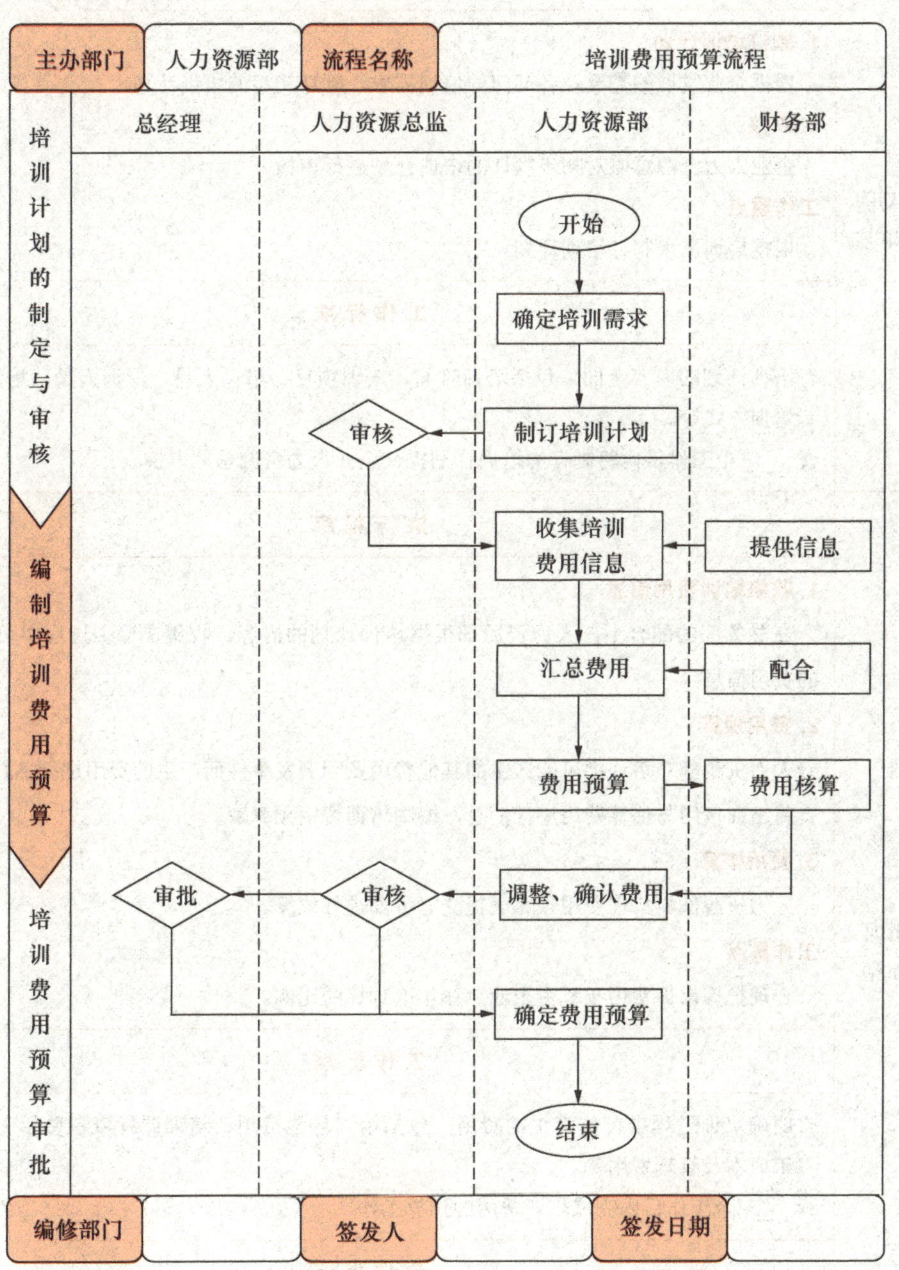

主办部门
人力资源部
流程名称
培训费用预算流程
总经理
人力资源总监
人力资源部
财务部
培训计划的制定与审核
编制培训费用预算
培训费用预算审批
开始
确定培训需求
制订培训计划
审核
收集培训费用信息
提供信息
汇总费用
配合
费用预算
费用核算
调整、确认费用
审核
审批
确定费用预算
结束
编修部门
签发人
签发日期

7.5.2 培训费用预算执行程序、工作标准、考核指标、执行规范

任务名称	执行程序、工作标准与考核指标
培训计划的制订与审核	**执行程序**
	1. 制订培训计划 根据企业发展的需要及各部门的培训需求，制订初步的培训计划。 **2. 审核** 企业人力资源总监对初步制订的培训计划进行审核。 **工作重点** 根据培训需求制订培训计划。
	工作标准
	☆培训计划的内容全面，包括培训时间、培训项目、培训人员、受训人员、培训目标、培训方式等。 ☆ ____ 个工作日内将制订的培训计划提交企业人力资源总监审核。
编制培训费用预算	**执行程序**
	1. 收集培训费用信息 在财务部的配合下，人力资源部根据培训计划的内容，收集在培训过程中可能产生的费用信息。 **2. 费用预算** ☆人力资源部对培训中可能产生的其他费用及因突发事件而产生的费用进行估算。 ☆将培训费用与估算费用进行汇总，编制培训费用预算表。 **3. 费用核算** 人力资源部将培训费用预算表提交财务部进行核算。 **工作重点** 合理把握培训费用预算占企业总体年度预算的比例。
	工作标准
	☆明确培训过程中可能产生的费用，包括培训场地费用、培训课程资料费用、培训人工成本及管理费用等。 ☆ ____ 个工作日内完成培训费用的预算工作。
	考核指标
	☆资料收集的及时性。 ☆培训费用预算项目的全面性与完整性。培训费用预算项目全面、完整，无重要费用项目遗漏。

（续）

<table>
<tr><th>任务名称</th><th>执行程序、工作标准与考核指标</th></tr>
<tr><td rowspan="4">培训费用预算审批</td><td>执行程序</td></tr>
<tr><td>1. 调整、确认费用
☆根据财务部的审批意见，人力资源部对事先拟定的培训费用预算进行调整。
☆与财务部确认调整后的预算。
2. 确定费用预算
将调整后的培训费用预算表提交人力资源总监审核、总经理审批，并最终确定培训费用预算总额。
工作重点
编制的培训费用预算能满足培训工作需要。</td></tr>
<tr><td>工作标准</td></tr>
<tr><td>☆ ____ 个工作日内完成培训费用预算的修改工作。
☆ ____ 个工作日内将修改后的培训费用预算表提交企业领导审批。</td></tr>
<tr><td colspan="2">执行规范</td></tr>
<tr><td colspan="2">“培训需求统计表”“培训计划书”“培训费用汇总表”“培训费用预算表”。</td></tr>
</table>

7.6 培训课程设计流程与工作执行

7.6.1 培训课程设计流程

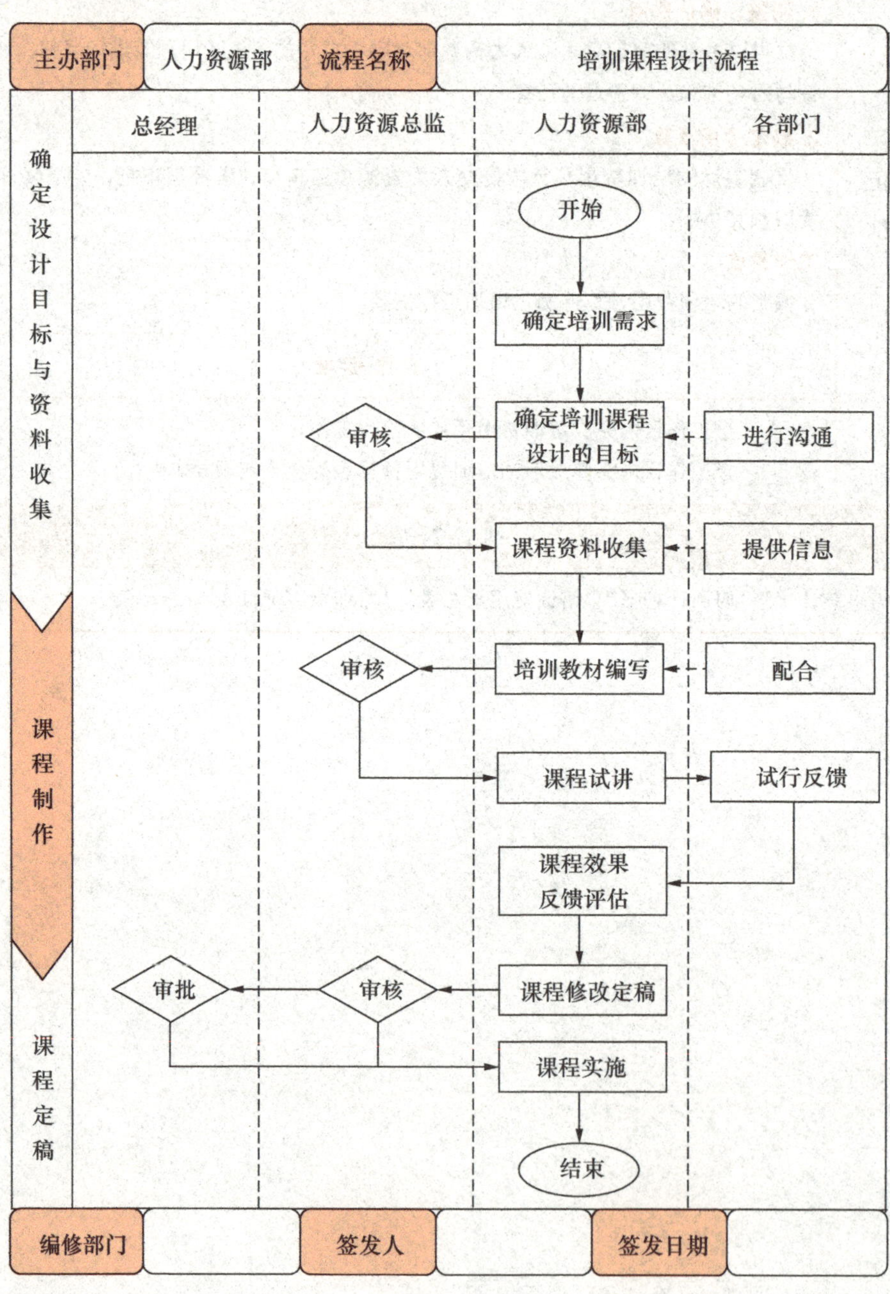

主办部门
人力资源部
流程名称
培训课程设计流程
总经理
人力资源总监
人力资源部
各部门
确定设计目标与资料收集
课程制作
课程定稿
开始
确定培训需求
确定培训课程设计的目标
审核
进行沟通
课程资料收集
提供信息
培训教材编写
审核
配合
课程试讲
试行反馈
课程效果反馈评估
课程修改定稿
审核
审批
课程实施
结束
编修部门
签发人
签发日期

7.6.2 培训课程设计执行程序、工作标准、考核指标、执行规范

<table>
<tr><th>任务名称</th><th>执行程序、工作标准与考核指标</th></tr>
<tr><td rowspan="4">确定设计目标与收集</td><td>执行程序</td></tr>
<tr><td>1. 确定培训课程设计的目标
人力资源部根据企业的培训需求及培训目标，确定培训课程设计的目标。
2. 课程资料收集
在各部门的配合下，人力资源部收集各部门的培训课程资料。
工作重点
培训课程的设计内容应对不同层级、不同岗位都具有针对性。</td></tr>
<tr><td>工作标准</td></tr>
<tr><td>☆完善培训课程资料，主要包括企业现有的培训课程资源、网站培训资料、相关图书目录等。
☆ ____ 个工作日内完成资料收集工作。</td></tr>
<tr><td rowspan="6">课程制作</td><td>执行程序</td></tr>
<tr><td>1. 培训教材编写
☆人力资源部整理、分析收集的培训课程资料。
☆结合企业实际情况，人力资源部编写培训教材和目录。
2. 课程试讲
人力资源部根据设计完成的培训课程，在小范围内进行试讲。
3. 课程效果反馈评估
☆收集、整理课程试行效果的反馈记录。
☆对课程效果进行评估，找出优点和缺点。
工作重点
编写出能满足员工需求的培训教材。</td></tr>
<tr><td>工作标准</td></tr>
<tr><td>☆ ____ 个工作日内完成培训教材的编写工作。
☆ ____ 个工作日内完成课程效果反馈评估工作。</td></tr>
<tr><td>考核指标</td></tr>
<tr><td>☆资料收集的及时性与准确性。
☆培训课程制作任务完成率：
$$培训课程制作任务完成率=\frac{实际完成的培训课程制作数}{计划完成的培训课程制作数}\times 100\%$$</td></tr>
</table>

（续）

<table>
<tr><th>任务名称</th><th>执行程序、工作标准与考核指标</th></tr>
<tr><td rowspan="4">课程定稿</td><td>执行程序</td></tr>
<tr><td>1. 课程修改定稿
☆根据受训人员提供的反馈信息及制定的改进方案，人力资源部对培训课程进行修改。
☆将修改后的培训课程提交人力资源总监审核、总经理审批。
2. 课程实施
人力资源部对受训人员依据设计的培训课程实施培训。
工作重点
修改后的培训课程的内容要能满足培训工作的需要。</td></tr>
<tr><td>工作标准</td></tr>
<tr><td>☆ ____ 个工作日内完成培训课程的修改工作。
☆按计划实施培训工作。</td></tr>
<tr><th colspan="2">执行规范</th></tr>
<tr><td colspan="2">“培训需求统计表”“培训课程设计规范”“培训课程试用记录”“培训课程评估报告”。</td></tr>
</table>

7.7 内部讲师选拔流程设计与工作执行

7.7.1 内部讲师选拔流程设计

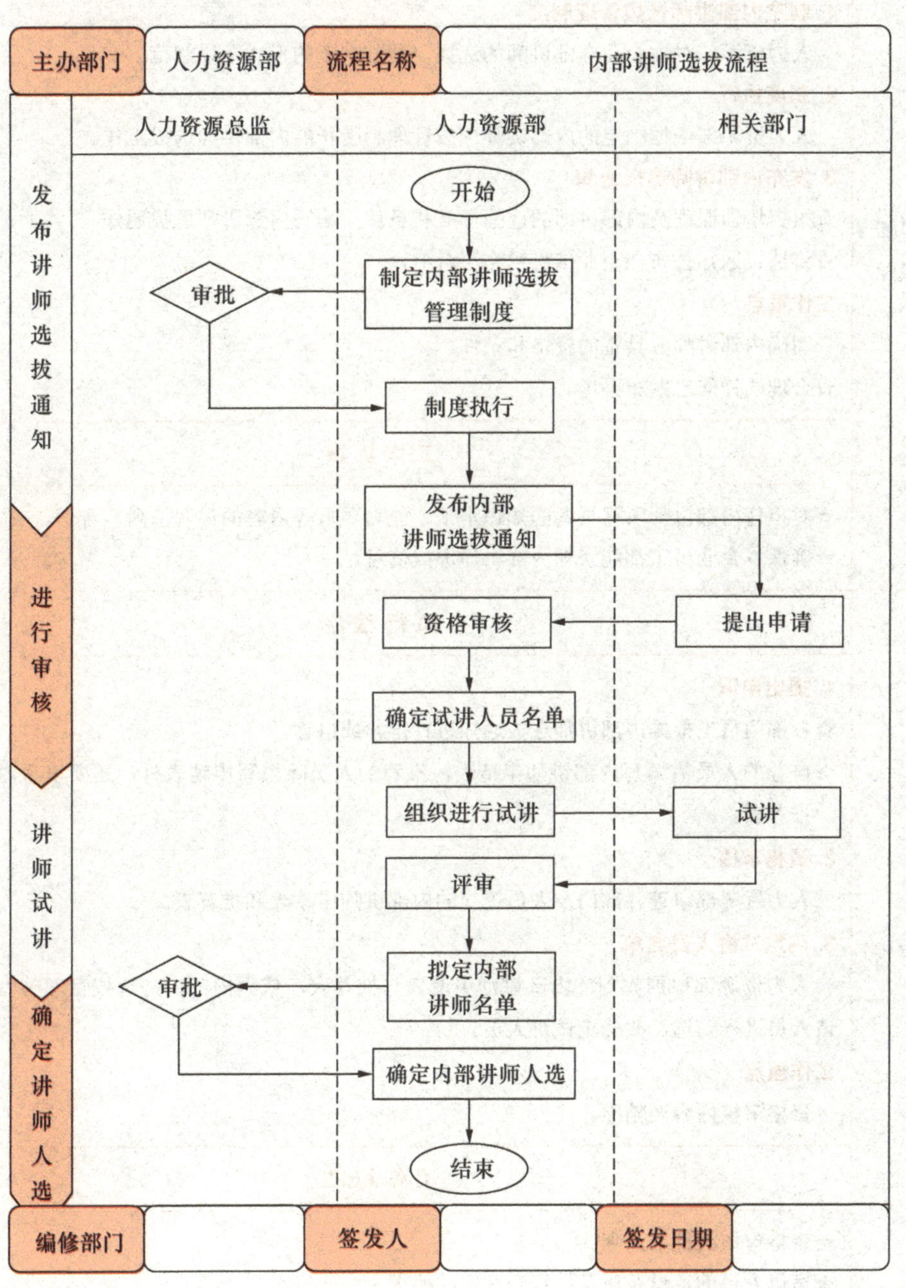

主办部门
人力资源部
流程名称
内部讲师选拔流程
人力资源总监
人力资源部
相关部门
发布讲师选拔通知
进行审核
讲师试讲
确定讲师人选
开始
制定内部讲师选拔管理制度
审批
制度执行
发布内部讲师选拔通知
提出申请
资格审核
确定试讲人员名单
组织进行试讲
试讲
评审
拟定内部讲师名单
审批
确定内部讲师人选
结束
编修部门
签发人
签发日期

7.7.2 内部讲师选拔执行程序、工作标准、考核指标、执行规范

<table>
<tr><th>任务名称</th><th>执行程序、工作标准与考核指标</th></tr>
<tr><td rowspan="4">发布讲师
选拔通知</td><td>执 行 程 序</td></tr>
<tr><td>1. 制定内部讲师选拔管理制度
人力资源部对本企业内部讲师的选拔，通过制度的形式予以规范。
2. 制度执行
人力资源部依据制定的内部讲师选拔管理制度开展内部讲师选拔工作。
3. 发布内部讲师选拔通知
☆根据培训课程及内部讲师的选择标准和条件，编写内部讲师选拔通知。
☆将选拔通知公布在企业信息发布平台上。
工作重点
☆明确内部讲师应具备的资格和条件。
☆合理选择信息发布渠道。</td></tr>
<tr><td>工 作 标 准</td></tr>
<tr><td>☆对担任内部讲师所需具备的知识水平、能力要求等内容的说明清晰、合理。
☆确保本企业员工都能获知内部讲师选拔信息。</td></tr>
<tr><td rowspan="4">进行审核</td><td>执 行 程 序</td></tr>
<tr><td>1. 提出申请
☆各部门员工根据内部讲师选拔通知进行推荐或自荐。
☆自荐的人员需填写内部讲师申请表，推荐的人员除填写申请表外，还要填写内部讲师推荐表。
2. 资格审核
人力资源部审查各部门及人员提交的内部讲师申请表和推荐表。
3. 确定试讲人员名单
人力资源部根据收到的内部讲师申请表与推荐表，依据内部讲师选拔管理制度，对申请人员进行筛选，并确定试讲人员。
工作重点
资格审核内容要精准。</td></tr>
<tr><td>工 作 标 准</td></tr>
<tr><td>☆资格审核的标准清晰。
☆试讲人员的数量及质量均符合规定的要求。</td></tr>
</table>

（续）

<table>
<tr><th>任务名称</th><th>执行程序、工作标准与考核指标</th></tr>
<tr><td rowspan="6">讲师试讲</td><td>执行程序</td></tr>
<tr><td>1. 组织进行试讲
人力资源部组织做好讲师试讲工作。
2. 评审
人力资源部根据内部讲师评估的内容和评估标准对各试讲人员进行评审，并编制内部讲师试讲评估报告。
工作重点
☆做好讲师试讲前期的准备工作。
☆评估结果要客观。</td></tr>
<tr><td>工作标准</td></tr>
<tr><td>☆参加试讲及评估的人员要准时参加试讲活动。
☆及时编制内部讲师试讲评估报告。
☆评估结果准确、客观。</td></tr>
<tr><td>考核指标</td></tr>
<tr><td>☆内部讲师试讲评估报告编制的及时性。
☆适岗率：$适岗率=\frac{完全符合资格条件的内部讲师人数}{挑选的内部讲师人数}\times 100\%$。</td></tr>
<tr><td rowspan="4">确定讲师人选</td><td>执行程序</td></tr>
<tr><td>1. 拟定内部讲师名单
根据评审结果，人力资源部将内部讲师名单提交企业人力资源总监审批。
2. 确定内部讲师人选
根据企业人力资源总监的审批意见，最终确定企业内部讲师人选。</td></tr>
<tr><td>工作标准</td></tr>
<tr><td>____个工作日内完成企业内部讲师人选的审核与确定工作。</td></tr>
<tr><td colspan="2">执行规范</td></tr>
<tr><td colspan="2">“内部讲师选拔管理制度”“内部讲师课件试讲须知”“内部讲师申请表”“内部讲师推荐表”“内部讲师试讲评估报告”。</td></tr>
</table>

7.8　员工离岗培训流程设计与工作执行

7.8.1　员工离岗培训流程设计

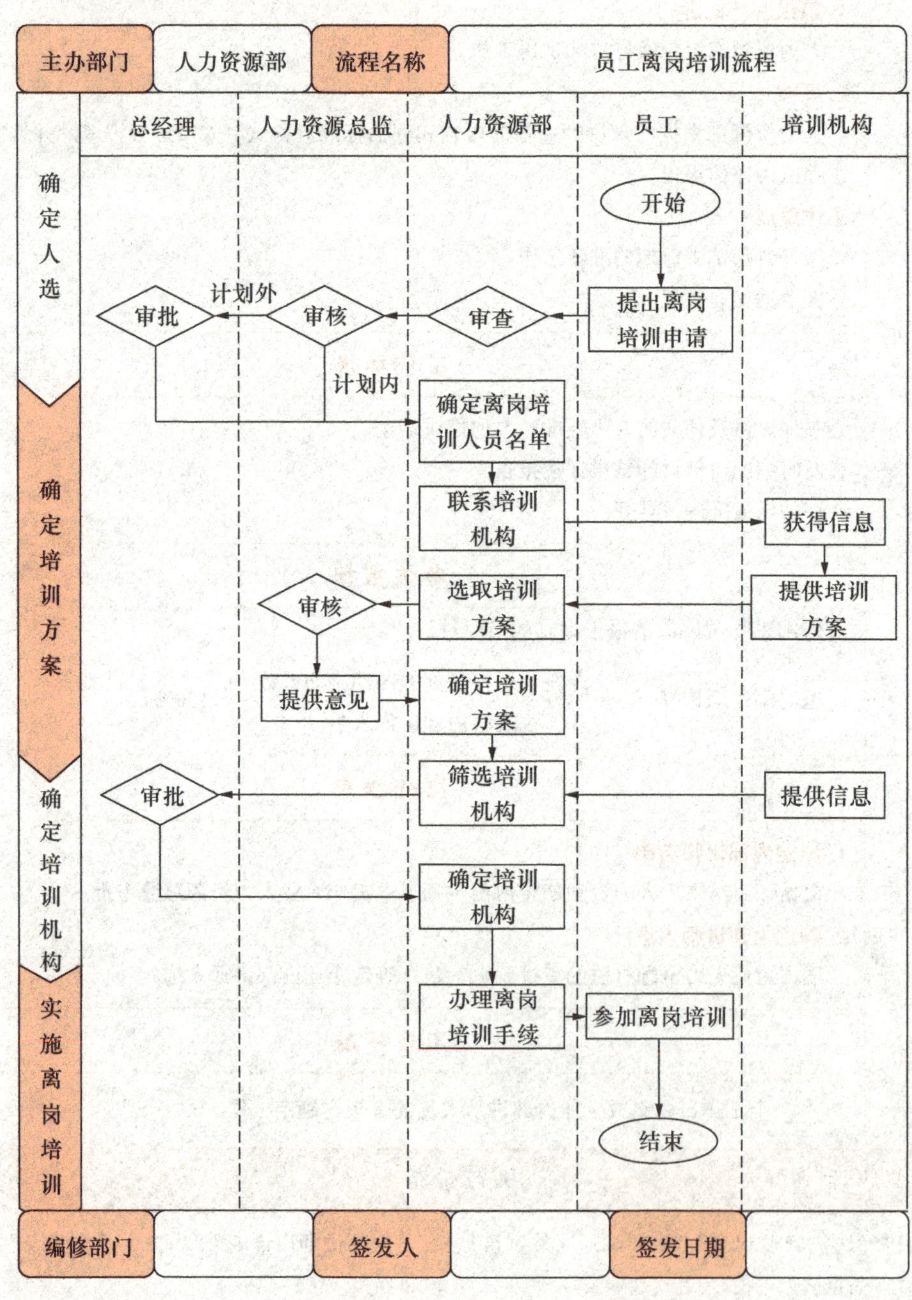

主办部门
人力资源部
流程名称
员工离岗培训流程
总经理
人力资源总监
人力资源部
员工
培训机构
确定人选
确定培训方案
确定培训机构
实施离岗培训
开始
提出离岗培训申请
审查
审核
计划外
审批
计划内
确定离岗培训人员名单
联系培训机构
获得信息
提供培训方案
选取培训方案
审核
提供意见
确定培训方案
筛选培训机构
提供信息
审批
确定培训机构
办理离岗培训手续
参加离岗培训
结束
编修部门
签发人
签发日期

7.8.2 员工离岗培训执行程序、工作标准、考核指标、执行规范

<table>
<tr><th>任务名称</th><th>执行程序、工作标准与考核指标</th></tr>
<tr><td rowspan="4">确定人选</td><td>执 行 程 序</td></tr>
<tr><td>1. 提出离岗培训申请
员工根据工作需要，向企业人力资源部提出员工离岗培训申请。
2. 审核与审批
计划内的离岗培训申请，提交人力资源总监审批；计划外的离岗培训申请，提交总经理审批。
3. 确定离岗培训人员名单
人力资源部负责统计已审批通过的离岗培训申请，并登记人员名单、部门、培训内容、审批人、离岗时间等信息。
工作重点
☆申请程序符合企业的要求。
☆依照权限进行审核与审批。</td></tr>
<tr><td>工 作 标 准</td></tr>
<tr><td>☆根据企业的规定处理离岗培训申请。
☆准确统计离岗培训人员名单，无错漏。</td></tr>
<tr><td rowspan="4">确定
培训方案</td><td>执 行 程 序</td></tr>
<tr><td>1. 联系培训机构
☆人力资源部收集培训机构信息。
☆人力资源部与相关培训机构联系，发布培训需求信息。
2. 选取培训方案
☆外部培训机构获得培训信息后，根据具体的情况寄送培训方案至本企业人力资源部。
☆人力资源部整理、分析各候选培训机构的方案，并从中选出备选方案，提交人力资源总监审核。
3. 确定培训方案
根据人力资源总监的审核意见，确定最优培训方案。
工作重点
☆挑选合适的培训机构。
☆制定培训方案。</td></tr>
<tr><td>工 作 标 准</td></tr>
<tr><td>☆联系的外部培训机构不少于 ____ 家。</td></tr>
</table>

（续）

<table>
<tr><th>任务名称</th><th>执行程序、工作标准与考核指标</th></tr>
<tr><td rowspan="3">确定
培训方案</td><td>☆确定的培训方案符合企业的现状及人员培训的实际需求。</td></tr>
<tr><td>考核指标</td></tr>
<tr><td>培训方案完备，无重要内容遗漏。</td></tr>
<tr><td rowspan="4">确定
培训机构</td><td>执行程序</td></tr>
<tr><td>1. 筛选培训机构
人力资源部确认培训方案后，根据培训方案确定最终的培训机构，并报总经理审批。
2. 确定培训机构
人力资源部与培训机构洽谈培训事宜，并达成合作协议。
工作重点
挑选符合本企业要求的培训机构。</td></tr>
<tr><td>工作标准</td></tr>
<tr><td>☆将培训费用控制在预算范围内。
☆培训内容及要求符合本企业的期望。</td></tr>
<tr><td rowspan="6">实施
离岗培训</td><td>执行程序</td></tr>
<tr><td>1. 办理离岗培训手续
人力资源部为离岗培训人员办理离岗培训手续，主要包括登记离岗培训人员信息、工作起止时间、离岗人员工作交接事项、签订离岗培训协议等。
2. 参加离岗培训
员工依照计划参加离岗培训。
工作重点
☆签订离岗培训协议。
☆做好离岗培训期间的信息记录工作。</td></tr>
<tr><td>工作标准</td></tr>
<tr><td>☆签订的离岗培训协议无明显的漏洞。
☆员工离岗培训期间的培训记录完整。</td></tr>
<tr><td>考核指标</td></tr>
<tr><td>☆离岗培训手续办理出错的次数。
☆培训计划完成率：培训计划完成率 = $\frac{\text{培训完成的项目（时）数}}{\text{计划培训的项目（时）数}} \times 100\%$。</td></tr>
<tr><th colspan="2">执行规范</th></tr>
<tr><td colspan="2">“离岗培训申请表”“离岗培训协议”“离岗培训管理办法”。</td></tr>
</table>

7.9 培训机构选择流程设计与工作执行

7.9.1 培训机构选择流程设计

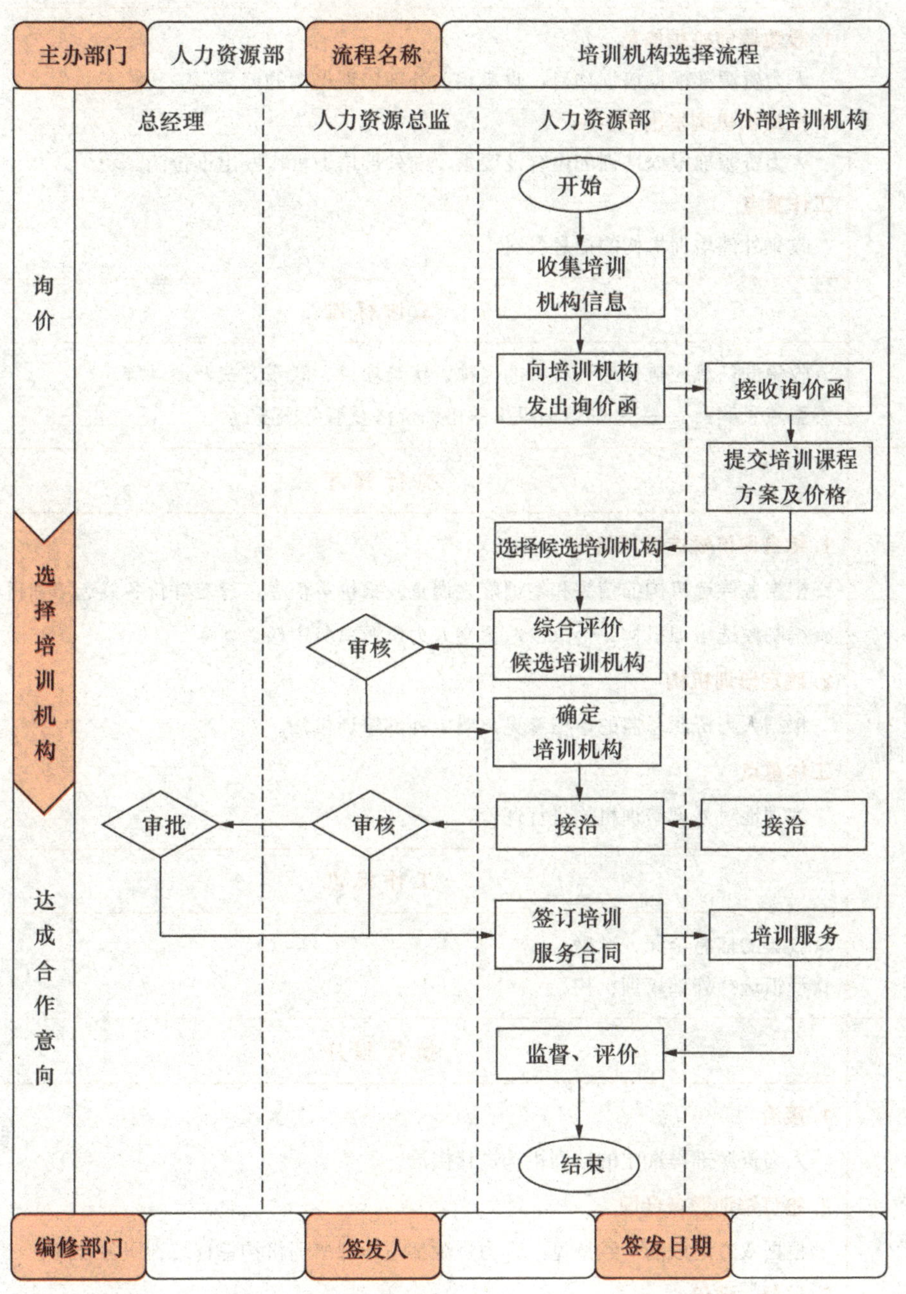

主办部门
人力资源部
流程名称
培训机构选择流程
总经理
人力资源总监
人力资源部
外部培训机构
询价
选择培训机构
达成合作意向
开始
收集培训机构信息
向培训机构发出询价函
接收询价函
提交培训课程方案及价格
选择候选培训机构
综合评价候选培训机构
审核
确定培训机构
接洽
审核
审批
接洽
签订培训服务合同
培训服务
监督、评价
结束
编修部门
签发人
签发日期

7.9.2 培训机构选择执行程序、工作标准、考核指标、执行规范

<table>
<tr><th>任务名称</th><th>执行程序、工作标准与考核指标</th></tr>
<tr><td rowspan="4">询价</td><td>执 行 程 序</td></tr>
<tr><td>1. 收集培训机构信息
人力资源部根据培训项目，收集相关外部培训机构的信息。
2. 向培训机构发出询价函
人力资源部根据培训的内容及要求，向外部培训机构发出询价函。
工作重点
收集外部培训机构的信息资料。</td></tr>
<tr><td>工 作 标 准</td></tr>
<tr><td>☆收集的信息应包括培训机构的名称、优势项目、联系方式及地址等。
☆重点了解 ____ 家外部培训机构的培训价格及服务概况。</td></tr>
<tr><td rowspan="4">选择
培训机构</td><td>执 行 程 序</td></tr>
<tr><td>1. 综合评价候选培训机构
☆根据各候选机构的信誉和培训能力调查及报价等信息，综合评价各候选培训机构。
☆编制候选培训机构评价报告，提交人力资源总监审核。
2. 确定培训机构
根据人力资源总监的审核意见，确定外部培训机构。
工作重点
客观地对外部培训机构进行评价。</td></tr>
<tr><td>工 作 标 准</td></tr>
<tr><td>☆收集的信息全面、准确。
☆谨慎选择外部培训机构。</td></tr>
<tr><td rowspan="2">达成
合作意向</td><td>执 行 程 序</td></tr>
<tr><td>1. 接洽
人力资源部与选定的培训机构进行接洽。
2. 签订培训服务合同
根据双方达成的一致意见，人力资源部与外部培训机构签订培训服务合同。
3. 监督、评价
☆人力资源部监督培训质量和培训进度。
☆人力资源部对培训机构进行评价，为费用支付及后期的合作提供参考依据。</td></tr>
</table>

（续）

<table>
<tr><th>任务名称</th><th>执行程序、工作标准与考核指标</th></tr>
<tr><td rowspan="5">达成合作意向</td><td>工作重点
签订的培训服务合同内容无差错。</td></tr>
<tr><td>工作标准</td></tr>
<tr><td>☆洽谈的内容主要包括培训方案、培训价格等。
☆及时做好培训服务的跟进工作。</td></tr>
<tr><td>考核指标</td></tr>
<tr><td>合同签订差错率：合同签订差错率 = $\frac{\text{出现差错的合同数}}{\text{签订合同的总数量}}\times 100\%$。</td></tr>
<tr><th colspan="2">执行规范</th></tr>
<tr><td colspan="2">“培训询价函”“培训课程报价单”“培训服务合同”“培训服务记录表”“候选培训机构评价报告”。</td></tr>
</table>

7.10 培训外包管理流程设计与工作执行

7.10.1 培训外包管理流程设计

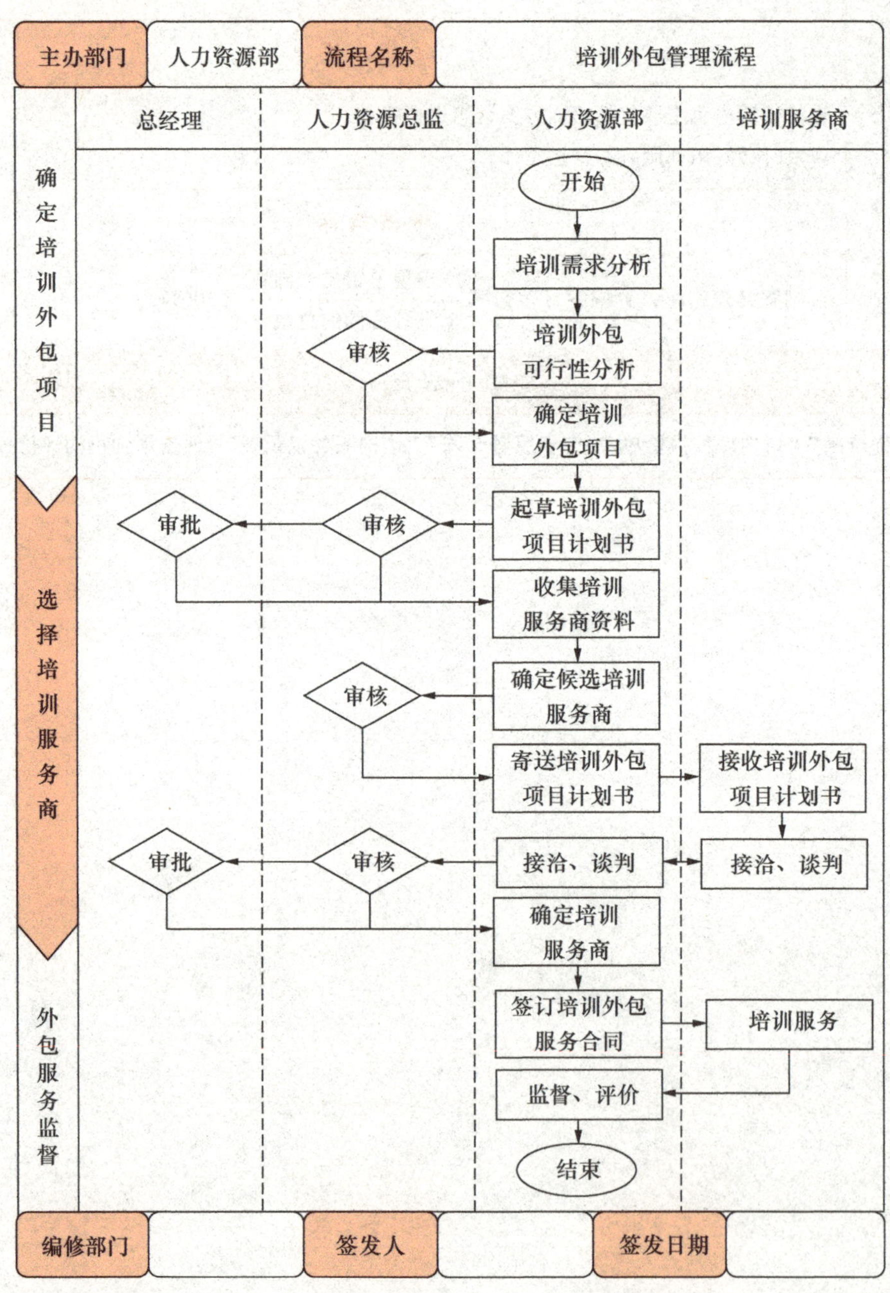
主办部门
人力资源部
流程名称
培训外包管理流程
总经理
人力资源总监
人力资源部
培训服务商
确定培训外包项目
选择培训服务商
外包服务监督
开始
培训需求分析
培训外包可行性分析
审核
确定培训外包项目
起草培训外包项目计划书
审核
审批
收集培训服务商资料
确定候选培训服务商
审核
寄送培训外包项目计划书
接收培训外包项目计划书
接洽、谈判
接洽、谈判
审核
审批
确定培训服务商
签订培训外包服务合同
培训服务
监督、评价
结束
编修部门
签发人
签发日期

7.10.2 培训外包管理执行程序、工作标准、考核指标、执行规范

任务名称	执行程序、工作标准与考核指标
确定培训外包项目	**执行程序** **1. 培训外包可行性分析** ☆根据培训需求分析结果及内部与外包培训费用的对比，决定是否采用培训外包。 ☆编制培训外包可行性分析报告。 ☆将培训外包可行性分析报告提交人力资源总监审核。 **2. 确定培训外包项目** 人力资源部确定培训外包项目。 **工作重点** 培训外包项目应该根据现有工作人员的能力及特定培训计划的成本而定。 **工作标准** ☆培训外包申请须经企业领导审批。 ☆培训外包的内容符合员工培训的实际需求。
选择培训服务商	**执行程序** **1. 起草培训外包项目计划书** ☆根据确定的培训外包项目，起草培训外包项目计划书。 ☆将项目计划书提交企业主管领导审批。 **2. 确定候选培训服务商** 选择培训服务商，拟定候选服务商名单，提交人力资源总监审核。 **3. 接洽、谈判** ☆人力资源部与选定的培训服务商进行接洽、谈判，并编制谈判报告。 ☆人力资源部将谈判报告提交企业领导审批。 **工作重点** 整理、分析各培训服务商的资料。 **工作标准** ☆洽谈的内容主要包括培训项目、培训方案、培训价格等。 ☆及时将协商一致的内容提交企业领导审批。
外包服务监督	**执行程序** **1. 签订培训外包服务合同** 人力资源部与培训服务商签订培训外包服务合同。

人力资源管理
流程设计与服务工作标准

（续）

<table>
<tr><th>任务名称</th><th>执行程序、工作标准与考核指标</th></tr>
<tr><td rowspan="5">外包服务监督</td><td>2. 监督、评价
☆建立监控培训外包项目的质量和时间进度机制，人力资源部负责跟踪监督，以确保培训计划的实施效果。
☆人力资源部对培训外包项目的效果做出评价。
工作重点
及时了解培训外包项目的进展情况。</td></tr>
<tr><td>工 作 标 准</td></tr>
<tr><td>☆培训外包服务合同的内容应包括培训内容、培训形式、培训效果、培训地点及服务费用等重要事项。
☆对培训服务商进行评价，为费用支付及后期的合作提供依据。</td></tr>
<tr><td>考 核 指 标</td></tr>
<tr><td>☆合同条款的全面性。合同条款具体、内容全面，有利于保障企业及受训员工的正当利益。
☆合同签订及时率：合同签订及时率 = $\frac{\text{及时签订的合同数量}}{\text{应签订合同的总数量}} \times 100\%$。</td></tr>
<tr><td colspan="2">执 行 规 范</td></tr>
<tr><td colspan="2">“培训需求分析报告”“培训外包可行性分析报告”“培训外包项目表”“员工培训外包管理制度”“培训外包项目计划书”“培训外包服务合同”“培训服务商评价报告”。</td></tr>
</table>

7.11 培训效果考核流程设计与工作执行

7.11.1 培训效果考核流程设计

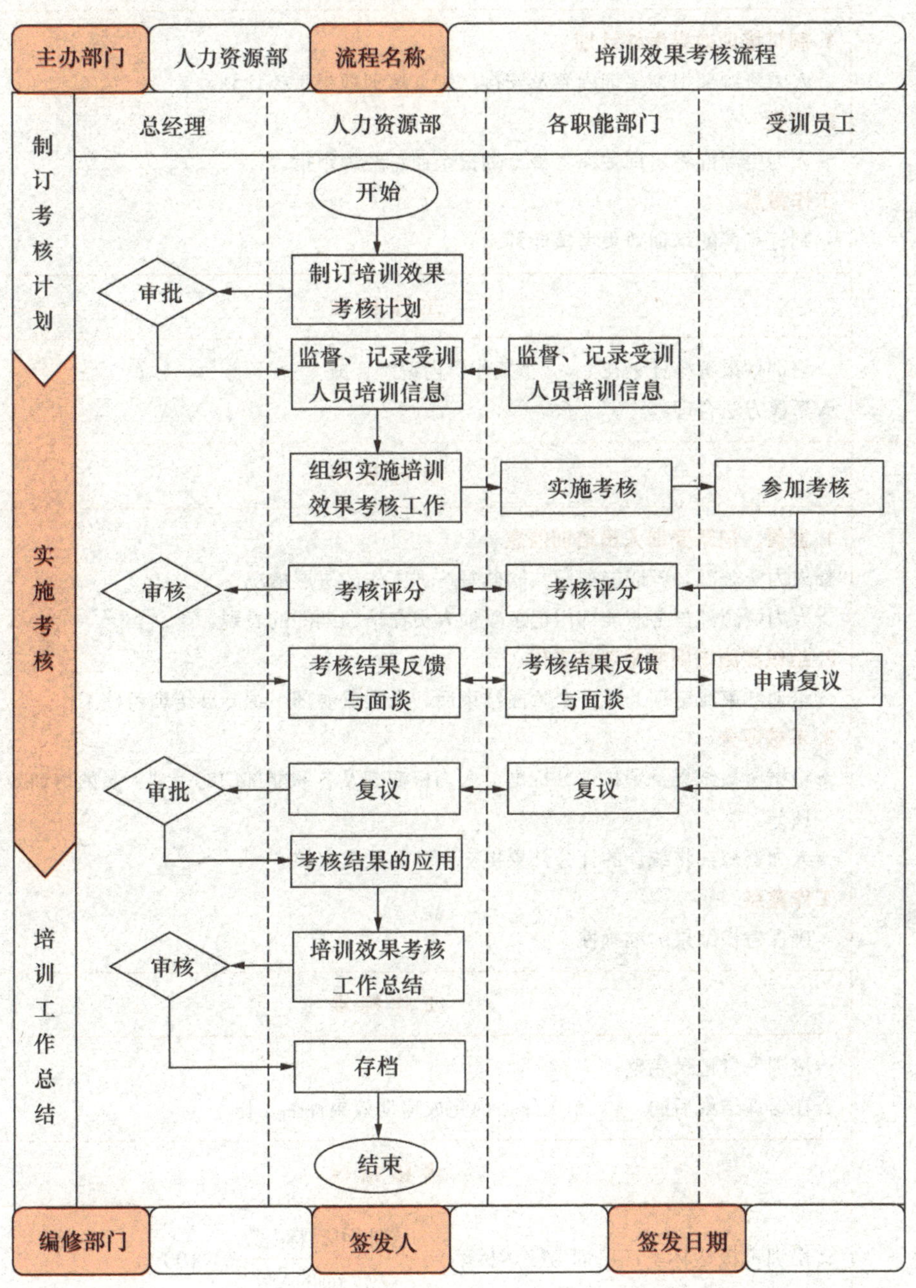

主办部门
人力资源部
流程名称
培训效果考核流程
总经理
人力资源部
各职能部门
受训员工
制订考核计划
实施考核
培训工作总结
开始
制订培训效果考核计划
审批
监督、记录受训人员培训信息
监督、记录受训人员培训信息
组织实施培训效果考核工作
实施考核
参加考核
审核
考核评分
考核评分
考核结果反馈与面谈
考核结果反馈与面谈
申请复议
审批
复议
复议
考核结果的应用
审核
培训效果考核工作总结
存档
结束
编修部门
签发人
签发日期

7.11.2 培训效果考核执行程序、工作标准、考核指标、执行规范

<table>
<tr><th>任务名称</th><th>执行程序、工作标准与考核指标</th></tr>
<tr><td rowspan="4">制订
考核计划</td><td>执行程序</td></tr>
<tr><td>1. 制订培训效果考核计划
人力资源部根据培训内容及安排，制订培训效果考核计划。
2. 审批
人力资源部将培训效果考核计划报企业总经理审批。
工作重点
制订完善的培训效果考核计划。</td></tr>
<tr><td>工作标准</td></tr>
<tr><td>☆培训效果考核计划在____个工作日内编制完成。
☆考核方法合理。</td></tr>
<tr><td rowspan="6">实施考核</td><td>执行程序</td></tr>
<tr><td>1. 监督、记录受训人员培训信息
☆人力资源部与各职能部门共同监督培训工作的进展情况。
☆人力资源部与各职能部门记录受训人员在培训期间的表现。
2. 组织实施培训效果考核工作
培训结束或培训的某一个阶段结束后，人力资源部组织开展培训考核工作。
3. 考核评分
☆根据考核结果及考核评分标准，人力资源部及各职能部门对受训人员的培训效果进行评分。
☆人力资源部将统计的评分结果提交企业总经理审核。
工作重点
确保考核结果的准确性。</td></tr>
<tr><td>工作标准</td></tr>
<tr><td>☆培训信息记录完整。
☆在培训结束后的____个工作日内完成培训效果评估工作。</td></tr>
<tr><td>考核指标</td></tr>
<tr><td>☆培训考核达标率：培训考核达标率 = $\frac{\text{培训考核达标人数}}{\text{参加培训的人数}}\times 100\%$。
☆培训投资回报率：培训投资回报率 = $\frac{\text{培训项目收益}}{\text{培训项目成本}}\times 100\%$。</td></tr>
</table>

（续）

<table>
<tr><th>任务名称</th><th>执行程序、工作标准与考核指标</th></tr>
<tr><td rowspan="6">培训工作总结</td><td>执行程序</td></tr>
<tr><td>1. 考核结果的应用
考核结果可应用于培训工作的改进、培训机构或培训工作的评价、受训人员岗位的变动及奖惩、培训人员的考核及奖惩等具体的工作决策中。
2. 培训效果考核工作总结
☆对培训工作及培训效果考核工作进行总结，发现不足并采取相应的改进措施。
☆编制培训效果评估报告，并提交企业总经理审核。
3. 存档
人力资源部将培训考核的相关资料、培训效果评估报告、员工培训总结报告等文件编号存档。</td></tr>
<tr><td>工作标准</td></tr>
<tr><td>☆考核结果应用合理。
☆在考核结束的 ____ 个工作日内提交培训效果评估报告。</td></tr>
<tr><td>考核指标</td></tr>
<tr><td>☆资料归档的完整性。
☆资料归档的准确性。</td></tr>
<tr><td colspan="2">执行规范</td></tr>
<tr><td colspan="2">“培训记录表”“培训管理制度”“员工培训效果评估实施办法”“培训效果考核评分表”“培训效果评估报告”。</td></tr>
</table>

7.12 职业生涯规划管理流程设计与工作执行

7.12.1 职业生涯规划管理流程设计

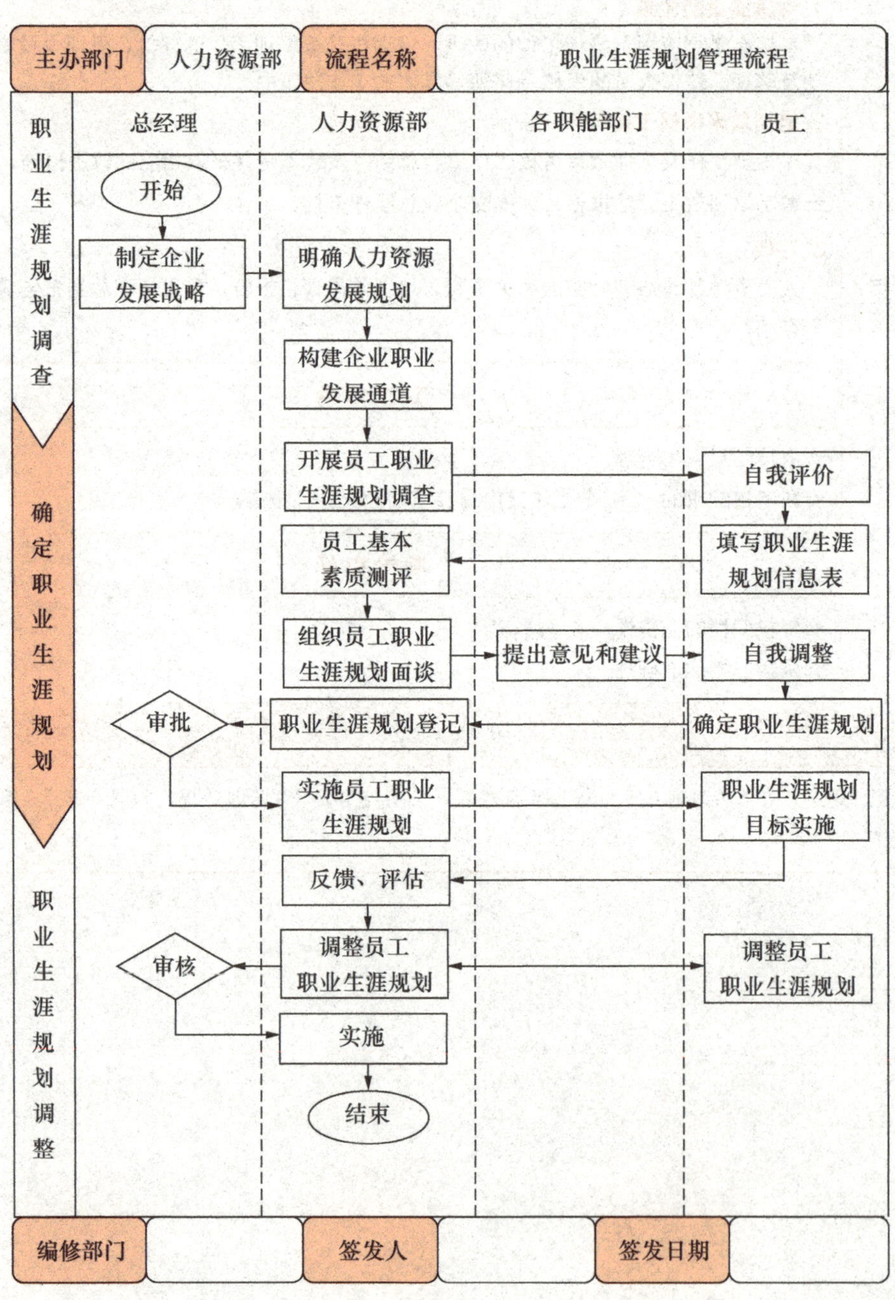

主办部门
人力资源部
流程名称
职业生涯规划管理流程
职业生涯规划调查
确定职业生涯规划
职业生涯规划调整
总经理
人力资源部
各职能部门
员工
开始
制定企业发展战略
明确人力资源发展规划
构建企业职业发展通道
开展员工职业生涯规划调查
自我评价
填写职业生涯规划信息表
员工基本素质测评
组织员工职业生涯规划面谈
提出意见和建议
自我调整
审批
职业生涯规划登记
确定职业生涯规划
实施员工职业生涯规划
职业生涯规划目标实施
反馈、评估
审核
调整员工职业生涯规划
调整员工职业生涯规划
实施
结束
编修部门
签发人
签发日期

7.12.2 职业生涯规划执行程序、工作标准、考核指标、执行规范

任务名称	执行程序、工作标准与考核指标
职业生涯规划调查	**执行程序** **1. 构建企业职业发展通道** 根据企业发展战略和人力资源发展规划，综合考虑现有人力资源的状况及企业所在的行业特点、业务运营、组织架构和专业、职能等要素，构建适合本企业员工的职业发展通道。 **2. 开展员工职业生涯规划调查** ☆组织开展对企业员工的职业生涯规划调查。 ☆开展调查前，先进行调查动员，让员工做好自我定位。 **工作重点** 调查收集的信息客观、有效。 **工作标准** ☆可参照组织惯例、职称等级、国家职业分类、专业岗位年限、业绩等级等因素制定职业通道分级。 ☆在设计职业通道时，应明确界定各职级的任职资格。任职资格主要包括知识、经验、技能、能力及素质这五个方面。
确定职业生涯规划	**执行程序** **1. 员工基本素质测评** 根据员工填写的职业生涯规划信息表，开展员工素质测评。 **2. 组织员工职业生涯规划面谈** 根据素质测评结果，人力资源部组织进行员工职业生涯规划面谈。 **3. 实施员工职业生涯规划** ☆确认登记的员工职业生涯规划准确无误，且已呈企业总经理审批。 ☆企业通过培训、轮岗、绩效考核、竞选等人力资源活动实施职业生涯规划，帮助员工逐步实现职业生涯规划目标。 **工作重点** 根据面谈结果，人力资源部对员工的职业生涯发展提出建议。 **工作标准** ☆素质测评的内容包括评估掌握员工的能力、个性倾向、职业倾向等，为其职业生涯目标的设立提供参考。 ☆面谈的内容一般包括员工素质测评结果与员工自我认识的差距、员工发展情况与员工职业生涯的差距等 。

（续）

<table>
<tr><th>任务名称</th><th>执行程序、工作标准与考核指标</th></tr>
<tr><td rowspan="6">职业生涯规划调整</td><td>执行程序</td></tr>
<tr><td>1. 反馈、评估
☆收集、整理员工职业生涯规划实施过程中的各项关键数据。
☆分析、评估现有员工职业生涯规划与员工的适合程度，编制员工职业生涯规划评估报告。
2. 调整员工职业生涯规划
根据员工职业生涯规划评估报告，调整员工的职业生涯规划。
工作重点
调整后的职业生涯规划要更加符合员工工作的实际。</td></tr>
<tr><td>工作标准</td></tr>
<tr><td>☆员工职业生涯规划评估报告的内容主要包括现有职业生涯规划实施记录、员工的适应程度及调整、改进的措施等。
☆及时与员工就职业生源规划调整的内容进行沟通。</td></tr>
<tr><td>考核指标</td></tr>
<tr><td>☆员工职业生涯规划调整的及时性。
☆信息反馈及时率：信息反馈及时率 = $\frac{\text{在规定时间内反馈信息的次数}}{\text{应反馈的信息次数}}\times 100\%$。</td></tr>
<tr><td colspan="2">执行规范</td></tr>
<tr><td colspan="2">“员工职业生涯规划管理制度”“岗位说明书”“员工职业生涯规划调查表”“人才测评表”“员工职业生涯面谈记录表”“员工职业生涯规划实施记录”“员工职业生涯规划评估报告”。</td></tr>
</table>

7.13 人才盘点管理流程设计与工作执行

7.13.1 人才盘点管理流程设计

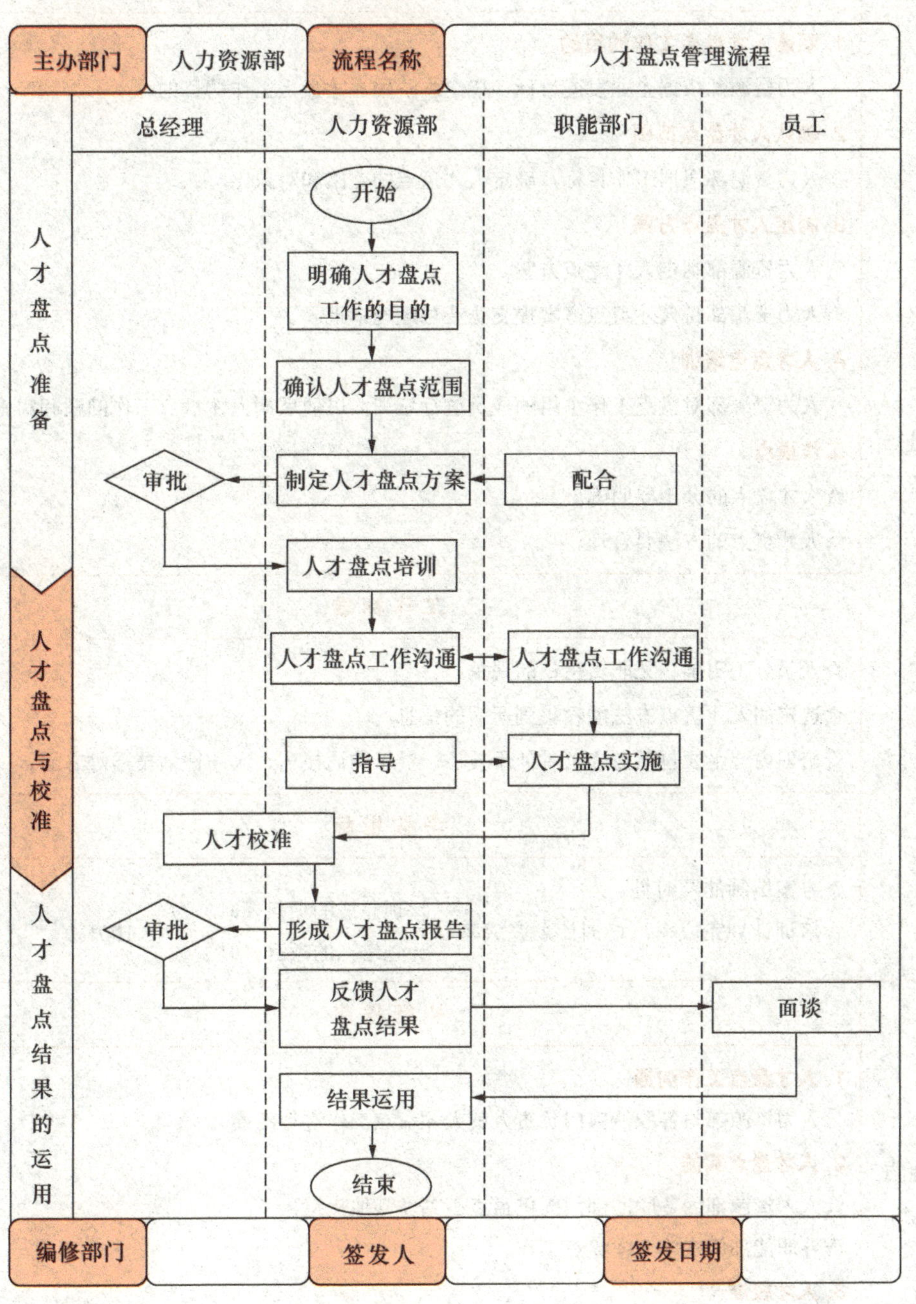

主办部门
人力资源部
流程名称
人才盘点管理流程
总经理
人力资源部
职能部门
员工
人才盘点准备
人才盘点与校准
人才盘点结果的运用
开始
明确人才盘点工作的目的
确认人才盘点范围
审批
制定人才盘点方案
配合
人才盘点培训
人才盘点工作沟通
人才盘点工作沟通
指导
人才盘点实施
人才校准
审批
形成人才盘点报告
反馈人才盘点结果
面谈
结果运用
结束
编修部门
签发人
签发日期

7.13.2 人才盘点管理执行程序、工作标准、考核指标、执行规范

<table>
<tr><th>任务名称</th><th>执行程序、工作标准与考核指标</th></tr>
<tr><td rowspan="6">人才盘点准备</td><td>执行程序</td></tr>
<tr><td>1. 明确人才盘点工作的目的
人力资源部依据企业发展目标，确定本阶段人才盘点工作的目的。
2. 确认人才盘点范围
人力资源部根据工作目标，确定人才盘点的范围和对象。
3. 制定人才盘点方案
☆人力资源部制定人才盘点方案。
☆人力资源部将人才盘点方案提交企业总经理审批。
4. 人才盘点培训
人力资源部对盘点工作小组的成员进行培训，以便后期人才盘点工作的顺利实施。
工作重点
☆人才盘点的分工要明确。
☆人才盘点的方法要合理。</td></tr>
<tr><td>工作标准</td></tr>
<tr><td>☆人员分工明确、无职责空白的现象。
☆选定的人才盘点方法能收集到所需的信息。
☆培训内容主要包括盘点工具使用技巧、员工沟通技巧、人才评估技巧等方面。</td></tr>
<tr><td>考核指标</td></tr>
<tr><td>☆方案编制的及时性。
☆培训计划完成率：培训计划完成率 = $\frac{\text{培训完成的项目（时）数}}{\text{计划培训的项目（时）数}} \times 100\%$。</td></tr>
<tr><td rowspan="2">人才盘点与校准</td><td>执行程序</td></tr>
<tr><td>1. 人才盘点工作沟通
人力资源部与各职能部门负责人就人才盘点工作进行沟通。
2. 人才盘点实施
☆人力资源部为各职能部门提供盘点工具及其他支持。
☆各职能部门实施人才盘点工作。
3. 人才校准
☆由管理层和人力资源部共同负责人才校准工作，并做出评估。
☆对评估结果进行讨论，达成共识。</td></tr>
</table>

（续）

<table>
<tr><th>任务名称</th><th>执行程序、工作标准与考核指标</th></tr>
<tr><td rowspan="6">人才盘点与校准</td><td>工作重点
明确评估重点与维度。</td></tr>
<tr><td>工 作 标 准</td></tr>
<tr><td>☆评估标准清晰。
☆评估维度的选择合理。</td></tr>
<tr><td>考 核 指 标</td></tr>
<tr><td>☆此项工作的主要考核指标为盘点计划完成率。
☆盘点计划完成率 = $\frac{\text{实际完成的盘点计划项目数}}{\text{盘点计划项目数}} \times 100\%$</td></tr>
<tr><td></td></tr>
<tr><td rowspan="4">人才盘点结果的运用</td><td>执 行 程 序</td></tr>
<tr><td>1. 形成人才盘点报告
人力资源部负责编制人才盘点报告，并提交总经理审批。
2. 反馈人才盘点结果
人力资源部将人才盘点结果反馈给员工，让员工对自己的才干和能力有更清楚的认识。
3. 结果运用
人力资源部将人才盘点的结果与激励措施结合起来，同时在实施过程中进行优化调整。
工作重点
人才盘点结果的运用。</td></tr>
<tr><td>工 作 标 准</td></tr>
<tr><td>☆反馈工作在人才盘点工作结束后的 ____ 个工作日内完成。
☆员工满意度评价不低于 ____ 分。</td></tr>
<tr><td colspan="2">执 行 规 范</td></tr>
<tr><td colspan="2">“人才盘点表”“员工发展计划”“人才盘点管理制度”“人才盘点报告”。</td></tr>
</table>

第8章 绩效考核管理

8.1 绩效考核管理流程设计

8.1.1 流程设计的目的

绩效考核管理是企业为实现日常运营目标，运用特定的标准和指标，采取相对科学、合理的方法，对企业各级人员的业绩、行为（或态度）、能力等进行衡量、判断的过程。

绩效考核管理是企业对员工工作要求的标准化和规范化的一种管理方式，不仅对企业的经营发展有帮助，对员工的业绩提升及其个人成长也具有重要意义。

绩效考核管理流程的设计目的如下：

（1）规范对员工现有工作绩效的检查和改进工作；

（2）为员工晋升、薪酬调整等事项提供可靠依据；

（3）合理确定人员培训和人力资本投资的需求；

（4）使本企业绩效考核管理工作规范化、标准化、程序化。

8.1.2 流程结构设计

绩效考核管理流程可以根据绩效考核工作开展的流程步骤进行设计，分为绩效目标设定流程、OKR（目标和关键结果）考核实施流程、绩效改进流程、绩效考核申诉流程。其中，考核实施流程还可以根据考核方式的不同进行更细致的设计。

绩效考核管理流程结构设计如图 8-1 所示。

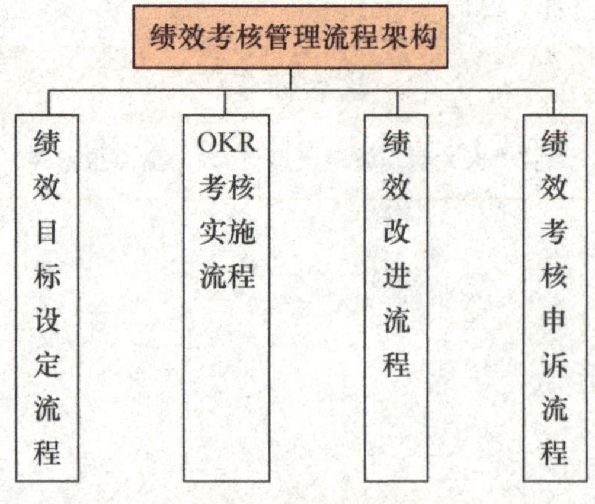
绩效考核管理流程架构
绩效目标设定流程
OKR考核实施流程
绩效改进流程
绩效考核申诉流程

图 8-1　绩效考核管理流程结构设计

8.2 绩效考核管理流程设计与工作执行

8.2.1 绩效考核管理流程设计

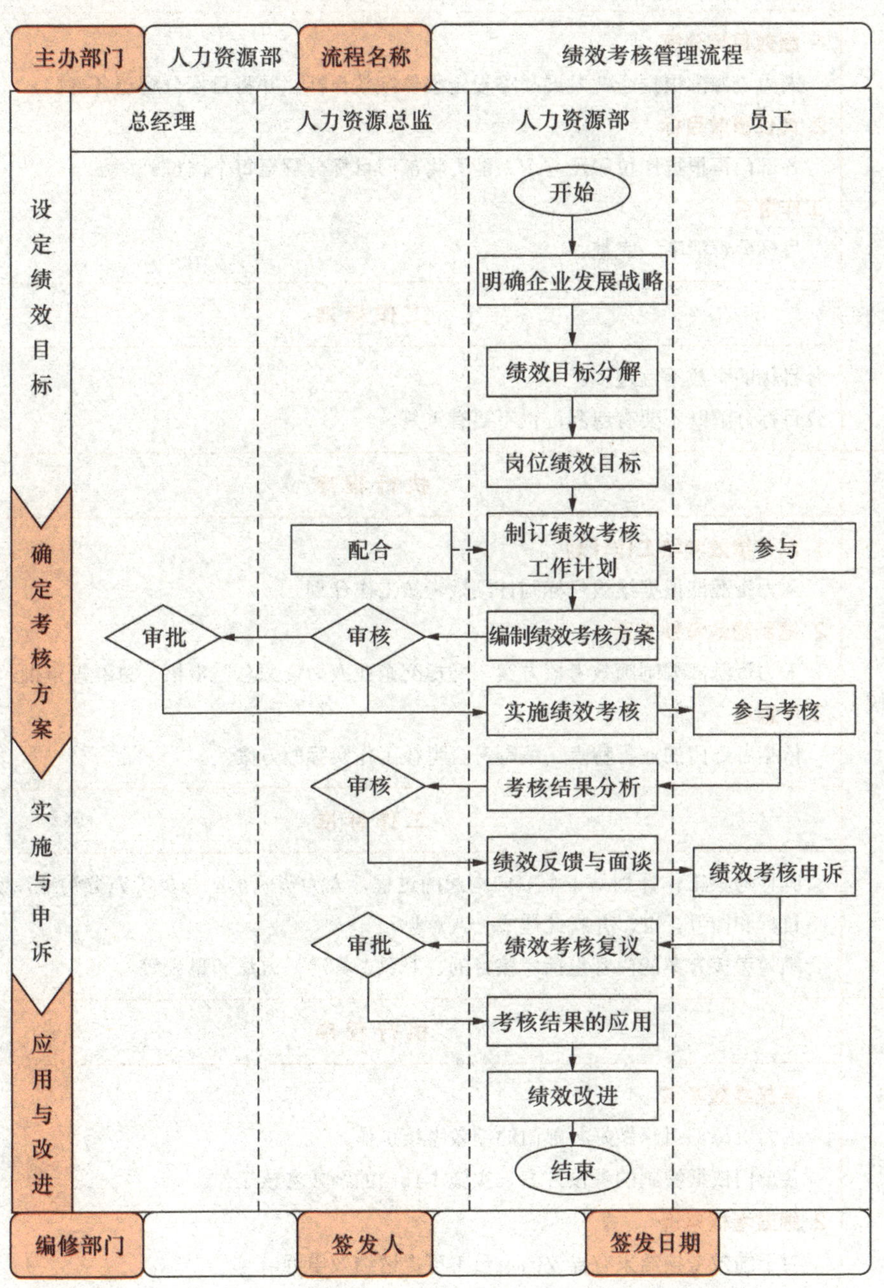

主办部门
人力资源部
流程名称
绩效考核管理流程
总经理
人力资源总监
人力资源部
员工
设定绩效目标
确定考核方案
实施与申诉
应用与改进
开始
明确企业发展战略
绩效目标分解
岗位绩效目标
配合
制订绩效考核工作计划
参与
审批
审核
编制绩效考核方案
实施绩效考核
参与考核
审核
考核结果分析
绩效反馈与面谈
绩效考核申诉
审批
绩效考核复议
考核结果的应用
绩效改进
结束
编修部门
签发人
签发日期

8.2.2 绩效考核管理执行程序、工作标准、考核指标、执行规范

<table>
<tr><th>任务名称</th><th>执行程序、工作标准与考核指标</th></tr>
<tr><td rowspan="4">设定绩效目标</td><td>执行程序</td></tr>
<tr><td>1. 绩效目标分解
人力资源部根据企业发展战略设定整体绩效目标，并将目标分解至各部门。
2. 岗位绩效目标
各部门再根据岗位职责与个人能力将部门目标分解至每个岗位。
工作重点
目标分解清晰、完整。</td></tr>
<tr><td>工作标准</td></tr>
<tr><td>☆目标的个数不宜过多。
☆目标分解既不要有遗漏，也不要有重复。</td></tr>
<tr><td rowspan="4">确定考核方案</td><td>执行程序</td></tr>
<tr><td>1. 制订绩效考核工作计划
人力资源部根据绩效目标制订绩效考核工作计划。
2. 编制绩效考核方案
人力资源部编制绩效考核方案，并提交企业人力资源总监审核、总经理审批。
工作重点
依据各部门的业务特点，编制符合考核工作实际的方案。</td></tr>
<tr><td>工作标准</td></tr>
<tr><td>☆制订考核工作计划是一个双向沟通的过程，人力资源部应与员工充分沟通，明确考核目标和衡量标准，并就此达成一致意见。
☆绩效考核方案的内容包括考核目的、对象、标准、方法和量表等。</td></tr>
<tr><td rowspan="2">实施与申诉</td><td>执行程序</td></tr>
<tr><td>1. 实施绩效考核
☆人力资源部组织做好各部门的绩效考核工作。
☆各部门依据编制的考核方案，实施本部门的绩效考核工作。
2. 绩效考核申诉
对于绩效考核结果有异议的，员工可提请绩效申诉。
工作重点
针对不同部门、不同员工，应采用适合其工作特点的考核方式。</td></tr>
</table>

（续）

<table>
<tr><th>任务名称</th><th>执行程序、工作标准与考核指标</th></tr>
<tr><td rowspan="4">实施与申诉</td><td>工作标准</td></tr>
<tr><td>☆按计划完成绩效考核工作。
☆及时、妥善地对员工的考核申诉进行处理。</td></tr>
<tr><td>考核指标</td></tr>
<tr><td>☆员工绩效考核计划按时完成率：
$$员工绩效考核计划按时完成率=\frac{按时完成的绩效考核项目数}{计划完成的绩效考核项目数}\times 100\%$$
☆考核数据准确，无差错。</td></tr>
<tr><td rowspan="4">应用与改进</td><td>执行程序</td></tr>
<tr><td>1. 考核结果的应用
根据员工绩效考核的结果，人力资源部对优秀员工实施晋升、加薪等奖励。
2. 绩效改进
人力资源部通过分析考核结果，找出员工工作中需要改进的地方，并制订绩效改进计划。
工作重点
制订的绩效改进计划切实可行。</td></tr>
<tr><td>工作标准</td></tr>
<tr><td>☆绩效考核结果可应用于员工工作改进、岗位变动、晋升、薪酬变动、培训需求确定等人力资源工作。
☆____个工作日内完成绩效改进计划的制订工作。</td></tr>
<tr><th colspan="2">执行规范</th></tr>
<tr><td colspan="2">“绩效考核工作计划”“绩效考核方案”“绩效管理制度”“绩效考核表”“绩效面谈记录表”“绩效考核申诉表”“绩效改进计划”。</td></tr>
</table>

8.3 绩效目标设定流程设计与工作执行

8.3.1 绩效目标设定流程设计

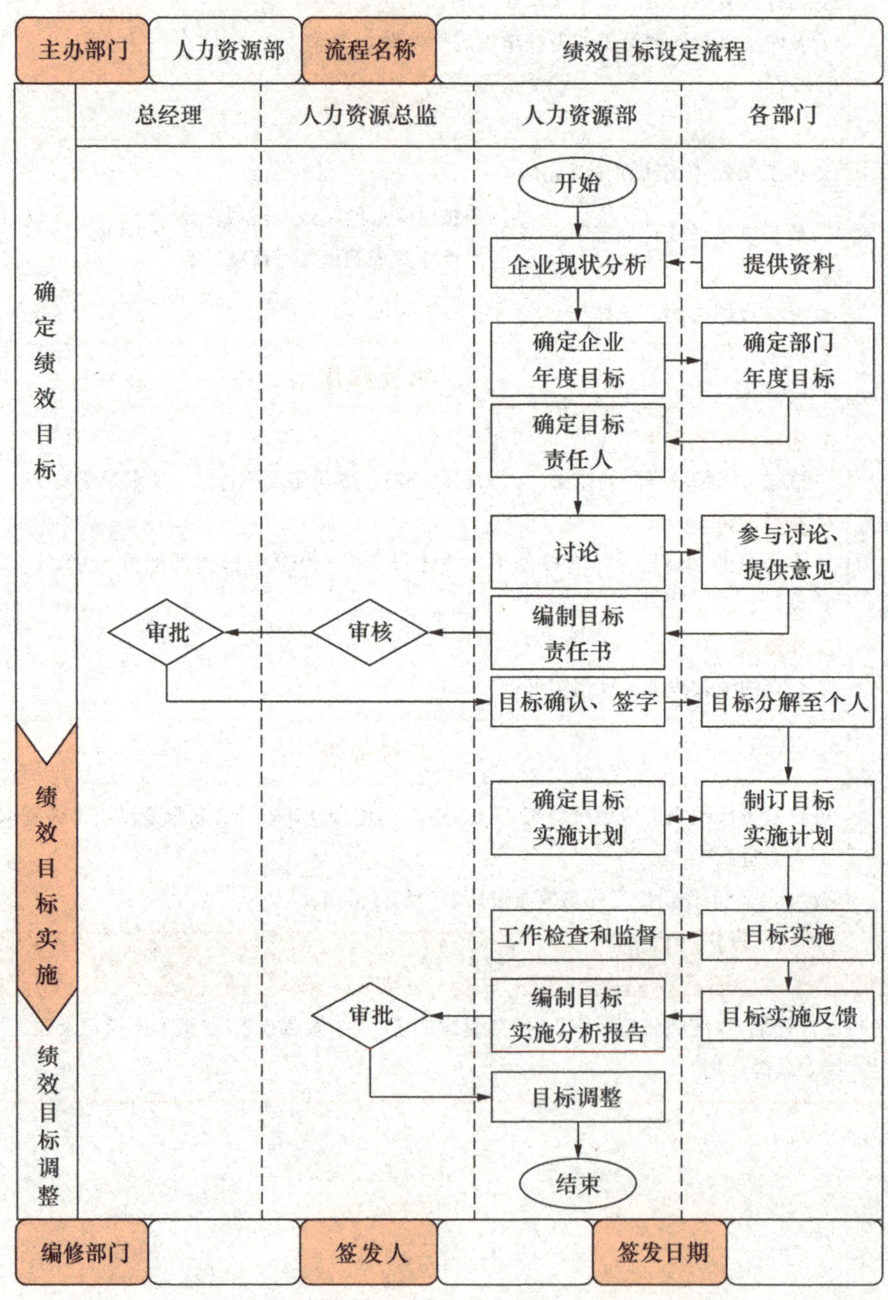

主办部门
人力资源部
流程名称
绩效目标设定流程
总经理
人力资源总监
人力资源部
各部门
确定绩效目标
绩效目标实施
绩效目标调整
开始
企业现状分析
提供资料
确定企业年度目标
确定部门年度目标
确定目标责任人
讨论
参与讨论、提供意见
审批
审核
编制目标责任书
目标确认、签字
目标分解至个人
确定目标实施计划
制订目标实施计划
工作检查和监督
目标实施
审批
编制目标实施分析报告
目标实施反馈
目标调整
结束
编修部门
签发人
签发日期

8.3.2 绩效目标设定执行程序、工作标准、考核指标、执行规范

<table>
<tr><th>任务名称</th><th>执行程序、工作标准与考核指标</th></tr>
<tr><td rowspan="4">确定绩效目标</td><td>执行程序</td></tr>
<tr><td>1. 确定目标责任人
人力资源部根据企业及各部门的目标，确定各部门的目标责任人。
2. 编制目标责任书
☆人力资源部与各部门相关人员进行讨论，确认目标责任书的内容，并编制目标责任书。
☆人力资源部将目标责任书提交人力资源总监审核、总经理审批。
工作重点
目标制定合理，既不能过低，也不能过高。</td></tr>
<tr><td>工作标准</td></tr>
<tr><td>☆目标责任书的内容一般包括责任人、责任期限、职责权限、责任内容、奖惩等方面。
☆人力资源部要在与目标责任人达成一致意见的前提下，对目标责任书进行确认。</td></tr>
<tr><td rowspan="6">绩效目标实施</td><td>执行程序</td></tr>
<tr><td>1. 制订目标实施计划
人力资源部与各部门根据目标责任书的内容制订目标实施计划。
2. 工作检查和监督
人力资源部对目标责任书的执行情况进行检查。
工作重点
制订可行的目标实施计划。</td></tr>
<tr><td>工作标准</td></tr>
<tr><td>☆目标实施计划的内容主要包括目标、实现目标的措施、完成的时间等。
☆人力资源部根据检查的情况，将发现的问题及时告知目标责任人。</td></tr>
<tr><td>考核指标</td></tr>
<tr><td>☆目标实施计划制订的及时性。
☆工作目标完成率：$工作目标完成率=\frac{实际完成数}{计划完成数}\times100\%$。</td></tr>
<tr><td rowspan="2">绩效目标调整</td><td>执行程序</td></tr>
<tr><td>1. 编制目标实施分析报告
☆人力资源部整理目标实施的反馈记录。
☆人力资源部对反馈记录进行分析，编制目标实施分析报告，并提交人力资源总监审批。</td></tr>
</table>

任务名称	执行程序、工作标准与考核指标
绩效目标调整	**2. 目标调整** 人力资源部根据人力资源总监对目标实施分析报告的审批意见，以及环境变化等实际情况，及时调整绩效目标。 **工作重点** 人力资源部根据绩效目标的实施情况，对目标责任书的部分内容进行修改与完善。
	工 作 标 准
	☆目标实施分析报告的内容包括目标实施的情况、目标达成的情况、环境变化的情况、目标实施的不足及改进措施等。 ☆目标实施分析报告应在 ____ 个工作日内报企业人力资源总监审批。
执 行 规 范	
“企业年度目标”“目标责任书”“目标实施记录表”“目标实施反馈表”“目标实施分析报告”。	

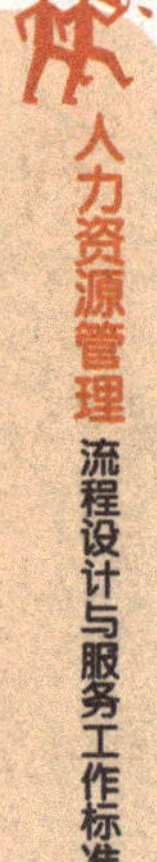
人力资源管理
流程设计与服务工作标准

8.4 OKR考核实施流程设计与工作执行

8.4.1 OKR考核实施流程设计

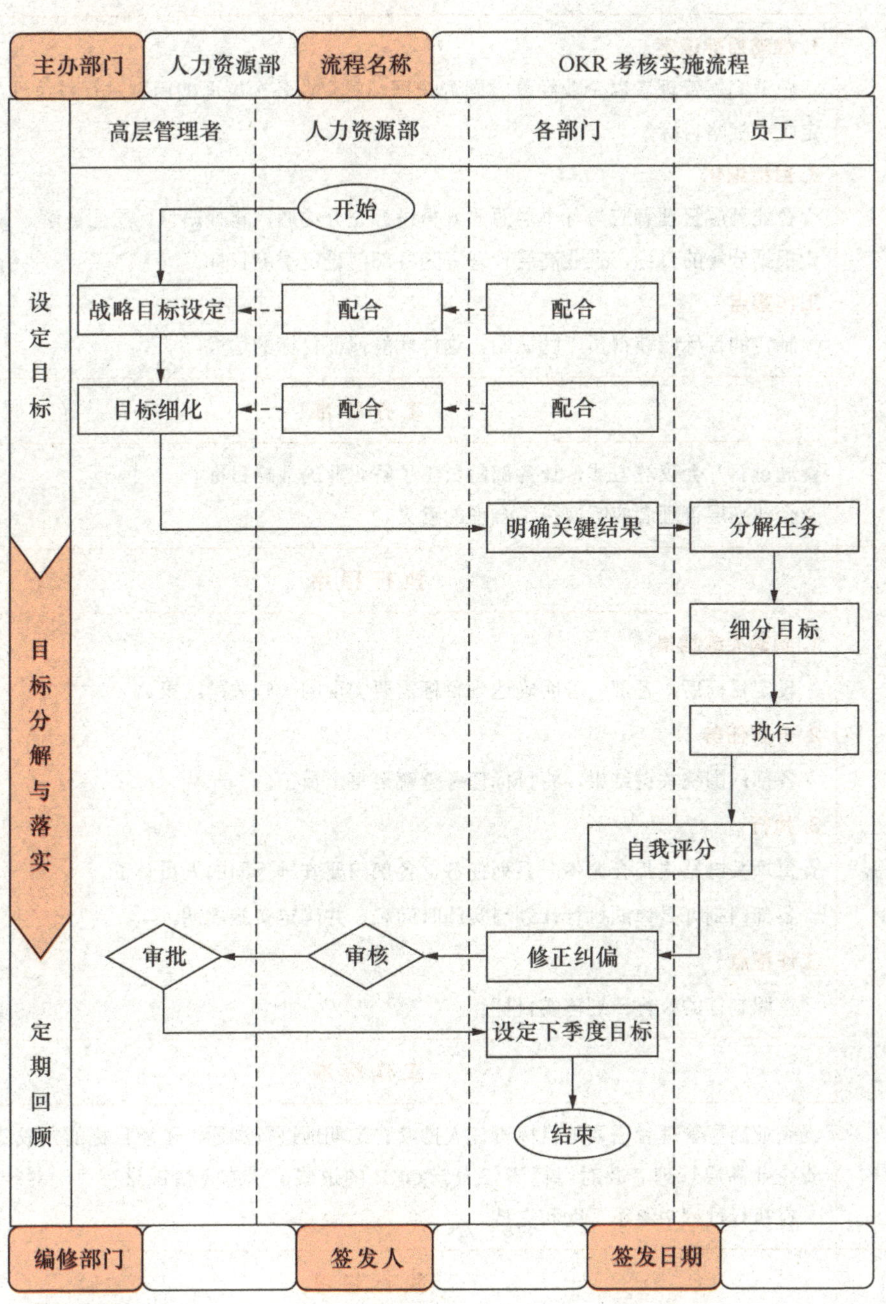

主办部门
人力资源部
流程名称
OKR考核实施流程
高层管理者
人力资源部
各部门
员工
设定目标
目标分解与落实
定期回顾
开始
战略目标设定
配合
配合
目标细化
配合
配合
明确关键结果
分解任务
细分目标
执行
自我评分
修正纠偏
审核
审批
设定下季度目标
结束
编修部门
签发人
签发日期

8.4.2 OKR考核实施执行程序、工作标准、考核指标、执行规范

<table>
<tr><th>任务名称</th><th>执行程序、工作标准与考核指标</th></tr>
<tr><td rowspan="4">设定目标</td><td>执行程序</td></tr>
<tr><td>1. 战略目标设定
企业高层管理者以企业经营方向为依据，对企业各个层面的问题进行系统性考虑，制定企业战略目标。
2. 目标细化
☆企业高层管理者应与各个层面的人员进行充分沟通，将战略目标层层分解。
☆根据分解的目标，企业高层管理者为各部门设定季度目标。
工作重点
制定的目标应获得员工的认同，这样才能保证目标的达成。</td></tr>
<tr><td>工作标准</td></tr>
<tr><td>☆通过召开会议等方式，让各部门员工了解企业的战略目标。
☆企业高层管理者应听取员工合理的意见。</td></tr>
<tr><td rowspan="4">目标分解与落实</td><td>执行程序</td></tr>
<tr><td>1. 明确关键结果
设定目标后，各部门应明确达到目标需要实现的一些关键结果。
2. 分解任务
各部门围绕关键结果，将目标任务分解至每个员工。
3. 执行
☆每项关键结果都会派生一系列任务，各部门要安排不同的人员负责。
☆各部门制订具体的执行计划与实施时间表，并确定实施周期。
工作重点
依照制订的执行计划落实目标。</td></tr>
<tr><td>工作标准</td></tr>
<tr><td>☆企业高层管理者需要与目标责任人持续、定期地进行沟通，了解目标的完成情况。
☆企业高层管理者要对目标责任人就 OKR 的进展、状态等情况进行“一对一”辅导，在执行过程中给予帮助和支持。</td></tr>
<tr><td rowspan="2">定期回顾</td><td>执行程序</td></tr>
<tr><td>1. 自我评分
当一个周期结束时，各部门、各岗位需要对周期内的实施情况进行评估与反馈。</td></tr>
</table>

（续）

<table>
<tr><th>任务名称</th><th>执行程序、工作标准与考核指标</th></tr>
<tr><td rowspan="5">定期回顾</td><td>2. 修正纠偏
各部门通过回顾及时发现问题，协商并确定改进方法。
工作重点
定期校准目标与关键成果的合理性。</td></tr>
<tr><td>工 作 标 准</td></tr>
<tr><td>☆定时、定期进行自评。
☆合理看待评估结果，避免目标负责人因短期个人利益而损害目标效果。</td></tr>
<tr><td>考 核 指 标</td></tr>
<tr><td>☆评估工作完成的及时性。
☆阶段成果达成率：阶段成果达成率 = $\frac{\text{实施阶段成果实际达成数}}{\text{实施阶段成果计划达成数}} \times 100\%$。</td></tr>
<tr><th colspan="2">执 行 规 范</th></tr>
<tr><td colspan="2">“绩效目标承诺书”“绩效目标调整申请表”“基于 OKR 管理的绩效考核实施办法”。</td></tr>
</table>

 8.5 绩效改进流程设计与工作执行

8.5.1 绩效改进流程设计

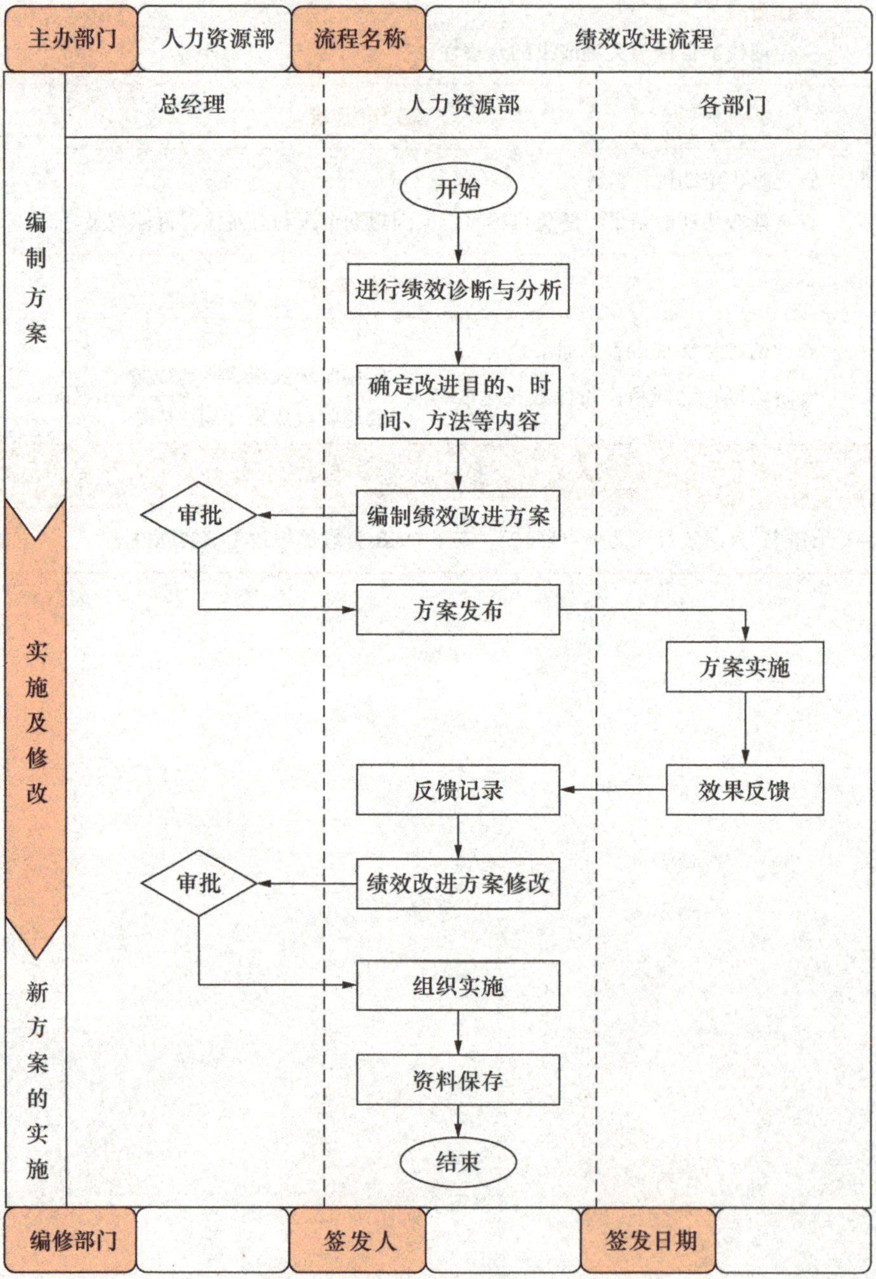

主办部门	人力资源部	流程名称	绩效改进流程

	总经理	人力资源部	各部门
编制方案		开始 进行绩效诊断与分析 确定改进目的、时间、方法等内容 编制绩效改进方案	
实施及修改	审批	方案发布	
			方案实施 效果反馈
		反馈记录 绩效改进方案修改	
	审批		
新方案的实施		组织实施 资料保存 结束	

编修部门		签发人		签发日期	

8.5.2 绩效改进执行程序、工作标准、考核指标、执行规范

任务名称	执行程序、工作标准与考核指标
编制方案	**执行程序** **1. 进行绩效诊断与分析** 人力资源部收集整理绩效信息，并客观地进行绩效诊断与分析。 **2. 编制绩效改进方案** 人力资源部在各部门的配合下编制绩效改进方案，并提交企业总经理审批。 **工作重点** 绩效改进的措施切实可行。 **工作标准** ☆绩效诊断与分析的结果明确、有据可依。 ☆绩效改进方案应在 ____ 个工作日内编制完成。
实施及修改	**执行程序** **1. 方案实施** 人力资源部组织企业各部门实施绩效改进方案。 **2. 效果反馈** 在方案实施过程中，针对不合理的部分，各部门要及时向人力资源部进行反馈。 **3. 绩效改进方案修改** ☆人力资源部收集反馈意见，并针对反馈意见提出修改方案。 ☆将修改方案提交企业总经理审批。 **工作重点** 人力资源部要深入了解各部门对绩效改进方案的意见。 **工作标准** ☆绩效改进工作依照既定的方案实施。 ☆在 ____ 个工作日内完成绩效改进方案的修改工作。 **考核指标** ☆方案编制的及时性。 ☆改进计划完成率：改进计划完成率$=\frac{\text{实际完成数}}{\text{计划完成数}}\times 100\%$。
新方案的实施	**执行程序** **1. 组织实施** 改进方案审批通过后，人力资源部组织开展改进方案的实施工作。

（续）

<table>
<tr><th>任务名称</th><th>执行程序、工作标准与考核指标</th></tr>
<tr><td rowspan="3">新方案的实施</td><td>2. 资料保存
人力资源部对绩效改进的实施情况进行监控，并做好资料的整理与保存工作。
工作重点
人力资源部要做好绩效改进的跟进工作。</td></tr>
<tr><td>工 作 标 准</td></tr>
<tr><td>☆方案的改进应充分考虑各部门的意见。
☆跟进情况的有关记录应完整、准确。</td></tr>
<tr><td colspan="2">执 行 规 范</td></tr>
<tr><td colspan="2">“绩效改进工作实施办法”“绩效改进计划表”“绩效改进方案”。</td></tr>
</table>

8.6 绩效考核申诉流程设计与工作执行

8.6.1 绩效考核申诉流程设计

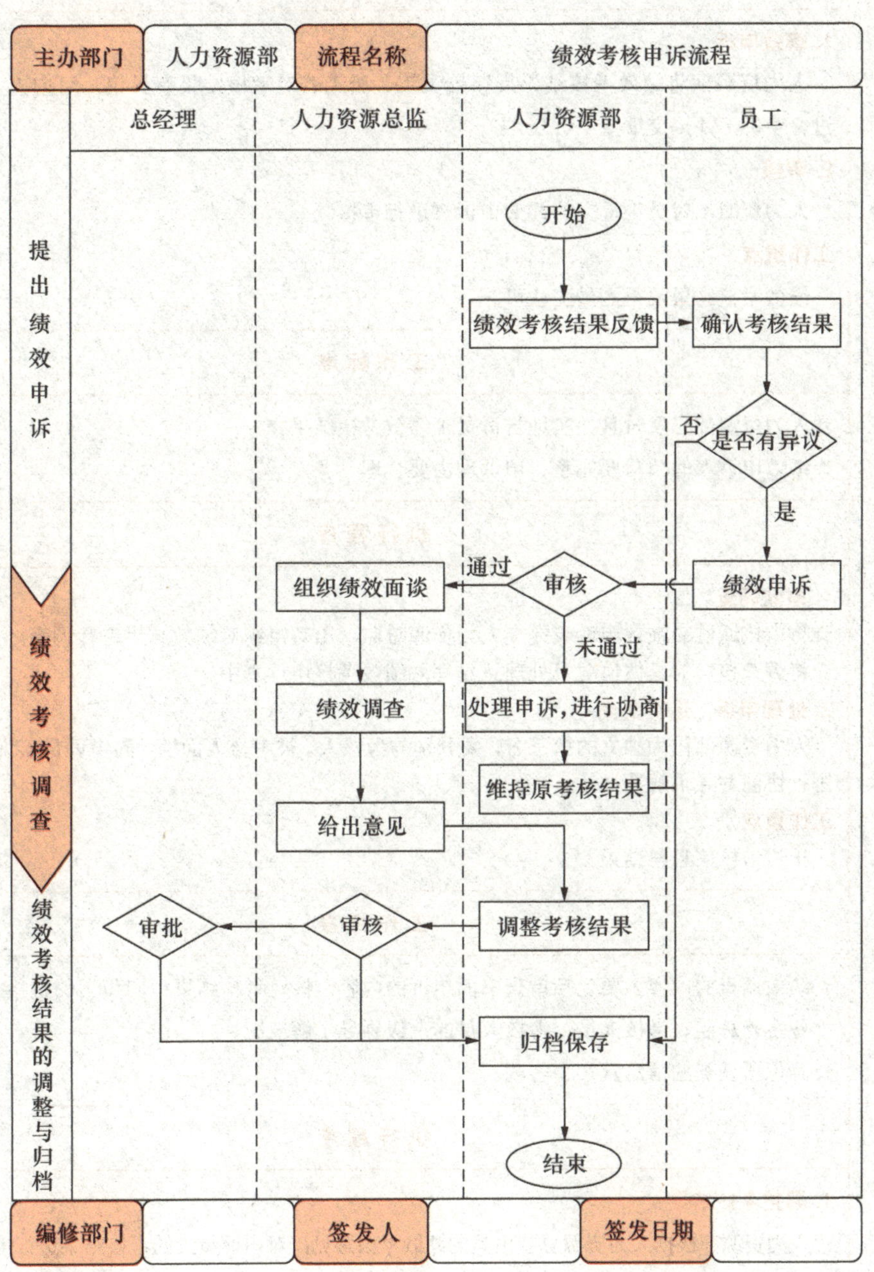

主办部门
人力资源部
流程名称
绩效考核申诉流程
总经理
人力资源总监
人力资源部
员工
提出绩效申诉
绩效考核调查
绩效考核结果的调整与归档
开始
绩效考核结果反馈
确认考核结果
是否有异议
否
是
绩效申诉
审核
通过
未通过
组织绩效面谈
绩效调查
给出意见
处理申诉，进行协商
维持原考核结果
调整考核结果
审核
审批
归档保存
结束
编修部门
签发人
签发日期

8.6.2 绩效考核申诉执行程序、工作标准、考核指标、执行规范

<table>
<tr><th>任务名称</th><th>执行程序、工作标准与考核指标</th></tr>
<tr><td rowspan="4">提出绩效申诉</td><td>执行程序</td></tr>
<tr><td>1. 绩效申诉
人力资源部将绩效考核结果反馈给员工，员工若对考核结果有异议，可向人力资源部进行申诉，并提交绩效申诉表。
2. 审核
人力资源部对员工提交的绩效申诉表进行审核。
工作重点
绩效考核结果要得到员工认可。</td></tr>
<tr><td>工作标准</td></tr>
<tr><td>☆人力资源部应及时且如实地告诉员工绩效考核结果。
☆绩效申诉表的填写要完整、申诉理由要合理。</td></tr>
<tr><td rowspan="4">绩效考核调查</td><td>执行程序</td></tr>
<tr><td>1. 绩效调查
☆将审核通过的绩效申诉表提交人力资源总监，由其组织对绩效结果进行调查。
☆将调查核实的具体情况及处理意见写入绩效考核申诉表中。
2. 处理申诉，进行协商
人力资源部作为独立的第三方，要分别与考核人、被考核人面谈，向申诉员工说明理由，进行协商并寻求解决办法。
工作重点
核对考核信息与结果。</td></tr>
<tr><td>工作标准</td></tr>
<tr><td>☆绩效调查的内容主要包括审查书面申诉的内容，核对考核结果；向员工的直接上级、业务主管总监、考核人员、考核人员的上级领导了解情况。
☆确保所调查的信息真实、客观。</td></tr>
<tr><td rowspan="2">绩效考核结果的调整与归档</td><td>执行程序</td></tr>
<tr><td>1. 调整考核结果
人力资源部根据人力资源总监出具的绩效考核意见，对申诉员工的考核结果进行重新调整。
2. 审核
人力资源部将调整后的考核结果提交企业领导审批。</td></tr>
</table>

（续）

<table>
<tr><th>任务名称</th><th>执行程序、工作标准与考核指标</th></tr>
<tr><td rowspan="5">绩效考核结果的调整与归档</td><td>3. 归档保存
绩效申诉的各项信息记录要归档保存。
工作重点
绩效考核结果的调整要有据可依。</td></tr>
<tr><td>工作标准</td></tr>
<tr><td>☆人力资源部应于员工的下一绩效考评周期结束前解决本次员工的绩效考核申诉事件。
☆绩效考核申诉的各项信息记录要完整。</td></tr>
<tr><td>考核指标</td></tr>
<tr><td>☆资料归档的及时性。
☆绩效考核申诉处理及时率：
$$绩效考核申诉处理及时率=\frac{及时处理的绩效考核申诉数}{绩效考核申诉总数}\times 100\%$$</td></tr>
<tr><td colspan="2">执行规范</td></tr>
<tr><td colspan="2">“绩效面谈表”“绩效考核结果反馈表”“绩效考核申诉表”“绩效调查记录表”“绩效考核结果调整表”“员工绩效申诉制度”。</td></tr>
</table>

第9章 薪酬福利管理

9.1 薪酬福利管理流程设计

9.1.1 流程设计的目的

薪酬福利管理是在企业发展战略的指导下，对员工薪酬支付原则、薪酬水平、薪酬福利策略、薪酬福利结构、薪酬福利构成等进行确定、分配和调整的动态管理过程。薪酬福利管理工作为实现薪酬福利管理目标而服务，薪酬福利管理目标是基于人力资源战略设立的，而人力资源战略服务于企业发展战略。因此，薪酬福利管理在企业管理中占有重要地位，是企业发展战略中必不可少的重要环节。

企业薪酬福利管理流程设计的目的如下：

（1）建立适合企业发展，且合理、公平的薪酬福利体系，规范薪酬福利管理工作；

（2）提供有竞争力的薪酬，吸引和留住人才，提高企业运营水平；

（3）使企业薪酬福利管理工作规范化、标准化、合理化、程序化。

9.1.2 流程结构设计

薪酬福利管理流程可按总分式结构进行设计，总流程为薪酬福利管理流程，根据薪酬福利管理的具体工作内容又可分为薪酬体系设计流程、弹性福利设计流程、劳动保护管理流程等。具体的结构设计如图 9-1 所示。

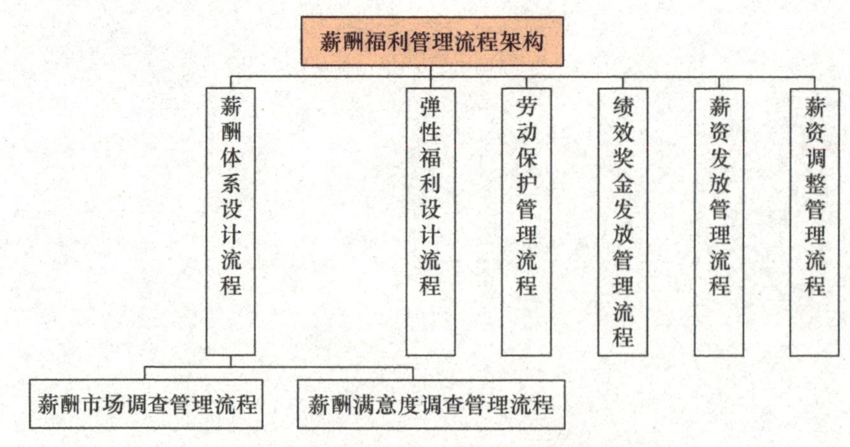

薪酬福利管理流程架构
薪酬体系设计流程
弹性福利设计流程
劳动保护管理流程
绩效奖金发放管理流程
薪资发放管理流程
薪资调整管理流程
薪酬市场调查管理流程
薪酬满意度调查管理流程

图 9-1 薪酬福利管理流程结构设计

9.2 薪酬体系设计流程与工作执行

9.2.1 薪酬体系设计流程

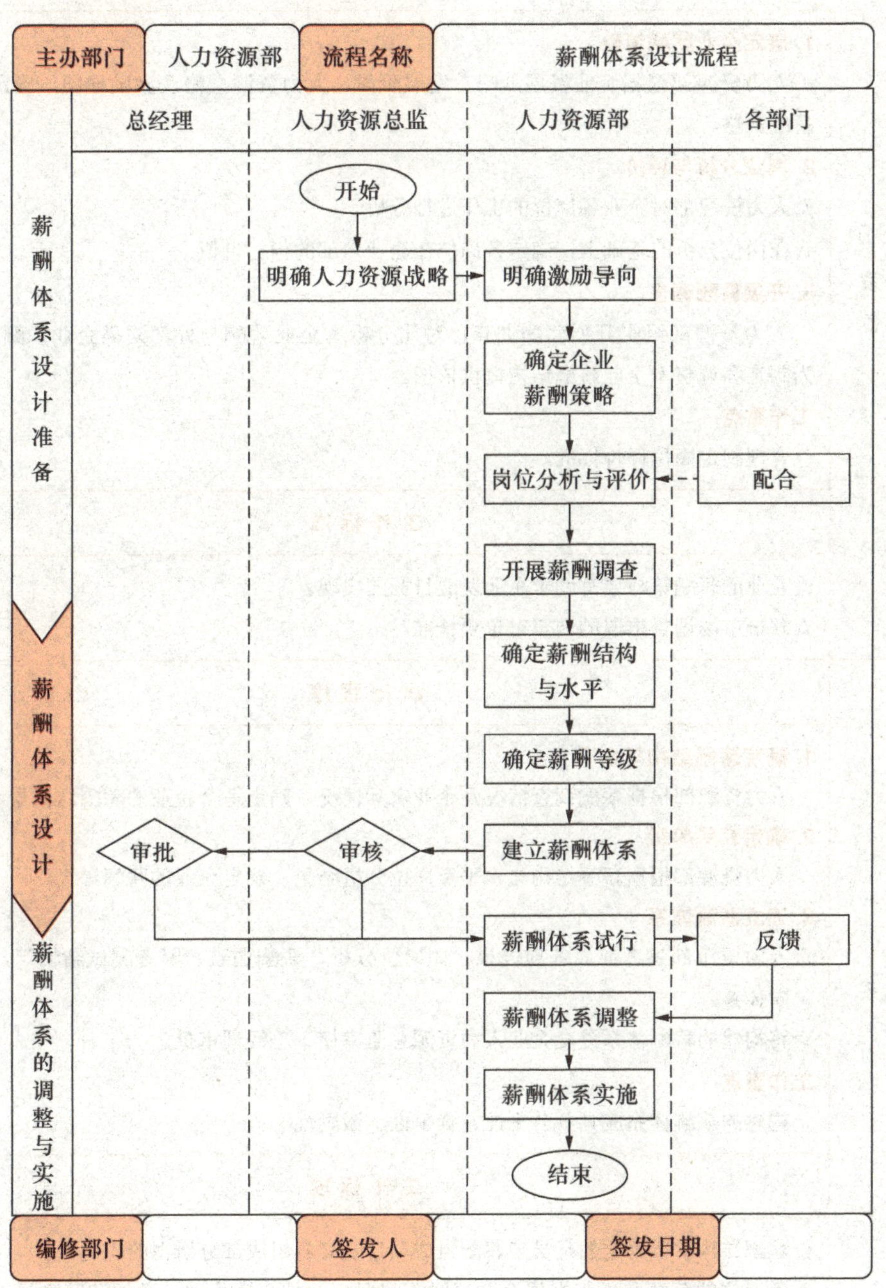

主办部门
人力资源部
流程名称
薪酬体系设计流程
总经理
人力资源总监
人力资源部
各部门
薪酬体系设计准备
薪酬体系设计
薪酬体系的调整与实施
开始
明确人力资源战略
明确激励导向
确定企业薪酬策略
岗位分析与评价
配合
开展薪酬调查
确定薪酬结构与水平
确定薪酬等级
建立薪酬体系
审核
审批
薪酬体系试行
反馈
薪酬体系调整
薪酬体系实施
结束
编修部门
签发人
签发日期

第9章 薪酬福利管理

9.2.2 薪酬体系设计执行程序、工作标准、考核指标、执行规范

任务名称	执行程序、工作标准与考核指标
薪酬体系设计准备	**执行程序** **1. 确定企业薪酬策略** 人力资源部根据企业发展战略、发展阶段、人力资源战略及激励导向，确定企业的薪酬策略。 **2. 岗位分析与评价** ☆人力资源部对企业各岗位的工作进行分析。 ☆在岗位分析的基础上，确定各岗位在企业内部的相对价值。 **3. 开展薪酬调查** 人力资源部组织开展薪酬调查，对比分析本企业薪酬与外部同类企业薪酬的差异，为制定和调整本企业薪酬结构提供依据。 **工作重点** 合理制定岗位评价标准。 **工作标准** ☆企业的薪酬策略要有助于企业发展目标的实现。 ☆薪酬市场调查选取的调查对象要精准。
薪酬体系设计	**执行程序** **1. 确定薪酬结构与水平** 人力资源部根据薪酬调查情况及企业实际情况，确定适合企业的薪酬结构与水平。 **2. 确定薪酬等级** 人力资源部根据薪酬结构与水平及岗位分析结果，确定企业的薪酬等级。 **3. 建立薪酬体系** ☆人力资源部参考前面各项成果，如岗位分析、薪酬调查、财务测试结果等，构建薪酬体系。 ☆将构建的薪酬体系提交企业人力资源总监审核、总经理审批。 **工作重点** 构建的薪酬体系应具备公平性、竞争性、激励性。 **工作标准** ☆薪酬结构主要确定的是员工薪酬组成项目及其各组成部分所占的比例。 ☆各岗位的薪酬水平应根据企业的财务状况，并结合岗位评价数据和薪酬调查数据来确定。

（续）

<table>
<tr><th>任务名称</th><th>执行程序、工作标准与考核指标</th></tr>
<tr><td rowspan="6">薪酬体系的调整与实施</td><td>执行程序</td></tr>
<tr><td>1. 薪酬体系试行
☆人力资源部在企业内部试行设计完成的薪酬体系。
☆人力资源部收集、整理、分析薪酬体系试行反馈结果。
2. 薪酬体系调整
根据试行反馈结果做出分析，调整、完善薪酬体系。
3. 薪酬体系实施
人力资源部负责调整、完善后的薪酬体系的实施工作。
工作重点
收集反馈意见。</td></tr>
<tr><td>工作标准</td></tr>
<tr><td>☆对反馈意见的收集要全面。
☆ ____ 个工作日内完成薪酬体系的调整工作。</td></tr>
<tr><td>考核指标</td></tr>
<tr><td>☆信息收集的及时性。
☆员工满意度评价。</td></tr>
<tr><td colspan="2">执行规范</td></tr>
<tr><td colspan="2">“薪酬体系设计方案”“薪酬市场调查表”“岗位评价表”。</td></tr>
</table>

9.3 薪酬市场调查管理流程设计与工作执行

9.3.1 薪酬市场调查管理流程设计

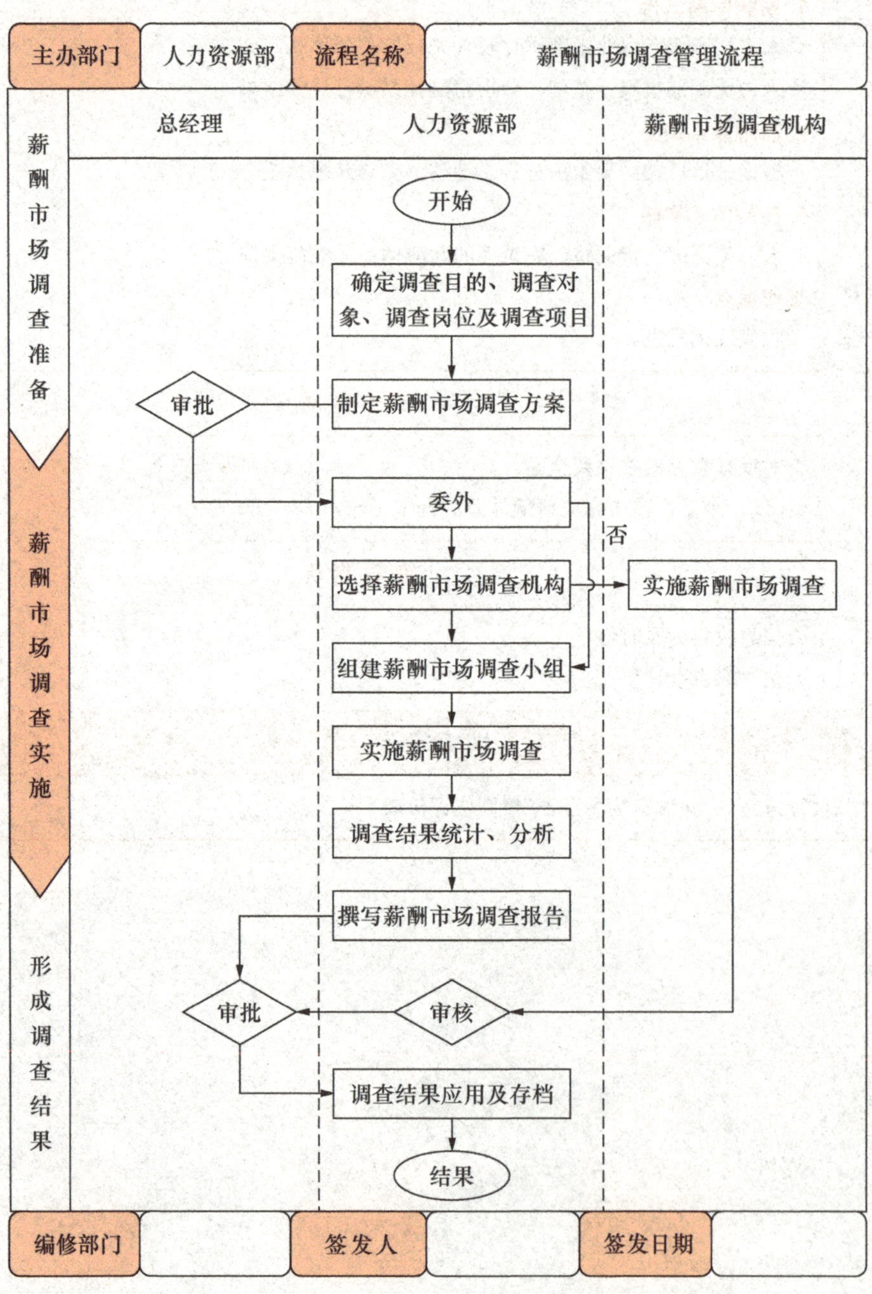

主办部门
人力资源部
流程名称
薪酬市场调查管理流程
总经理
人力资源部
薪酬市场调查机构
薪酬市场调查准备
薪酬市场调查实施
形成调查结果
开始
确定调查目的、调查对象、调查岗位及调查项目
制定薪酬市场调查方案
审批
委外
否
选择薪酬市场调查机构
实施薪酬市场调查
组建薪酬市场调查小组
实施薪酬市场调查
调查结果统计、分析
撰写薪酬市场调查报告
审批
审核
调查结果应用及存档
结果
编修部门
签发人
签发日期

9.3.2 薪酬市场调查执行程序、工作标准、考核指标、执行规范

<table>
<tr><th>任务名称</th><th>执行程序、工作标准与考核指标</th></tr>
<tr><td rowspan="4">薪酬市场调查准备</td><td>执行程序</td></tr>
<tr><td>1. 确定调查目的、调查对象、调查岗位及调查项目
☆企业在调整薪酬水平或薪酬组合、结构前，人力资源部需要进行薪酬市场调查。
☆人力资源部在进行薪酬市场调查前，需要确定调查的目的、调查的对象、调查的岗位及调查的项目等内容，制订相关的工作计划。
2. 制定薪酬市场调查方案
人力资源部依据薪酬市场调查任务要求，制定薪酬市场调查方案，并提交总经理审批。
工作重点
薪酬市场调查方案内容完善，便于操作。</td></tr>
<tr><td>工作标准</td></tr>
<tr><td>☆对所调查的职位要描述清楚。
☆ ____ 个工作日内完成薪酬市场调查方案的制定工作。</td></tr>
<tr><td rowspan="4">薪酬市场调查实施</td><td>执行程序</td></tr>
<tr><td>1. 选择薪酬市场调查机构（委外）
☆人力资源部收集并整理薪酬市场调查机构名录，构建薪酬市场调查机构评估标准，按照评估标准进行筛选。
☆确定最终的薪酬市场调查机构，按照双方约定的事项签订委托合同。
2. 组建薪酬市场调查小组（不委外）
企业自行进行薪酬市场调查的，人力资源部依据制定的薪酬市场调查方案，选择合适的人员组建薪酬市场调查小组。
3. 实施薪酬市场调查
薪酬市场调查小组通过各种渠道收集所需的数据及资料。
工作重点
薪酬数据的收集。</td></tr>
<tr><td>工作标准</td></tr>
<tr><td>☆若采取委外的方式，则要事先明确选择薪酬市场调查机构的标准，以便后期对其进行评选。
☆ ____ 个工作日内完成薪酬市场信息的收集工作。</td></tr>
</table>

（续）

<table>
<tr><th>任务名称</th><th>执行程序、工作标准与考核指标</th></tr>
<tr><td rowspan="2">薪酬市场调查实施</td><td>考核指标</td></tr>
<tr><td>☆数据收集的准确性。
☆薪酬市场调查计划完成率：薪酬市场调查计划完成率 = $\frac{\text{实际完成的任务数}}{\text{计划完成的任务数}} \times 100\%$。</td></tr>
<tr><td rowspan="4">形成调查结果</td><td>执行程序</td></tr>
<tr><td>1. 撰写薪酬市场调查报告
根据收集的调查数据，通过分析，编制薪酬市场调查分析报告。
2. 审批
薪酬市场调查分析报告须提交企业总经理审批。
工作重点
薪酬市场调查分析报告所依据的数据来源可靠、准确。</td></tr>
<tr><td>工作标准</td></tr>
<tr><td>☆薪酬市场调查分析报告应说明薪酬调查的组织实施情况、数据收集与分析情况等信息，提出有效的建议。
☆薪酬市场调查报告要在____个工作日内编制完成，并提交企业总经理审批。</td></tr>
<tr><th colspan="2">执行规范</th></tr>
<tr><td colspan="2">“薪酬市场调查方案”“岗位评价表”“薪酬市场调查问卷”“薪酬市场调查统计分析表”“薪酬市场调查分析报告”。</td></tr>
</table>

9.4 薪酬满意度调查管理流程设计与工作执行

9.4.1 薪酬满意度调查管理流程设计

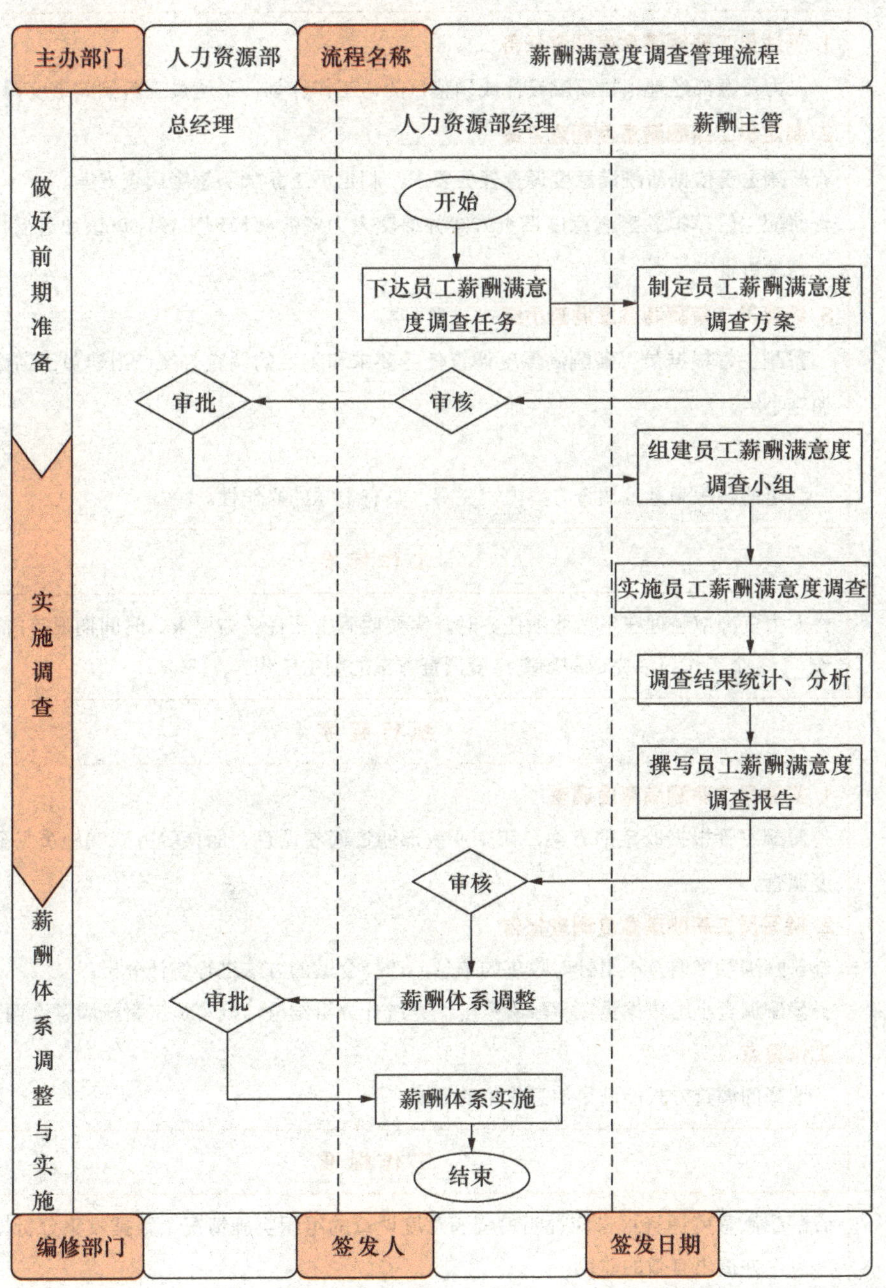

主办部门
人力资源部
流程名称
薪酬满意度调查管理流程
总经理
人力资源部经理
薪酬主管
做好前期准备
实施调查
薪酬体系调整与实施
开始
下达员工薪酬满意度调查任务
制定员工薪酬满意度调查方案
审批
审核
组建员工薪酬满意度调查小组
实施员工薪酬满意度调查
调查结果统计、分析
撰写员工薪酬满意度调查报告
审核
审批
薪酬体系调整
薪酬体系实施
结束
编修部门
签发人
签发日期

9.4.2 薪酬满意度调查执行程序、工作标准、考核指标、执行规范

<table>
<tr><th>任务名称</th><th>执行程序、工作标准与考核指标</th></tr>
<tr><td rowspan="4">做好
前期准备</td><td>执行程序</td></tr>
<tr><td>1. 下达员工薪酬满意度调查任务
人力资源部经理根据薪酬设计或调整目的与工作计划，下达员工薪酬满意度调查任务。
2. 制定员工薪酬满意度调查方案
☆薪酬主管依据薪酬满意度调查任务要求，制定员工薪酬满意度调查方案。
☆薪酬主管草拟薪酬满意度调查方案并提交人力资源部经理审核，审核通过后报企业总经理审批。
3. 组建员工薪酬满意度调查小组
薪酬主管根据员工薪酬满意度调查任务要求和制定的调查方案，组建员工薪酬满意度调查小组。
工作重点
制定的薪酬满意度调查方案内容完善，具有很强的操作性。</td></tr>
<tr><td>工作标准</td></tr>
<tr><td>☆人力资源部经理在下达此项任务时，需要明确主要任务与要求、时间期限等内容。
☆____个工作日内完成薪酬满意度调查方案的制定工作。</td></tr>
<tr><td rowspan="4">实施调查</td><td>执行程序</td></tr>
<tr><td>1. 实施员工薪酬满意度调查
薪酬主管根据既定的方案，在企业内部通过问卷调查、面谈等方式实施员工薪酬满意度调查。
2. 撰写员工薪酬满意度调查报告
☆薪酬满意度调查小组针对收集的信息，选择合适的方法进行统计分析。
☆薪酬调查小组依据员工薪酬满意度调查统计分析结果，撰写员工薪酬满意度调查报告。
工作重点
选择的调查方式能满足信息收集的需要。</td></tr>
<tr><td>工作标准</td></tr>
<tr><td>☆薪酬满意度调查报告应说明薪酬满意度调查的组织实施情况、数据收集分析情况等信息，并提出有效的建议。
☆____个工作日内完成薪酬满意度调查工作。</td></tr>
</table>

（续）

<table>
<tr><th>任务名称</th><th>执行程序、工作标准与考核指标</th></tr>
<tr><td rowspan="2">实施调查</td><td>考核指标</td></tr>
<tr><td>☆信息收集的准确性。
☆报告提交的及时性。</td></tr>
<tr><td rowspan="4">薪酬体系调查与实施</td><td>执行程序</td></tr>
<tr><td>1. 薪酬体系调整
人力资源部经理依据员工薪酬满意度调查报告的分析结果，对原有的薪酬体系进行调整，制定薪酬体系调整方案。
2. 薪酬体系实施
人力资源部经理将薪酬体系调整方案提交企业总经理审批，并在审批通过后安排实施。
工作重点
调整后的薪酬方案要能提升员工对企业薪酬的满意度。</td></tr>
<tr><td>工作标准</td></tr>
<tr><td>☆调整后的薪酬总额要控制在预算范围之内。
☆编制完成的薪酬体系调整方案在____个工作日内提交企业总经理审批。</td></tr>
<tr><td colspan="2">执行规范</td></tr>
<tr><td colspan="2">“薪酬满意度调查问卷”“薪酬满意度调查报告”“薪酬体系调整方案”。</td></tr>
</table>

9.5 弹性福利设计流程与工作执行

9.5.1 弹性福利设计流程

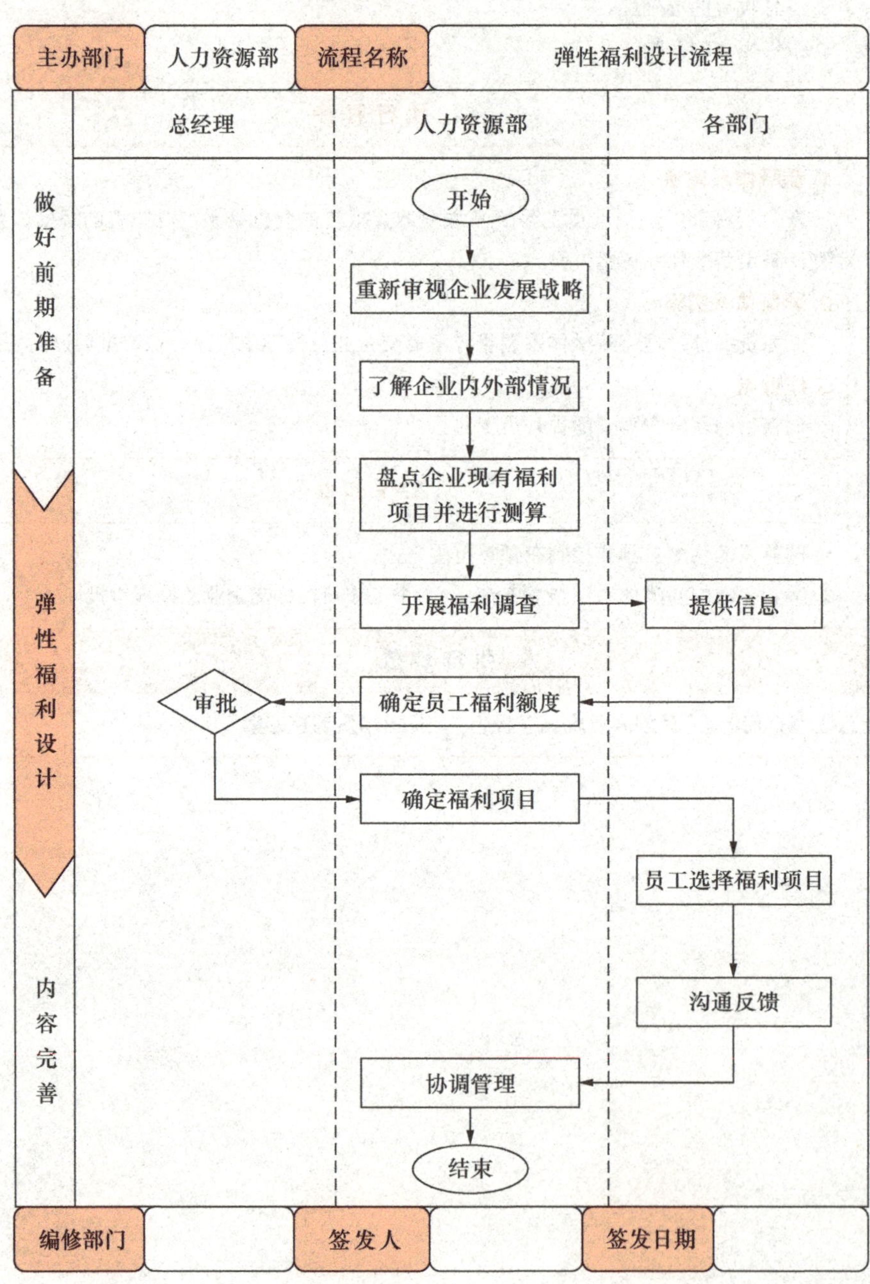
主办部门
人力资源部
流程名称
弹性福利设计流程
总经理
人力资源部
各部门
做好前期准备
弹性福利设计
内容完善
开始
重新审视企业发展战略
了解企业内外部情况
盘点企业现有福利项目并进行测算
开展福利调查
提供信息
审批
确定员工福利额度
确定福利项目
员工选择福利项目
沟通反馈
协调管理
结束
编修部门
签发人
签发日期

9.5.2 弹性福利执行程序、工作标准、考核指标、执行规范

<table>
<tr><th>任务名称</th><th>执行程序、工作标准与考核指标</th></tr>
<tr><td rowspan="4">做好
前期准备</td><td>执行程序</td></tr>
<tr><td>1. 重新审视企业发展战略
人力资源部应重新审视企业发展战略，设计出适合本企业的福利制度。
2. 了解企业内外部情况
☆人力资源部必须了解现行的劳动法律法规的概况。
☆人力资源部要了解企业的经营和财务状况。
3. 盘点企业现有福利项目并进行预算
人力资源部对现有福利项目进行列举和盘点，测算现有福利成本并使其效益最大化。
工作重点
合理设置弹性福利和固定福利的比例。</td></tr>
<tr><td>工作标准</td></tr>
<tr><td>☆熟知现行法律法规的内容。
☆弹性福利制度的初稿撰写应在____个工作日内完成。</td></tr>
<tr><td rowspan="4">弹性福利
设计</td><td>执行程序</td></tr>
<tr><td>1. 开展福利调查
人力资源部在充分了解员工需求的基础上，设计出尽可能满足各类员工需求的福利项目。
2. 确定员工福利额度
☆人力资源部通过资历、绩效、职务等因素综合评定员工福利限额，确定员工福利额度，并报总经理审批。
☆人力资源部根据员工福利额度计算福利计划成本。
3. 确定福利项目
人力资源部根据福利项目调查结果，合理确定福利项目。
4. 员工选择福利项目
人力资源部向员工提供福利项目清单，让员工选择其需要的福利项目。
工作重点
设计的福利项目能满足员工多元化的需求。</td></tr>
<tr><td>工作标准</td></tr>
<tr><td>☆通过问卷调查或者访谈等方式，了解员工的差异化需求。
☆弹性福利支出的总额不超出预算。</td></tr>
</table>

（续）

<table>
<tr><th>任务名称</th><th>执行程序、工作标准与考核指标</th></tr>
<tr><td rowspan="2">弹性福利设计</td><td>考核指标</td></tr>
<tr><td>☆信息收集的及时性与有效性。
☆弹性福利支出总额。</td></tr>
<tr><td rowspan="4">内容完善</td><td>执行程序</td></tr>
<tr><td>1. 沟通反馈
人力资源部要了解员工对所实施的弹性福利制度的意见。
2. 协调管理
人力资源部需要制定相关的约束协调机制，以解决弹性福利制度实施过程中发生的各种意外及其他特殊情况。
工作重点
及时解决弹性福利制度实施过程中的问题。</td></tr>
<tr><td>工作标准</td></tr>
<tr><td>☆及时收集员工的反馈意见。
☆根据员工的合理意见对弹性福利制度做出相应的调整。</td></tr>
<tr><td colspan="2">执行规范</td></tr>
<tr><td colspan="2">“企业弹性福利管理制度”“企业员工福利调查问卷”“企业弹性福利计划实施方案”。</td></tr>
</table>

9.6 劳动保护管理流程设计与工作执行

9.6.1 劳动保护管理流程设计

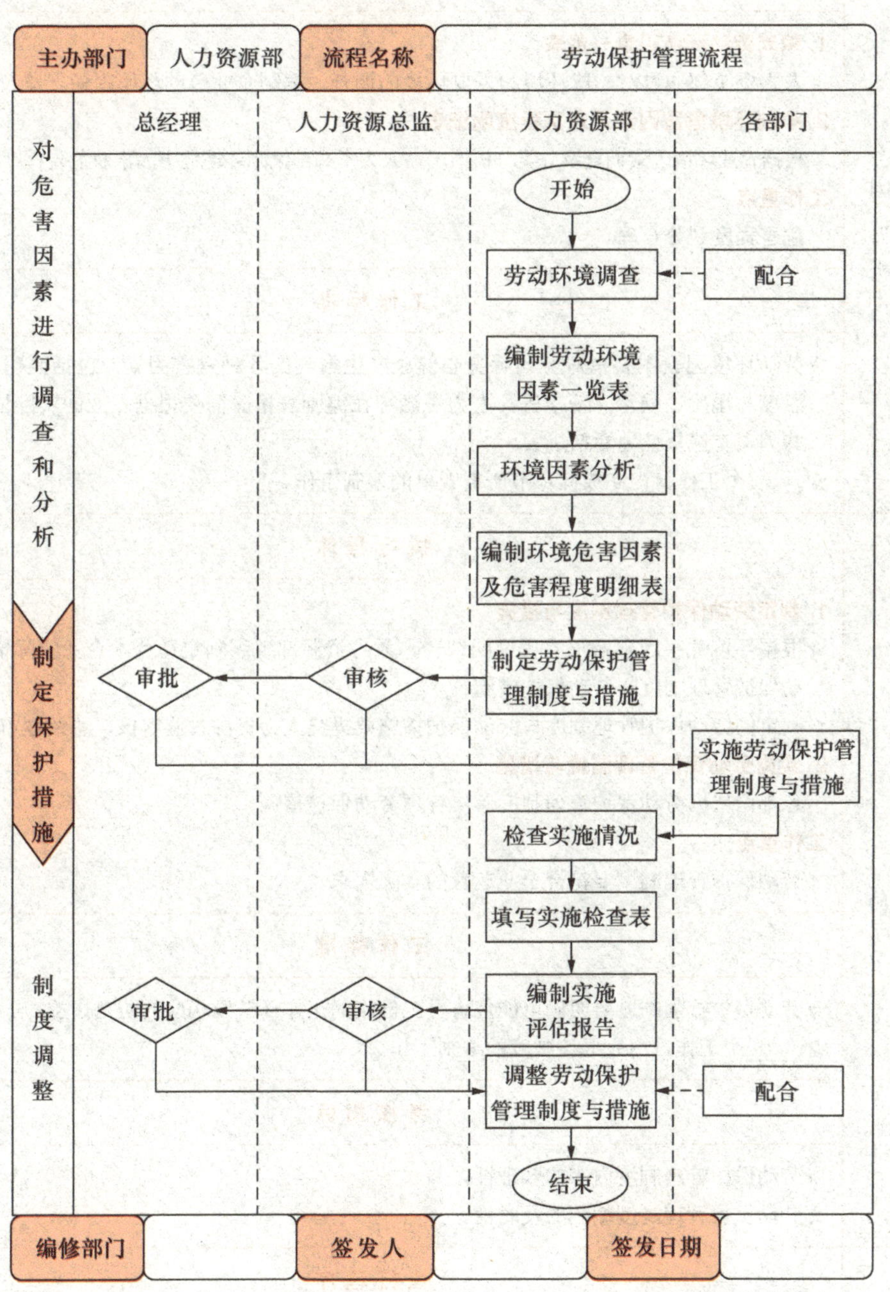
主办部门
人力资源部
流程名称
劳动保护管理流程
总经理
人力资源总监
人力资源部
各部门
对危害因素进行调查和分析
制定保护措施
制度调整
开始
劳动环境调查
配合
编制劳动环境因素一览表
环境因素分析
编制环境危害因素及危害程度明细表
制定劳动保护管理制度与措施
审核
审批
实施劳动保护管理制度与措施
检查实施情况
填写实施检查表
编制实施评估报告
审核
审批
调整劳动保护管理制度与措施
配合
结束
编修部门
签发人
签发日期

9.6.2 劳动保护管理执行程序、工作标准、考核指标、执行规范

<table>
<tr><th>任务名称</th><th>执行程序、工作标准与考核指标</th></tr>
<tr><td rowspan="4">对危害因素进行调查和分析</td><td>执行程序</td></tr>
<tr><td>1. 编制劳动环境因素一览表
人力资源部通过对一般环境和重要环境的调查，编制企业劳动环境因素一览表。
2. 编制环境危害因素及危害程度明细表
根据企业环境因素调查及分类分析情况，人力资源部编制环境危害因素及危害程度明细表。
工作重点
危害程度划分合理。</td></tr>
<tr><td>工作标准</td></tr>
<tr><td>☆劳动环境因素主要指对劳动者身心健康产生影响的各种有害因素，包括照明与色彩、温度与湿度、噪声、粉尘等，人力资源部在编制表格时需要根据企业的实际情况将这些因素有选择性地囊括进去。
☆____个工作日内完成此环节所需表单的编制工作。</td></tr>
<tr><td rowspan="6">制定保护措施</td><td>执行程序</td></tr>
<tr><td>1. 制定劳动保护管理制度与措施
☆根据环境危害因素及危害程度明细表，人力资源部组织制定适合本企业实际情况的劳动保护管理制度与劳动保护措施。
☆制定的劳动保护管理制度与劳动保护措施要提交人力资源总监审核、总经理审批。
2. 实施劳动保护管理制度与措施
各部门依据劳动保护管理制度落实各项劳动保护措施。
工作重点
劳动保护管理制度要符合企业运营的实际需求。</td></tr>
<tr><td>工作标准</td></tr>
<tr><td>☆劳动保护管理制度要明确可能危害员工健康的工作环节及相应的防范措施。
☆____个工作日内完成该制度的编制工作。</td></tr>
<tr><td>考核指标</td></tr>
<tr><td>☆劳动保护管理制度内容的合理性。
☆劳动保护管理制度编制的及时性。</td></tr>
<tr><td rowspan="2">制度调整</td><td>执行程序</td></tr>
<tr><td>1. 填写实施检查表
根据劳动保护管理制度及劳动保护措施的实施情况，填写劳动保护实施检查表。</td></tr>
</table>

（续）

<table>
<tr><th>任务名称</th><th>执行程序、工作标准与考核指标</th></tr>
<tr><td rowspan="3">制度调整</td><td>2. 编制实施评估报告
根据劳动保护实施检查表，编制劳动保护实施评估报告，并报人力资源总监审核、总经理审批。
3. 调整劳动保护管理制度与措施
根据上级领导的审批意见及各部门的改进建议，调整劳动保护管理制度与措施。
工作重点
编制的劳动保护实施评估报告的内容要完整。</td></tr>
<tr><td>工 作 标 准</td></tr>
<tr><td>☆劳动保护实施检查表的内容包括劳动保护管理制度及措施的实施情况、检查时间等。
☆劳动保护实施评估报告的内容主要包括劳动保护管理制度及措施的实施情况、劳动保护实施中遇到的问题、劳动保护管理制度与措施的缺陷及改进方案等。</td></tr>
<tr><td colspan="2">执 行 规 范</td></tr>
<tr><td colspan="2">“劳动保护管理制度”“企业劳动环境因素一览表”“劳动保护实施检查表”“劳动保护实施评估报告”“劳动保护调整方案”。</td></tr>
</table>

9.7 绩效奖金发放管理流程设计与工作执行

9.7.1 绩效奖金发放管理流程设计

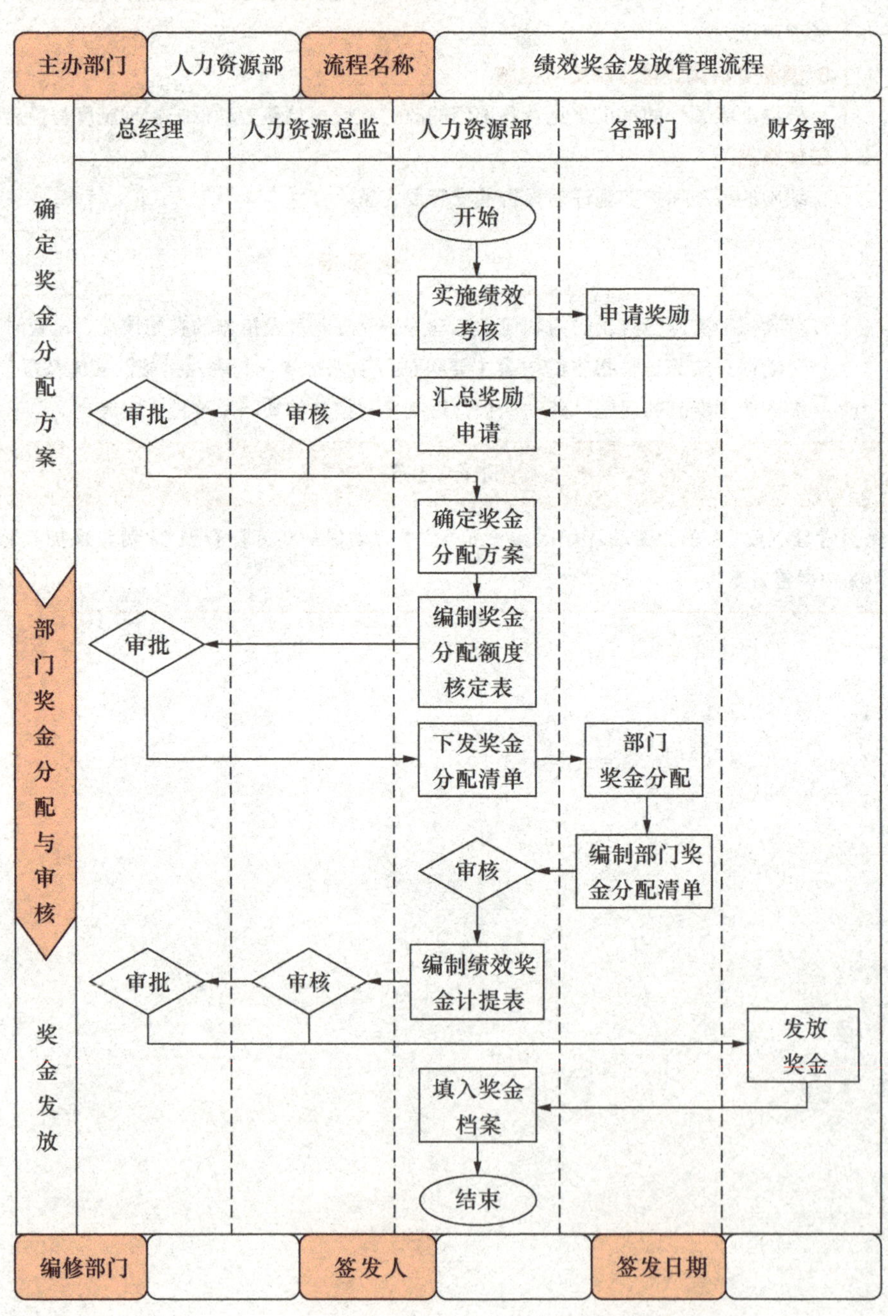

主办部门
人力资源部
流程名称
绩效奖金发放管理流程
总经理
人力资源总监
人力资源部
各部门
财务部
确定奖金分配方案
部门奖金分配与审核
奖金发放
开始
实施绩效考核
申请奖励
汇总奖励申请
审核
审批
确定奖金分配方案
编制奖金分配额度核定表
审批
下发奖金分配清单
部门奖金分配
编制部门奖金分配清单
审核
编制绩效奖金计提表
审核
审批
发放奖金
填入奖金档案
结束
编修部门
签发人
签发日期

9.7.2 绩效奖金发放执行程序、工作标准、考核指标、执行规范

<table>
<tr><th>任务名称</th><th>执行程序、工作标准与考核指标</th></tr>
<tr><td rowspan="4">确定奖金分配方案</td><td>执行程序</td></tr>
<tr><td>1. 汇总奖励申请
☆人力资源部汇总各部门提交的奖励申请。
☆人力资源部编制奖励申请汇总表并提交人力资源总监审核、总经理审批。
2. 确定奖金分配方案
人力资源部根据总经理对各部门的奖励申请审批意见，结合绩效考核结果，确定各部门的奖金分配方案。
工作重点
将绩效考核结果作为确定绩效奖金分配的依据。</td></tr>
<tr><td>工作标准</td></tr>
<tr><td>☆奖金分配方案的内容主要包括奖金分配总额、各部门奖金分配比例、奖金发放的方式及时间等。
☆____个工作内将拟定的奖金分配方案提交企业总经理审批。</td></tr>
<tr><td rowspan="4">部门奖金分配与审核</td><td>执行程序</td></tr>
<tr><td>1. 编制奖金分配额度核定表
☆根据奖金分配方案，人力资源部计算、核定各部门分配的奖金额度。
☆奖金分配额度核定表须提交总经理审批后，方可下发奖金分配清单。
2. 部门奖金分配
各部门根据所分配的奖金额，结合部门人员绩效考核结果，合理分配奖金，编制部门奖金分配清单。
3. 审核
人力资源部审核各部门提交的部门奖金分配清单。
工作重点
依据员工绩效考核的结果，合理分配部门奖金。</td></tr>
<tr><td>工作标准</td></tr>
<tr><td>☆人力资源部重点审核奖金分配的合理性。
☆部门奖金分配清单应于____个工作日内审核完成。</td></tr>
<tr><td rowspan="2">奖金发放</td><td>执行程序</td></tr>
<tr><td>1. 编制绩效奖金计提表
人力资源部根据审核通过的部门奖金分配清单，及其奖金分配方案中规定的奖金发放方式及时间，编制当期的绩效奖金计提表。</td></tr>
</table>

（续）

<table>
<tr><th>任务名称</th><th>执行程序、工作标准与考核指标</th></tr>
<tr><td rowspan="5">奖金发放</td><td>2. 发放奖金
人力资源部须先将当期绩效奖金计提表呈企业领导审批，审批通过后再交至财务部进行奖金发放。
工作重点
严格审核绩效奖金核算结果。</td></tr>
<tr><td>工作标准</td></tr>
<tr><td>☆在规定时间内发放员工的绩效奖金。
☆绩效奖金发放无差错。</td></tr>
<tr><td>考核指标</td></tr>
<tr><td>☆绩效奖金计提表编制出错的次数。
☆绩效奖金计提表编制延误的次数。</td></tr>
<tr><td colspan="2">执行规范</td></tr>
<tr><td colspan="2">“绩效奖金管理办法”“奖励申请表”“奖励申请汇总表”“绩效奖金分配方案”“绩效考核表”“奖金分配额度核定表”“部门奖金分配清单”“绩效奖金计提表”。</td></tr>
</table>

9.8 薪资发放管理流程设计与工作执行

9.8.1 薪资发放管理流程设计

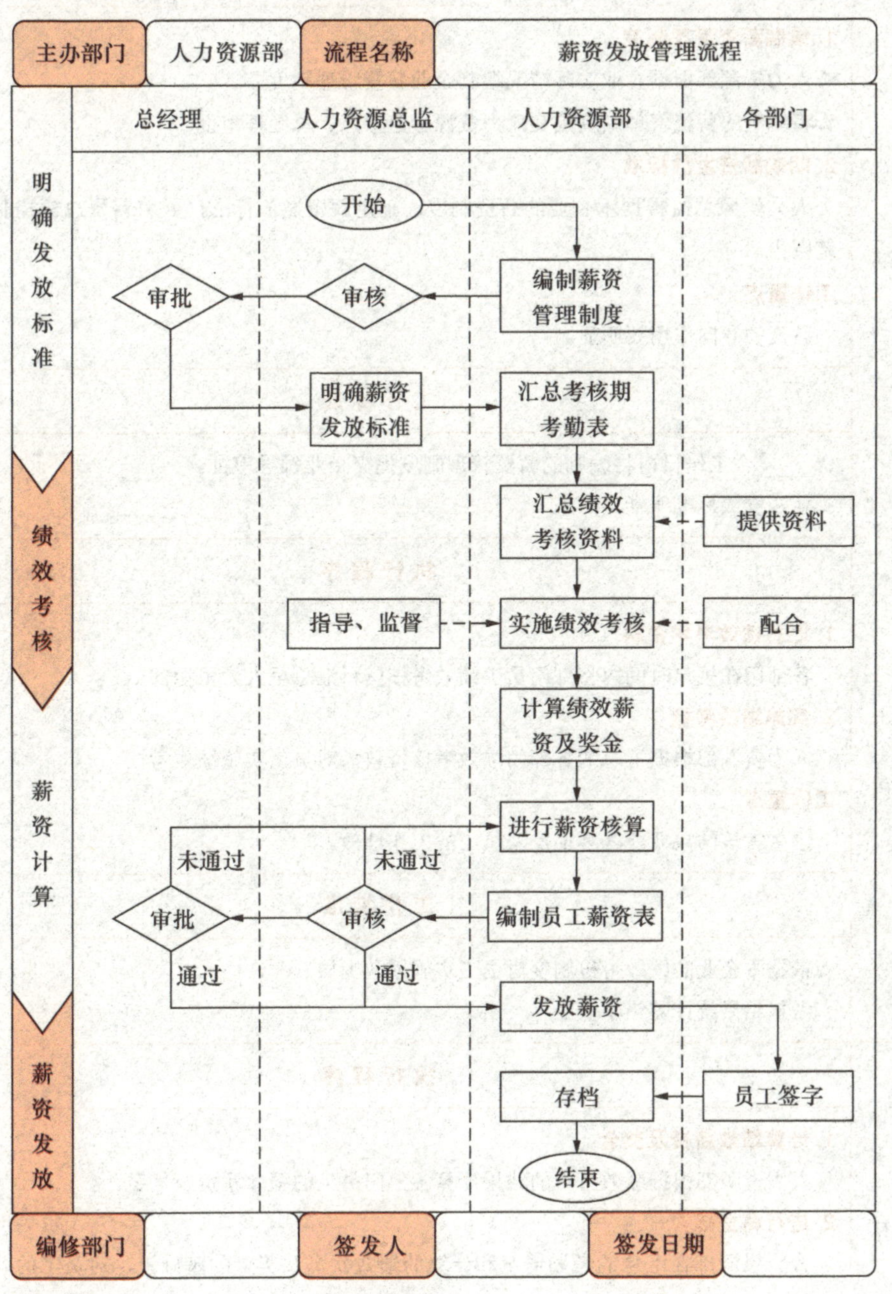

主办部门
人力资源部
流程名称
薪资发放管理流程
总经理
人力资源总监
人力资源部
各部门
明确发放标准
绩效考核
薪资计算
薪资发放
开始
编制薪资管理制度
审核
审批
明确薪资发放标准
汇总考核期考勤表
汇总绩效考核资料
提供资料
指导、监督
实施绩效考核
配合
计算绩效薪资及奖金
进行薪资核算
未通过
未通过
审批
审核
编制员工薪资表
通过
通过
发放薪资
员工签字
存档
结束
编修部门
签发人
签发日期

第9章 薪酬福利管理

9.8.2 薪资发放管理执行程序、工作标准、考核指标、执行规范

<table>
<tr><th>任务名称</th><th>执行程序、工作标准与考核指标</th></tr>
<tr><td rowspan="4">明确
发放标准</td><td>执行程序</td></tr>
<tr><td>1. 编制薪资管理制度
☆人力资源部根据企业实际情况编制企业薪资管理制度。
☆将编制的薪资管理制度提交人力资源总监审核、总经理审批。
2. 明确薪资发放标准
人力资源总监根据本企业的薪资制度，确定薪资发放标准，并将薪资总额控制在合理范围内。
工作重点
薪资的导向作用要明显。</td></tr>
<tr><td>工作标准</td></tr>
<tr><td>☆____个工作日内将编制的薪资管理制度提交企业领导审批。
☆薪资发放标准明晰。</td></tr>
<tr><td rowspan="4">绩效考核</td><td>执行程序</td></tr>
<tr><td>1. 汇总绩效考核资料
各部门在规定时间内将部门员工绩效考核资料汇总至人力资源部。
2. 实施绩效考核
人力资源部根据汇总的各部门绩效考核资料，对员工实施绩效考核。
工作重点
绩效考核结果要能客观地反映员工的工作绩效。</td></tr>
<tr><td>工作标准</td></tr>
<tr><td>☆依据本企业的绩效考核制度对员工实施绩效考核。
☆考核结果统计差错率低于____%。</td></tr>
<tr><td rowspan="2">薪资计算</td><td>执行程序</td></tr>
<tr><td>1. 计算绩效薪资及奖金
人力资源部根据绩效考核的结果计算各部门员工的绩效薪资及奖金。
2. 进行薪资核算
人力资源部在汇总的考勤情况和计算的绩效薪资及奖金的基础上，对员工的薪资进行核算。
3. 编制员工薪资表
人力资源部根据核算的薪资数据编制员工薪资表，并报人力资源总监审核、总经理审批。</td></tr>
</table>

（续）

<table>
<tr><th>任务名称</th><th>执行程序、工作标准与考核指标</th></tr>
<tr><td rowspan="5">薪资计算</td><td>工作重点
绩效工资及奖金的计发标准明确。</td></tr>
<tr><td>工 作 标 准</td></tr>
<tr><td>☆薪资核算无误。
☆每月____日前将编制完成的薪资表提交企业领导审批。</td></tr>
<tr><td>考 核 指 标</td></tr>
<tr><td>☆员工薪资表编制的及时性。
☆员工薪资计算出现差错的次数。</td></tr>
<tr><td rowspan="4">薪资发放</td><td>执 行 程 序</td></tr>
<tr><td>1. 发放薪资
人力资源部将审批后的薪资表交给财务部，由财务部为员工发放薪资。
2. 员工签字
各部门员工在薪资表上签字确认。
工作重点
员工核实数额并领取后，应在薪资表上签字。</td></tr>
<tr><td>工 作 标 准</td></tr>
<tr><td>☆每月____日前发放员工上月的薪资。
☆薪资发放无差错。</td></tr>
<tr><td colspan="2">执 行 规 范</td></tr>
<tr><td colspan="2">“企业薪酬福利管理制度”“企业薪资管理制度”“绩效考核表”“绩效薪资及奖金表”“员工薪资表”。</td></tr>
</table>

9.9 薪资调整管理流程设计与工作执行

9.9.1 薪资调整管理流程设计

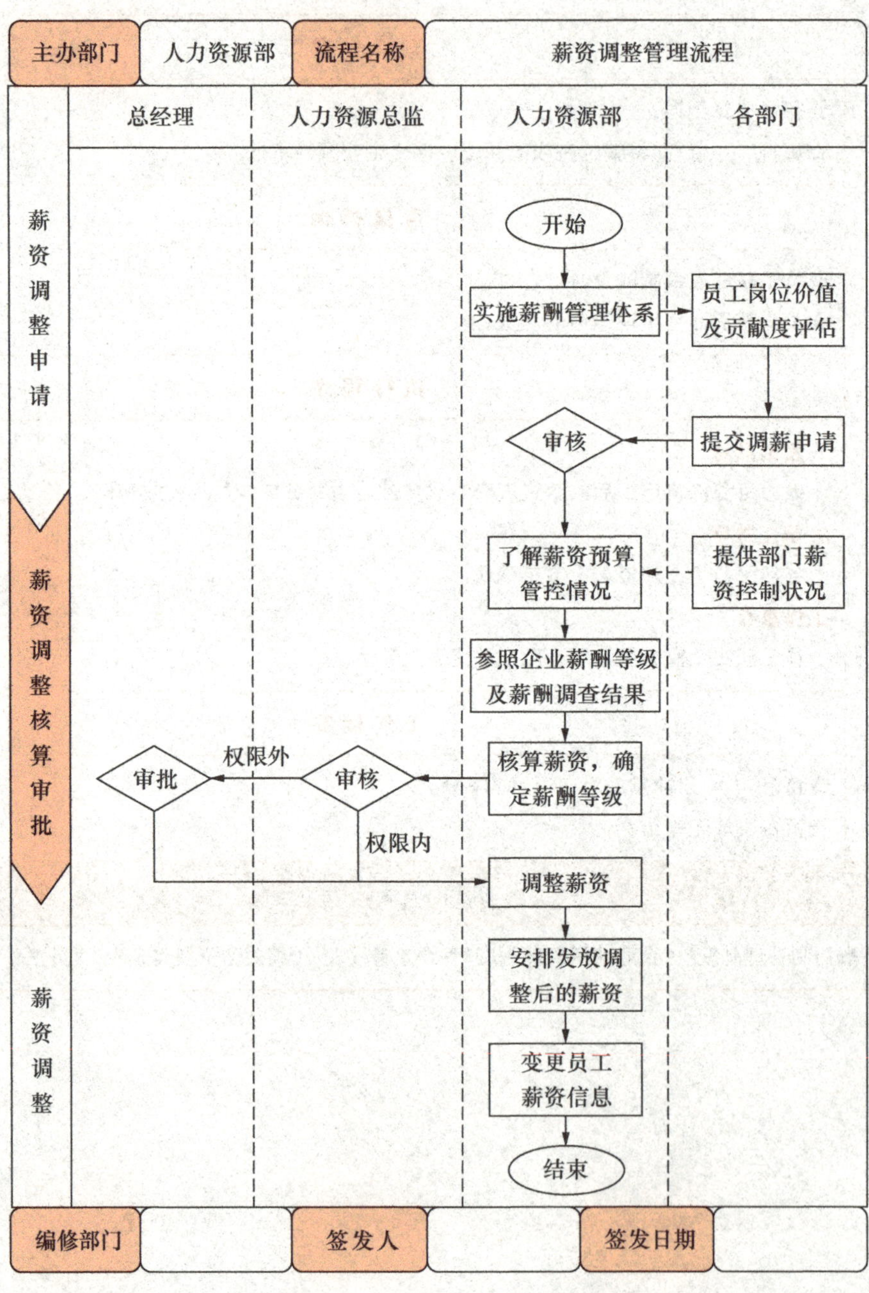

主办部门
人力资源部
流程名称
薪资调整管理流程
总经理
人力资源总监
人力资源部
各部门
薪资调整申请
薪资调整核算审批
薪资调整
开始
实施薪酬管理体系
员工岗位价值及贡献度评估
审核
提交调薪申请
了解薪资预算管控情况
提供部门薪资控制状况
参照企业薪酬等级及薪酬调查结果
核算薪资，确定薪酬等级
审批
权限外
审核
权限内
调整薪资
安排发放调整后的薪资
变更员工薪资信息
结束
编修部门
签发人
签发日期

9.9.2 薪资调整管理执行程序、工作标准、考核指标、执行规范

<table>
<tr><th>任务名称</th><th>执行程序、工作标准与考核指标</th></tr>
<tr><td rowspan="4">薪资调整申请</td><td>执行程序</td></tr>
<tr><td>1. 员工岗位价值及贡献度评估
各部门定期对部门内员工进行岗位价值及贡献度评估。
2. 提交调薪申请
各部门负责人根据员工的表现，向企业人力资源部提交调薪申请。
3. 审核
人力资源部对各部门提交的调薪申请进行审核。
工作重点
对员工的工作绩效评估要客观、公正。</td></tr>
<tr><td>工作标准</td></tr>
<tr><td>☆评估参照依据一般有各期绩效考核结果、员工主管及同事评价、员工在各项目或工作中的贡献程度等。
☆审核内容主要包括调薪申请理由是否充分、调薪是否合理、调薪建议是否中肯等。</td></tr>
<tr><td rowspan="4">薪资调整核算审批</td><td>执行程序</td></tr>
<tr><td>1. 了解薪资预算管控情况
人力资源部根据各部门提供的薪资控制状况及年度人员计划等，对部门薪资支出与制定的预算进行对比。
2. 核算薪资，确定薪酬等级
☆人力资源部参照企业薪酬等级及薪酬调查结果核算各部门提交的调整后部分员工的薪资。
☆确定调整后的薪资等级，核查是否在该岗位的薪酬等级范围内。
工作重点
调整后的薪资总额与预算的偏差应适度。</td></tr>
<tr><td>工作标准</td></tr>
<tr><td>☆预算应综合考虑可能存在的突发状况及薪资调整情况。
☆若在薪酬等级范围内，经人力资源总监审批后，可根据核定后的薪酬等级进行调整；若在薪酬等级范围外，应提交总经理审批。</td></tr>
<tr><td rowspan="2">薪资调整</td><td>执行程序</td></tr>
<tr><td>1. 调整薪资
调整相应员工的薪资，并根据企业制度在本期或下期发放调整后的薪资。</td></tr>
</table>

（续）

任务名称	执行程序、工作标准与考核指标
薪资调整	**2. 变更员工薪资信息** 人力资源部及时变更相应系统及档案内相关员工的薪资情况。 **工作重点** 薪资调整的幅度适当。
	工作标准
	☆人力资源部确认薪资调整已呈权限领导审批。 ☆调薪数额、调薪原因、调薪时间等要有清晰的记录。
	考核指标
	☆信息变更的及时性。 ☆信息登记出错的次数。
执行规范	
“绩效考核表”“调薪申请表”“薪资调整核算表”。	

第 10 章

员工调动与晋升管理

10.1 员工调动与晋升管理流程设计

10.1.1 流程设计的目的

员工调动与晋升在企业人力资源管理活动中经常发生，对员工调动与晋升实施流程管理的目的如下：

（1）规范企业员工调动、晋升管理等工作，提高人力资源部的工作效率，加强企业人员流动控制；

（2）推动企业内部岗位效益最大化，提升员工工作积极性；

（3）逐步实现员工调动与晋升管理规范化、标准化、程序化，提高企业人力资源管理水平。

10.1.2 流程结构设计

员工调动与晋升管理流程设计是根据其内容进行流程细化，具体结构设计如图 10-1 所示。

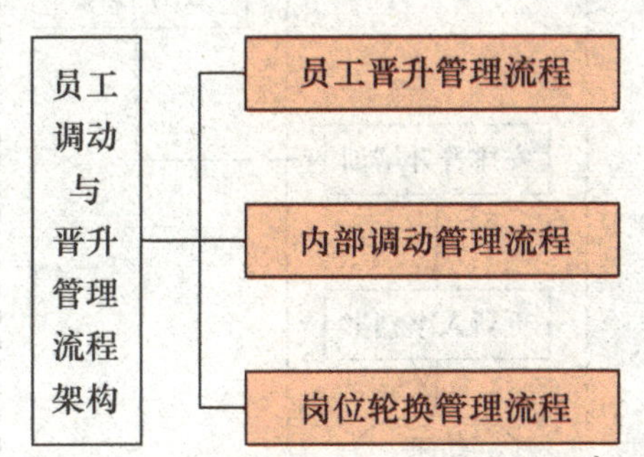
员工调动与晋升管理流程架构
员工晋升管理流程
内部调动管理流程
岗位轮换管理流程

图 10-1 员工调动与晋升管理流程结构设计

10.2 员工晋升管理流程设计与工作执行

10.2.1 员工晋升管理流程设计

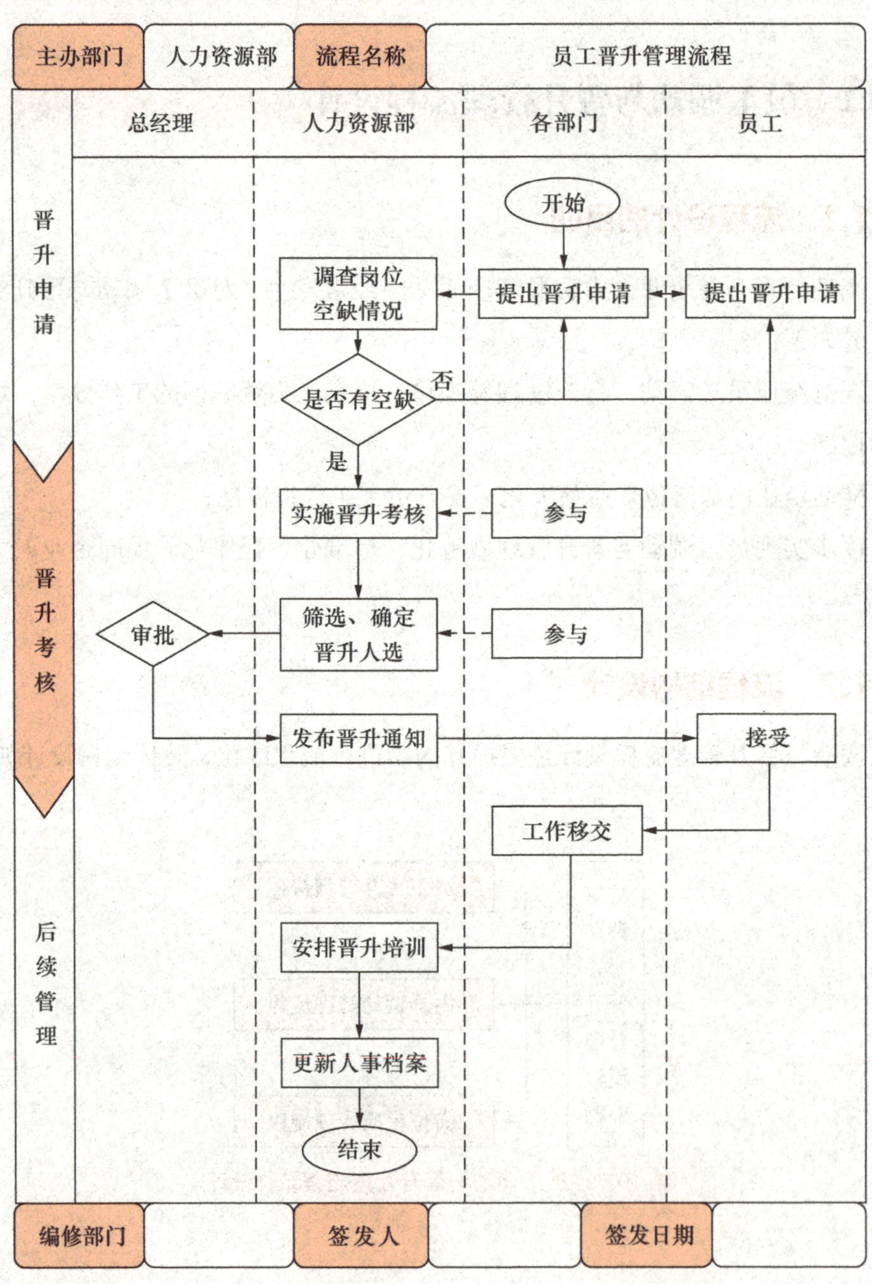

主办部门
人力资源部
流程名称
员工晋升管理流程
总经理
人力资源部
各部门
员工
晋升申请
晋升考核
后续管理
开始
调查岗位空缺情况
提出晋升申请
提出晋升申请
是否有空缺
否
是
实施晋升考核
参与
筛选、确定晋升人选
审批
参与
发布晋升通知
接受
工作移交
安排晋升培训
更新人事档案
结束
编修部门
签发人
签发日期

10.2.2 员工晋升管理执行程序、工作标准、考核指标、执行规范

<table>
<tr><th>任务名称</th><th>执行程序、工作标准与考核指标</th></tr>
<tr><td rowspan="4">晋升申请</td><td>执 行 程 序</td></tr>
<tr><td>1. 提出晋升申请
☆员工根据自我发展需要，向部门主管提出晋升申请，经部门主管同意后将晋升申请表提交人力资源部。
☆部门负责人根据员工工作绩效及企业职位需求，为员工提出晋升申请。
2. 调查岗位空缺情况
☆人力资源部接收、整理各部门提交的晋升申请表，确定目标晋升岗位的名称、所属部门、人数等。
☆人力资源部调查目标晋升岗位是否有空缺。
工作重点
审核晋升申请表中的人员是否符合晋升条件。</td></tr>
<tr><td>工 作 标 准</td></tr>
<tr><td>☆人力资源部提供空缺职位和任职要求，包括任职名称、用人条件等信息。
☆根据人力资源部发布的晋升规定和程序，部门负责人和员工提交晋升申请。</td></tr>
<tr><td rowspan="4">晋升考核</td><td>执 行 程 序</td></tr>
<tr><td>1. 实施晋升考核
人力资源部组织实施本企业的晋升考核工作。
2. 筛选、确定晋升人选
☆人力资源部对晋升人选进行初步筛选。
☆晋升岗位的职级主管对初步筛选合格的申请者进行工作能力等方面的考核。
☆人力资源部将晋升人选名单提交总经理审批。
3. 发布晋升通知
根据总经理的审批意见，在企业内部公布晋升任命。
工作重点
考核方法要恰当。</td></tr>
<tr><td>工 作 标 准</td></tr>
<tr><td>☆挑选的晋升人员要符合岗位的要求。
☆确定晋升人员后，应在 ____ 个工作日内发布公告。</td></tr>
<tr><td rowspan="2">后续管理</td><td>执 行 程 序</td></tr>
<tr><td>1. 工作移交
晋升人员收到通知后进行工作移交。</td></tr>
</table>

（续）

<table>
<tr><th>任务名称</th><th>执行程序、工作标准与考核指标</th></tr>
<tr><td rowspan="5">后续管理</td><td>2. 安排晋升培训
人力资源部组织做好对晋升人员的晋升培训工作。
工作重点
对重要的工作事项和资料要交接清楚。</td></tr>
<tr><td>工作标准</td></tr>
<tr><td>☆工作移交及时。
☆晋升培训工作按照计划完成。</td></tr>
<tr><td>考核指标</td></tr>
<tr><td>☆工作移交办理的规范性。
☆培训计划完成率：$培训计划完成率=\frac{培训完成的项目（时）数}{计划培训的项目（时）数}\times 100\%$。</td></tr>
<tr><td colspan="2">执行规范</td></tr>
<tr><td colspan="2">“员工晋升管理制度”“员工晋升申请表”“面试考核表”“晋升任命公告”“工作交接记录表”。</td></tr>
</table>

10.3 内部调动管理流程设计与工作执行

10.3.1 内部调动管理流程设计

主办部门	人力资源部	流程名称	内部调动管理流程

阶段	总经理	人力资源部	用人部门	员工所在部门	员工
汇总内部调动申请	审批	开始 编制员工内部调动管理制度 下发执行 汇总调动申请	提出调动申请		提出调动申请
确定调动人选及方案	审批	安排内部调动面谈协商 审核（权限外→总经理审批；权限内→发出调动通知）	内部调动面谈 确定调动人选 拟定员工内部调动方案	内部调动面谈	
办理内部调动手续		发出调动通知 办理调动手续 更新员工资料 结束	接收并安排调入员工	工作交接	工作交接

编修部门		签发人		签发日期	

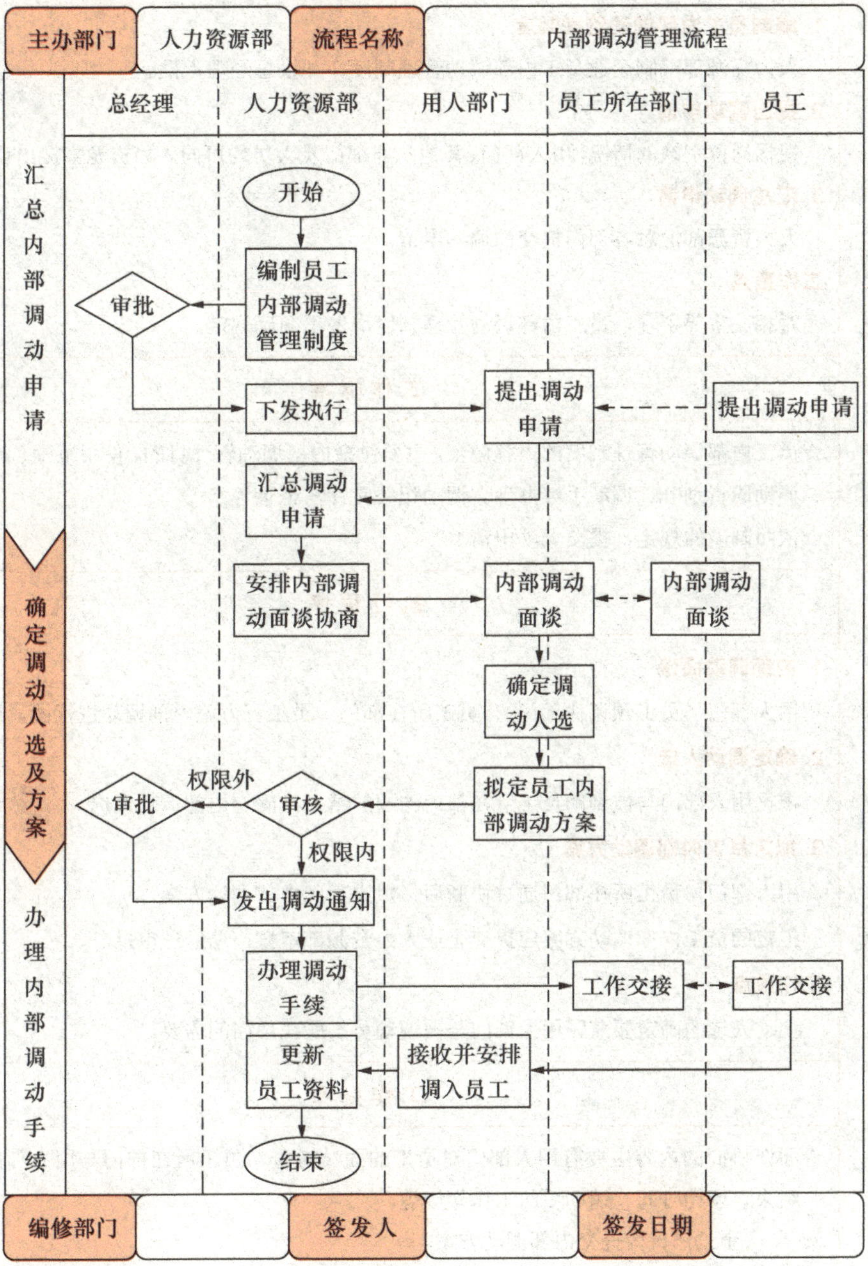

10.3.2 内部调动管理执行程序、工作标准、考核指标、执行规范

<table>
<tr><th>任务名称</th><th>执行程序、工作标准与考核指标</th></tr>
<tr><td rowspan="4">汇总内部调动申请</td><td>执行程序</td></tr>
<tr><td>1. 编制员工内部调动管理制度
人力资源部编制企业员工内部调动管理制度，并报总经理审批。
2. 提出调动申请
根据岗位空缺的情况，用人部门、其他职能部门及人员均可向人力资源部提出调动申请。
3. 汇总调动申请
人力资源部汇总各部门提交的调动申请。
工作重点
对相关重要事项，员工内部调动管理制度均做出明确规定。</td></tr>
<tr><td>工作标准</td></tr>
<tr><td>☆员工内部调动管理制度的内容健全，主要包括内部调动管理目的、使用范围、调动条件、调动职责划分、调动手续办理、调动相关文件与记录等。
☆依照制度的规定，提交调动申请。</td></tr>
<tr><td rowspan="4">确定调动人选及方案</td><td>执行程序</td></tr>
<tr><td>1. 内部调动面谈
用人部门（员工预调往部门）、员工所在部门、员工三方就内部调动进行面谈协商。
2. 确定调动人选
根据用人部门与被调动员工所在部门沟通的结果，确定内部调动人选。
3. 拟定员工内部调动方案
☆用人部门与员工所在部门通过协商后，拟定员工内部调动方案。
☆拟定的员工内部调动方案应提交企业人力资源部审核、总经理审批。
工作重点
调动人选的确定要兼顾用人部门与被调动员工所在部门的需要。</td></tr>
<tr><td>工作标准</td></tr>
<tr><td>☆面谈协商的内容主要有用人部门对员工的面试考查、员工所在部门与用人部门的协商结果、调动时间、调动后的工作安排等。
☆ ____ 个工作日内提交内部调动方案。</td></tr>
</table>

（续）

<table>
<tr><th>任务名称</th><th>执行程序、工作标准与考核指标</th></tr>
<tr><td rowspan="2">确定调动人选及方案</td><td>考核指标</td></tr>
<tr><td>☆内部调动方案的可行性。内部调动方案要以员工、员工所在部门、用人部门三方的需求为基础，最大限度地满足三方需求。
☆内部调动方案修改的次数。</td></tr>
<tr><td rowspan="4">办理内部调动手续</td><td>执行程序</td></tr>
<tr><td>1. 办理调动手续
人力资源部在调动方案确定的调动时间内完成员工内部调动手续。
2. 更新员工资料
人力资源部根据员工内部调动情况，及时更新员工的有关信息。
工作重点
人力资源部要监督调动人员做好内部调动的交接工作。</td></tr>
<tr><td>工作标准</td></tr>
<tr><td>☆员工调动手续包括调出手续和调入手续，调出手续需员工所在部门配合办理，调入手续则需用人部门配合办理。
☆更新的员工信息中应记录员工调动的时间及部门等各项信息，以备查。</td></tr>
<tr><td colspan="2">执行规范</td></tr>
<tr><td colspan="2">“员工内部调动管理制度”“员工内部调动申请表”“员工内部调动申请汇总表”“员工内部调动面谈记录表”“员工内部调动方案”“人员调动通知单”“员工工作交接表”“员工调动记录表”。</td></tr>
</table>

10.4 岗位轮换管理流程设计与工作执行

10.4.1 岗位轮换管理流程设计

主办部门	人力资源部	流程名称	岗位轮换管理流程

	总经理	人力资源部	岗位轮换部门	员工
确定岗位轮换计划	审批	开始 拟订岗位轮换计划 确定轮换人员及岗位		
岗位轮换		发布岗位轮换通知 组织办理岗位轮换手续	做好工作安排，准备接收轮换员工	填写轮换表
岗位轮换评议		岗位轮换评议 结束	评估、反馈	

编修部门		签发人		签发日期	

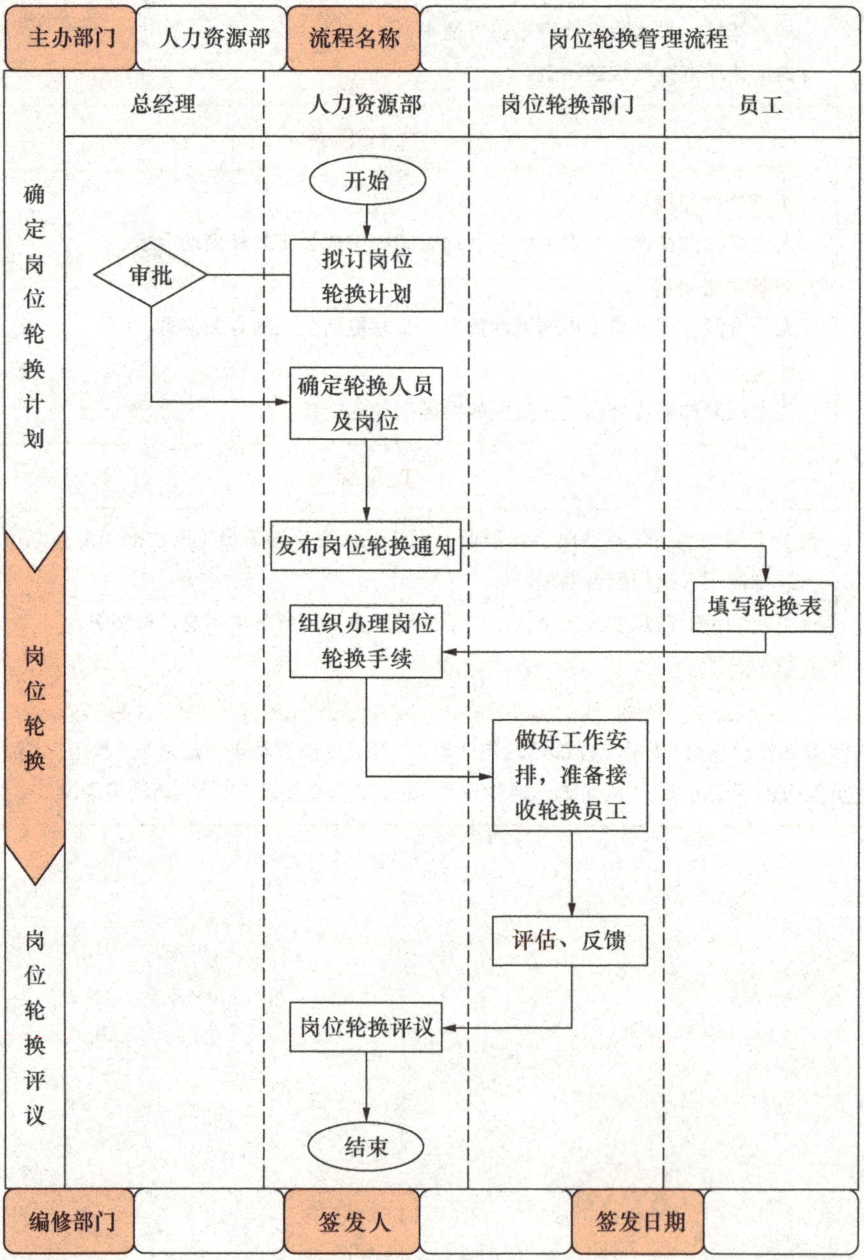

10.4.2 岗位轮换管理执行程序、工作标准、考核指标、执行规范

<table>
<tr><th>任务名称</th><th>执行程序、工作标准与考核指标</th></tr>
<tr><td rowspan="4">确定岗位轮换计划</td><td>执行程序</td></tr>
<tr><td>1. 拟订岗位轮换计划
人力资源部根据企业发展需要拟订岗位轮换计划，提交总经理审批。
2. 确定轮换人员及岗位
人力资源部根据总经理的审批意见，以及岗位轮换部门负责人与员工沟通的结果，确定轮换人员名单及具体的轮换岗位。
工作重点
岗位轮换计划书的拟订要符合企业发展的需求及员工的意愿。</td></tr>
<tr><td>工作标准</td></tr>
<tr><td>☆岗位轮换计划书的内容包括轮换的岗位、岗位轮换目的、岗位轮换时间等。
☆拟订的岗位轮换计划在____个工作日内报总经理审批。</td></tr>
<tr><td rowspan="6">岗位轮换</td><td>执行程序</td></tr>
<tr><td>1. 发布岗位轮换通知
根据确定的岗位轮换计划及轮换人员名单，人力资源部在企业内部发布岗位轮换通知。
2. 组织办理岗位轮换手续
人力资源部在岗位轮换计划实施后，组织轮换员工办理岗位轮换手续。
工作重点
岗位轮换手续的办理依照企业的规定进行。</td></tr>
<tr><td>工作标准</td></tr>
<tr><td>☆岗位轮换通知的内容包括轮换的岗位、轮换部门、轮换时间等。
☆岗位轮换通知发放的对象包括岗位轮换员工、轮换员工所在部门、轮换部门。
☆岗位轮换通知发布及时。</td></tr>
<tr><td>考核指标</td></tr>
<tr><td>☆信息发布的及时性。
☆轮岗手续办理的规范性。</td></tr>
<tr><td rowspan="2">岗位轮换评议</td><td>执行程序</td></tr>
<tr><td>1. 评估、反馈
岗位轮换部门对轮岗员工的工作表现进行综合评估，并将评估结果反馈至人力资源部。</td></tr>
</table>

（续）

<table>
<tr><th>任务名称</th><th>执行程序、工作标准与考核指标</th></tr>
<tr><td rowspan="5">岗位轮换评议</td><td>2. 岗位轮换评议
☆人力资源部收集员工岗位轮换反馈及考核表，对员工岗位轮换工作进行评议。
☆编制岗位轮换评议报告，为后期员工岗位轮换工作的调整及其他员工岗位轮换工作提供参考依据。
工作重点
制定的评议标准要清晰明确，便于操作。</td></tr>
<tr><td>工作标准</td></tr>
<tr><td>☆对员工轮岗期间的基本工作情况记录清晰、完整。
☆考核结果准确、客观。</td></tr>
<tr><td>考核指标</td></tr>
<tr><td>☆信息记录的完整性。
☆考核数据准确率；
$$考核数据准确率=\frac{(考核数据总数-实查有误的数据)}{考核数据总数}\times100\%$$</td></tr>
<tr><th colspan="2">执行规范</th></tr>
<tr><td colspan="2">“岗位轮换实施办法”“岗位轮换计划书”“岗位轮换通知”“员工工作交接表”“员工岗位轮换评议报告”。</td></tr>
</table>

人力资源管理
流程设计与服务工作标准

第11章 员工考勤与提案管理

11.1 员工考勤与提案管理流程设计

11.1.1 流程设计的目的

员工考勤与提案管理流程设计的目的如下：

（1）规范员工的工作纪律管理；

（2）充分调动员工参与企业管理的积极性。

11.1.2 流程结构设计

考勤与提案属于员工日常管理工作的内容，本章重点对考勤管理这一模块的内容进行了流程细分，将其划分为外勤管理流程、请假管理流程、加班管理流程等，具体结构设计如图 11-1 所示。

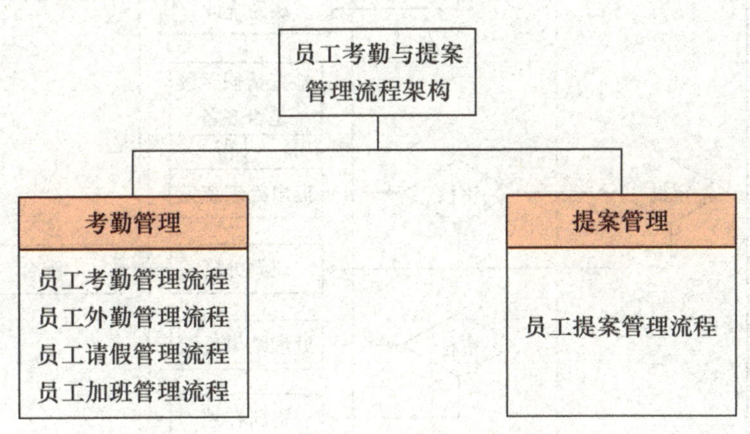
员工考勤与提案管理流程架构
考勤管理
员工考勤管理流程
员工外勤管理流程
员工请假管理流程
员工加班管理流程
提案管理
员工提案管理流程

图 11-1 员工考勤与提案管理流程结构设计

11.2　员工考勤管理流程设计与工作执行

11.2.1　员工考勤管理流程设计

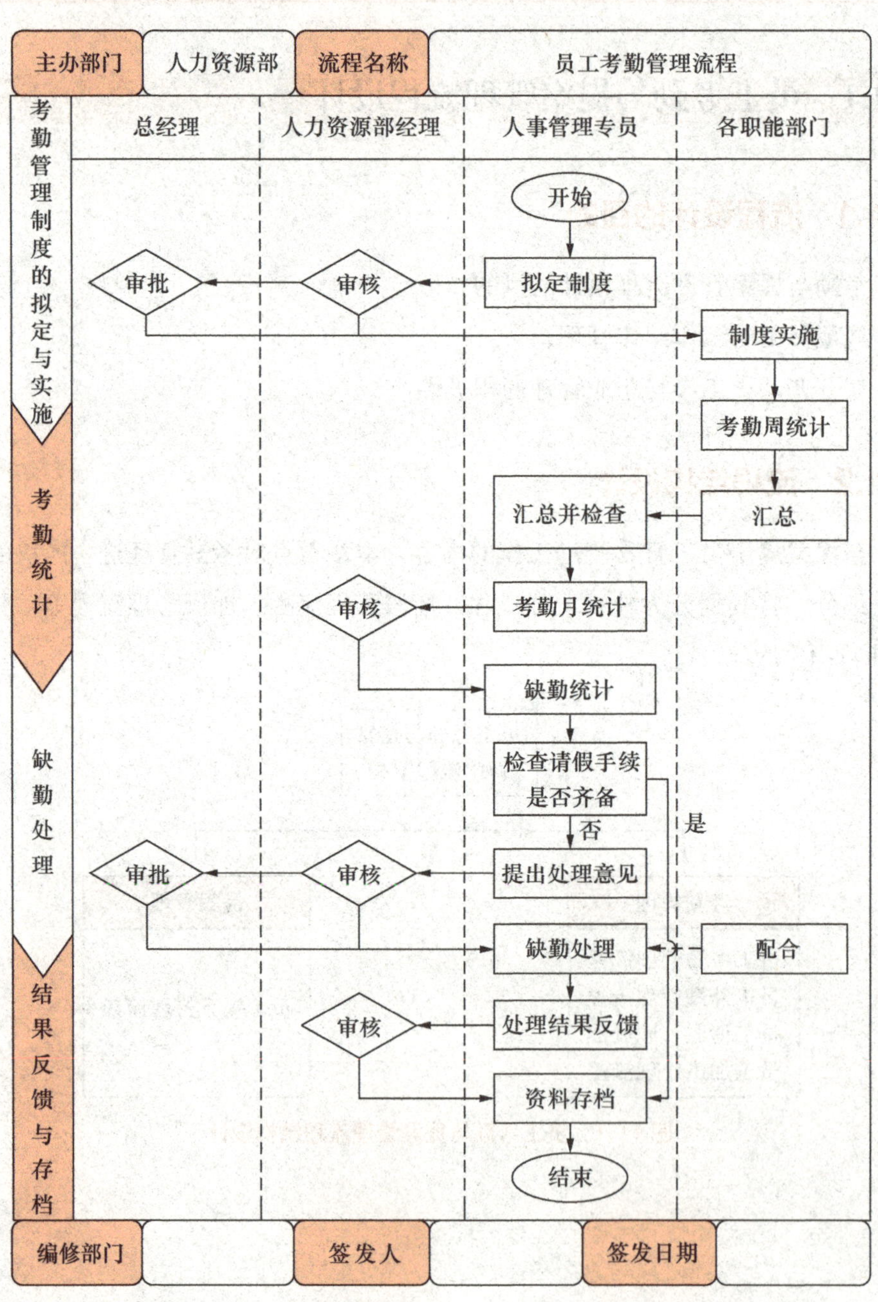

主办部门
人力资源部
流程名称
员工考勤管理流程
考勤管理制度的拟定与实施
考勤统计
缺勤处理
结果反馈与存档
总经理
人力资源部经理
人事管理专员
各职能部门
开始
拟定制度
审核
审批
制度实施
考勤周统计
汇总
汇总并检查
考勤月统计
审核
缺勤统计
检查请假手续是否齐备
是
否
提出处理意见
审核
审批
缺勤处理
配合
处理结果反馈
审核
资料存档
结束
编修部门
签发人
签发日期

11.2.2 员工考勤管理执行程序、工作标准、考核指标、执行规范

<table>
<tr><th>任务名称</th><th>执行程序、工作标准与考核指标</th></tr>
<tr><td rowspan="4">考勤管理制度的拟定与实施</td><td>执行程序</td></tr>
<tr><td>1. 拟定制度
☆人事管理专员根据本企业人力资源管理制度，拟定员工考勤管理制度。
☆拟定的考勤管理制度报企业人力资源部经理审核、总经理审批。
2. 制度实施
各职能部门依据考勤管理制度的规定，做好本部门员工的考勤管理工作。
工作重点
人力资源部应根据各职能部门的业务特点，灵活规定考勤时间。</td></tr>
<tr><td>工作标准</td></tr>
<tr><td>☆考勤管理制度在____个工作日内拟定完成。
☆拟定的考勤管理制度符合企业运营的实际情况。</td></tr>
<tr><td rowspan="6">考勤统计</td><td>执行程序</td></tr>
<tr><td>1. 考勤周统计
各职能部门依据员工日考勤卡，每周对本部门员工的出勤情况进行统计。
2. 汇总并检查
人事管理专员每周汇总各职能部门提交的考勤周统计表，并检查其真实性。
3. 考勤月统计
人事管理专员汇总员工月考勤统计表，并报人力资源部经理审核。
工作重点
人事管理专员要做好考勤核查工作。</td></tr>
<tr><td>工作标准</td></tr>
<tr><td>☆月度考勤结果应在下月____日前提交。
☆考勤结果无错误信息。</td></tr>
<tr><td>考核指标</td></tr>
<tr><td>☆数据收集的及时性。
☆考勤统计出错的次数。</td></tr>
<tr><td rowspan="2">缺勤处理</td><td>执行程序</td></tr>
<tr><td>1. 缺勤统计
人事管理专员从月考勤统计表中筛选出本月缺勤的员工，进行缺勤统计。</td></tr>
</table>

（续）

<table>
<tr><th>任务名称</th><th>执行程序、工作标准与考核指标</th></tr>
<tr><td rowspan="4">缺勤处理</td><td>2. 提出处理意见
☆员工请假手续齐备（病假、事假）的，人事管理专员将其请假资料存档保管。
☆缺勤员工未能履行企业规定的请假手续的，人事管理专员要按照制度规定提出处理意见，并提交人力资源部经理审核、总经理审批。</td></tr>
<tr><td>工作重点
处理意见要客观，要有明确的处理依据。</td></tr>
<tr><td>工作标准</td></tr>
<tr><td>☆下月 ____ 日前统计出上月的缺勤情况。
☆对缺勤人员的处理及时、得当。</td></tr>
<tr><td rowspan="4">结果反馈与存档</td><td>执行程序</td></tr>
<tr><td>1. 处理结果反馈
☆人事管理专员及时将缺勤处理结果反馈给人力资源部经理。
☆人力资源部经理对缺勤处理结果进行审核。
2. 资料存档
人事管理专员将缺勤人员的考勤卡、处理意见报告等存档，并妥善保管。
工作重点
依照资料存档分类标准对考勤资料进行归档。</td></tr>
<tr><td>工作标准</td></tr>
<tr><td>☆处理结果反馈及时，应在 ____ 个工作日内完成反馈工作。
☆资料存档符合企业档案管理制度的规定。</td></tr>
<tr><td colspan="2">执行规范</td></tr>
<tr><td colspan="2">“考勤管理制度”“考勤卡”“考勤周统计表”“考勤月统计表”“缺勤人员处理意见报告”“缺勤人员处理结果反馈表”。</td></tr>
</table>

11.3 员工外勤管理流程设计与工作执行

11.3.1 员工外勤管理流程设计

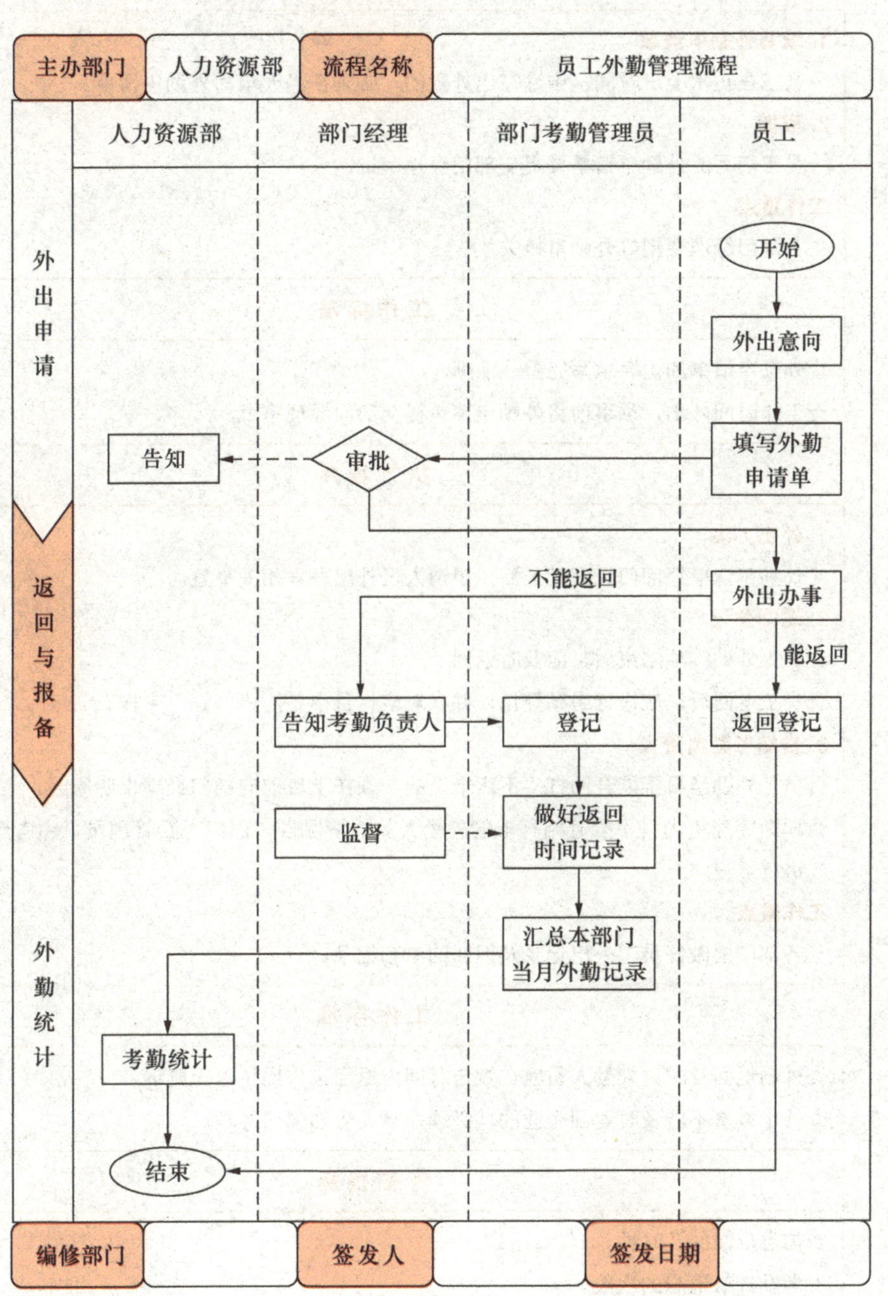

主办部门
人力资源部
流程名称
员工外勤管理流程
人力资源部
部门经理
部门考勤管理员
员工
外出申请
返回与报备
外勤统计
开始
外出意向
填写外勤申请单
审批
告知
外出办事
不能返回
能返回
告知考勤负责人
登记
返回登记
监督
做好返回时间记录
汇总本部门当月外勤记录
考勤统计
结束
编修部门
签发人
签发日期

11.3.2 员工外勤管理执行程序、工作标准、考核指标、执行规范

<table>
<tr><th>任务名称</th><th>执行程序、工作标准与考核指标</th></tr>
<tr><td rowspan="4">外出申请</td><td>执行程序</td></tr>
<tr><td>1. 填写外勤申请单
员工在正常上班时间，中途需出外勤的，必须在当天填写外勤申请单。
2. 审批
员工填写的外勤申请单要提交部门经理审批。
工作重点
各部门经理要把好外勤审核关。</td></tr>
<tr><td>工作标准</td></tr>
<tr><td>☆外勤申请单的内容填写完整、清晰。
☆工作时间外出，须事前将外勤申请单提交部门经理审批。</td></tr>
<tr><td rowspan="6">返回与报备</td><td>执行程序</td></tr>
<tr><td>1. 外出办事
外勤申请单经部门经理批准后，申请人可外出办理相关事宜。
2. 返回登记
☆员工外勤事项结束后，应及时返回。
☆员工返回后，应进行考勤登记，并在对应栏目中备注“外勤”字样。
3. 告知考勤负责人
☆员工外勤当日不能赶回打“下班卡”的，须在下班前向部门经理说明原因。
☆部门经理将当日不能赶回打卡的外勤人员的情况告知部门考勤管理员，由考勤管理员进行登记。
工作重点
各部门要做好员工外出记录及返回的考勤记录。</td></tr>
<tr><td>工作标准</td></tr>
<tr><td>☆外勤返回及时。外勤人员应在规定时间内返回工作岗位，无延迟。
☆外出办事不能及时返回企业的，必须在当天告知部门经理。</td></tr>
<tr><td>考核指标</td></tr>
<tr><td>☆信息反馈的及时性。
☆考勤打卡遗忘的次数。</td></tr>
</table>

（续）

<table>
<tr><th>任务名称</th><th>执行程序、工作标准与考核指标</th></tr>
<tr><td rowspan="4">外勤统计</td><td>执行程序</td></tr>
<tr><td>1. 汇总本部门当月外勤记录
本部门考勤管理员要做好部门员工外勤返回时间的记录。
2. 考勤统计
人力资源部做好本月员工外勤的汇总工作。
工作重点
确保信息记录的准确性。</td></tr>
<tr><td>工作标准</td></tr>
<tr><td>☆外勤记录准确。
☆考勤统计及时。</td></tr>
<tr><td colspan="2">执行规范</td></tr>
<tr><td colspan="2">“外勤管理规定”“员工考勤管理办法”“外勤申请单”“考勤登记表”。</td></tr>
</table>

11.4 员工请假管理流程设计与工作执行

11.4.1 员工请假管理流程设计

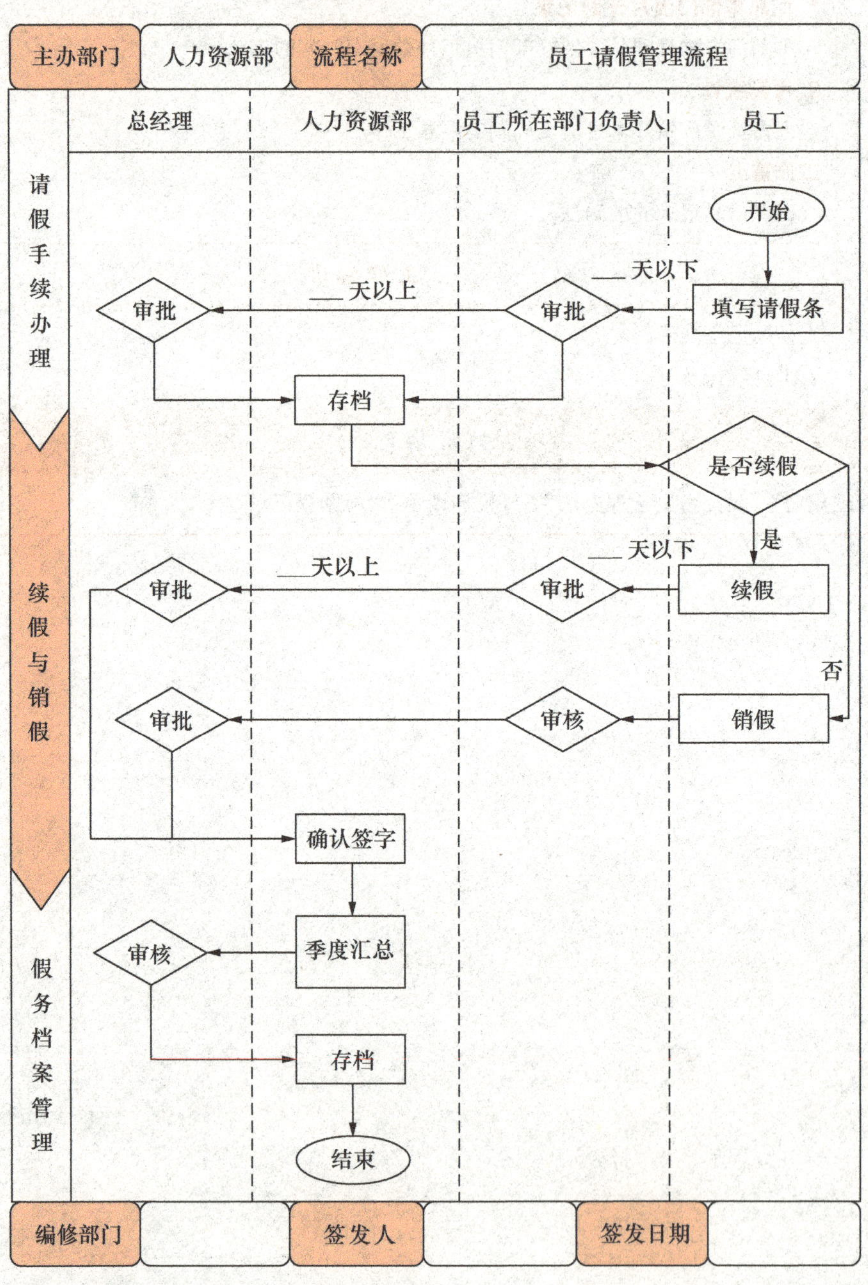

主办部门
人力资源部
流程名称
员工请假管理流程
总经理
人力资源部
员工所在部门负责人
员工
请假手续办理
续假与销假
假务档案管理
开始
填写请假条
___天以下
审批
___天以上
审批
存档
是否续假
是
续假
___天以下
审批
___天以上
审批
否
销假
审核
审批
确认签字
季度汇总
审核
存档
结束
编修部门
签发人
签发日期

11.4.2 员工请假管理执行程序、工作标准、考核指标、执行规范

任务名称	执行程序、工作标准与考核指标
请假手续办理	**执行程序**
	1. 填写请假条 ☆员工请假要按规定事先填写请假条。 ☆员工请假在____天以下的，由所在部门负责人审批；员工请假在____天以上的，由所在部门负责人审核后，报企业总经理审批。 ☆若员工事先来不及填写请假条（如病假），须由员工亲属电话通知员工所在部门和人力资源部。 **2. 存档** 人力资源部对员工的请假条进行统一汇总、保管。 **工作重点** 员工请假条的审批必须符合企业规定的程序。
	工作标准
	☆员工请病假，必须出示医院的诊断证明及休假建议；员工请事假，必须详细说明请假原因。 ☆员工请假需及时告知部门负责人。 ☆审批人员应在规定时间内对员工的请假条进行审批，无延迟情况发生。
续假与销假	**执行程序**
	1. 续假 ☆员工假满后，如需续假，则必须重新填写请假条，注明续假的天数及原因。 ☆员工续假在____天以下的，由所在部门负责人审批。 ☆员工续假在____天以上的，由所在部门负责人审核后，报企业总经理审批。 **2. 销假** 员工假满后，要到人力资源部报到，填写员工销假单，并报权限领导审批。 **工作重点** 员工续假与销假手续的办理必须符合企业规定的程序。
	工作标准
	员工的续假手续与原有的请假条由人力资源部统一进行汇总、保管。
	考核指标
	☆续假手续齐全，符合企业规定。 ☆续假审批及时。部门负责人应在规定时间内对员工续假做出批示，无延迟情况发生。

（续）

<table>
<tr><th>任务名称</th><th>执行程序、工作标准与考核指标</th></tr>
<tr><td rowspan="4">假务档案管理</td><td>执行程序</td></tr>
<tr><td>1. 季度汇总
☆人力资源部于每季度末对员工请假情况进行汇总。
☆人力资源部按季度编制员工请假情况汇总表。
☆员工请假情况汇总表须报企业总经理审核。
2. 存档
人力资源部对员工销假单统一进行汇总、保管。
工作重点
员工请假记录完整、准确。</td></tr>
<tr><td>工作标准</td></tr>
<tr><td>☆员工请假情况汇总表编制及时。
☆假务档案完整、齐全。</td></tr>
<tr><td colspan="2">执行规范</td></tr>
<tr><td colspan="2">“员工请假管理制度”“请假条”“员工销假单”“员工请假情况汇总表”“档案管理制度”。</td></tr>
</table>

11.5 员工加班管理流程设计与工作执行

11.5.1 员工加班管理流程设计

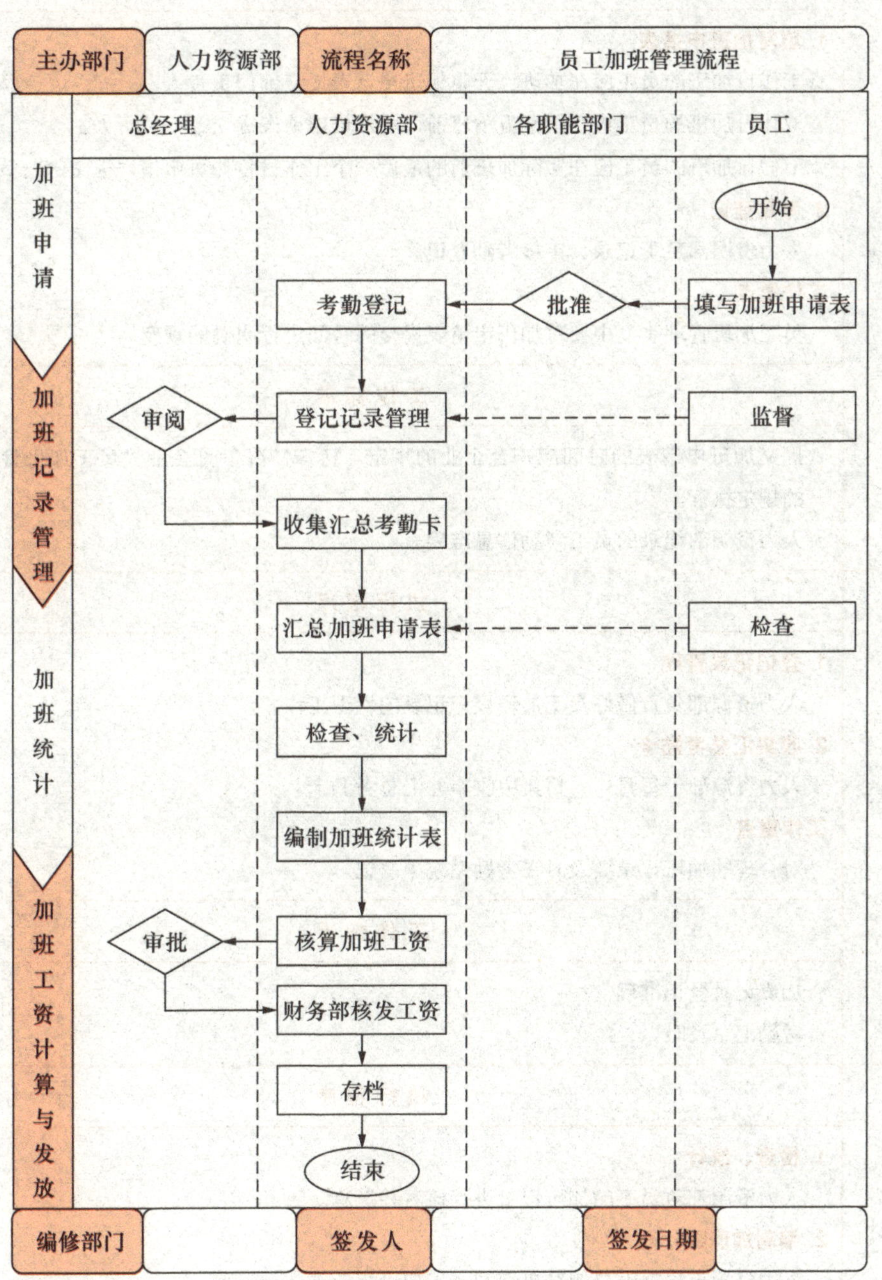
主办部门
人力资源部
流程名称
员工加班管理流程
总经理
人力资源部
各职能部门
员工
加班申请
加班记录管理
加班统计
加班工资计算与发放
开始
填写加班申请表
批准
考勤登记
监督
登记记录管理
审阅
收集汇总考勤卡
检查
汇总加班申请表
检查、统计
编制加班统计表
核算加班工资
审批
财务部核发工资
存档
结束
编修部门
签发人
签发日期

11.5.2 员工加班管理执行程序、工作标准、考核指标、执行规范

<table>
<tr><th>任务名称</th><th>执行程序、工作标准与考核指标</th></tr>
<tr><td rowspan="4">加班申请</td><td>执行程序</td></tr>
<tr><td>1. 填写加班申请表
☆工作日加班的员工应在加班当天将加班申请表提交部门负责人。
☆双休日加班的员工应在星期五下班前，将加班申请表提交部门负责人。
☆节假日加班的员工应在实际加班前的最后一个工作日将加班申请表提交部门负责人。
2. 考勤登记
人力资源部负责记录、审核考勤登记。
工作重点
员工加班管理制度中要对加班申请表提交的时间进行明确的规定。</td></tr>
<tr><td>工作标准</td></tr>
<tr><td>☆提交加班申请表的时间应符合企业的规定，特殊情况参见企业“员工加班管理制度”的规定执行。
☆人力资源部记录的员工考勤信息准确。</td></tr>
<tr><td rowspan="4">加班记录管理</td><td>执行程序</td></tr>
<tr><td>1. 登记记录管理
人力资源部负责做好员工加班登记记录的管理工作。
2. 收集汇总考勤卡
人力资源部于每月____日集中收集并汇总考勤卡。
工作重点
对合理的加班记录要及时在考勤系统中登记。</td></tr>
<tr><td>工作标准</td></tr>
<tr><td>☆加班记录登记准确。
☆考勤汇总及时。</td></tr>
<tr><td rowspan="2">加班统计</td><td>执行程序</td></tr>
<tr><td>1. 检查、统计
人力资源部对员工的加班记录进行核对并汇总。
2. 编制加班统计表
人力资源部根据汇总的结果编制员工加班统计表。
工作重点
人力资源部要严格依据加班登记信息编制加班统计表。</td></tr>
</table>

（续）

任务名称	执行程序、工作标准与考核指标
加班统计	**工作标准**
	☆加班记录完整。 ☆汇总及时，无错误。
加班工资计算与发放	**执行程序**
	1. 核算加班工资 加班工资按月结算，由人力资源部统计并核实。 **2. 审批** 加班统计表须提交企业总经理审批，审批通过后交由财务部核发加班工资。
	工作标准
	☆加班统计表一式两份，一份留给员工，另一份用于核算加班工资。 ☆加班统计表编制及时、准确。
	考核指标
	☆加班时长统计出错的次数。 ☆加班工资计算出现差错的次数。
执行规范	
“员工加班管理制度”“员工加班申请表”“员工加班统计表”。	

11.6 员工提案管理流程设计与工作执行

11.6.1 员工提案管理流程设计

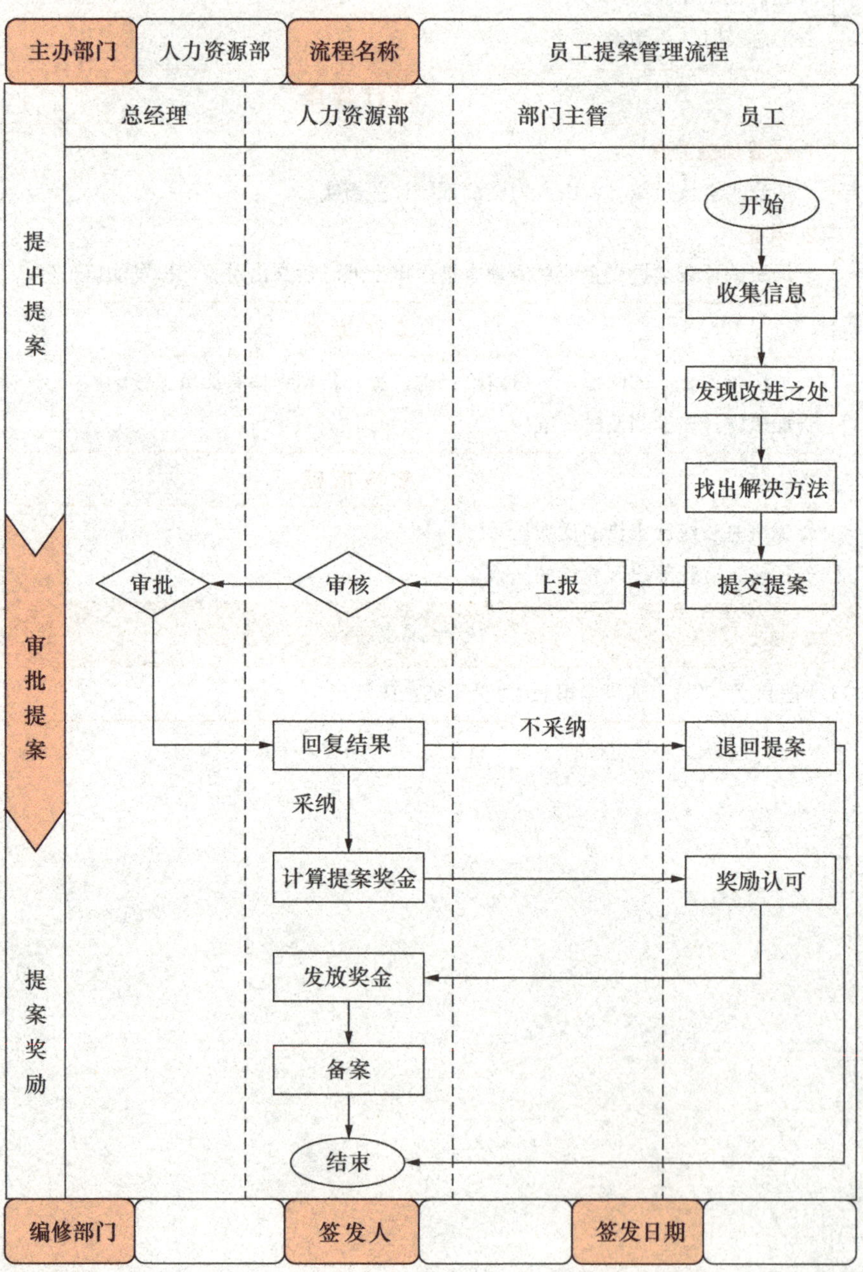

主办部门
人力资源部
流程名称
员工提案管理流程
总经理
人力资源部
部门主管
员工
提出提案
审批提案
提案奖励
开始
收集信息
发现改进之处
找出解决方法
提交提案
上报
审核
审批
回复结果
不采纳
退回提案
采纳
计算提案奖金
奖励认可
发放奖金
备案
结束
编修部门
签发人
签发日期

11.6.2 员工提案管理执行程序、工作标准、考核指标、执行规范

<table>
<tr><th>任务名称</th><th>执行程序、工作标准与考核指标</th></tr>
<tr><td rowspan="4">提出提案</td><td>执行程序</td></tr>
<tr><td>1. 发现改进之处
员工根据企业的现状，找出企业经营与管理工作中需要改进的地方。
2. 找出解决办法
员工根据发现的问题，收集相关资料，找出解决的办法。
工作重点
提案的内容属于企业制定的员工提案管理制度中规定的范围。</td></tr>
<tr><td>工作标准</td></tr>
<tr><td>☆问题明确，解决办法可行，符合企业实际。
☆提案耗资少，能提升企业经济效益。</td></tr>
<tr><td rowspan="4">审批提案</td><td>执行程序</td></tr>
<tr><td>1. 提交提案
员工填写提案表，由部门主管报送人力资源部审核、总经理审批。
2. 回复结果
人力资源部根据总经理的审批意见，对提案的结果进行回复。
工作重点
提案只有经过论证与审批才能被采纳。</td></tr>
<tr><td>工作标准</td></tr>
<tr><td>☆员工提案表的内容填写完整。
☆提案是否被采纳需给出充分的理由与依据。</td></tr>
<tr><td rowspan="6">提案奖励</td><td>执行程序</td></tr>
<tr><td>1. 计算提案奖金
☆对被采纳的提案，相关业务部门应认真执行。
☆依据企业提案管理制度的规定，计算提案奖金。
2. 发放奖金
企业依据确定的标准为员工发放提案奖金。
工作重点
提案奖金计算标准应符合企业规定，同时要利于激发员工提出有效提案的积极性。</td></tr>
<tr><td>工作标准</td></tr>
<tr><td>提案被采纳____个工作日内，确定奖励标准。</td></tr>
<tr><td>考核指标</td></tr>
<tr><td>提案奖金计算的准确性及发放的及时性。</td></tr>
<tr><td colspan="2">执行规范</td></tr>
<tr><td colspan="2">“员工提案管理制度”“提案奖励管理办法”“提案表”“提案奖励金额一览表”。</td></tr>
</table>

第12章

员工关系管理

12.1 员工关系管理流程设计

12.1.1 流程设计的目的

员工关系管理流程设计的目的如下：

（1）明确职责分工，增强相关人员的责任感，减少人才流失，提高企业人才保留率；

（2）建立双向沟通机制，搭建企业与员工的沟通桥梁，提高横向与纵向沟通效率；

（3）规范企业员工关系管理工作，创建和谐的劳动关系。

12.1.2 流程结构设计

员工关系管理流程设计可采取并列式结构进行，即依据各细分工作模块来设计流程，如员工奖惩管理流程、员工满意度调查流程等，具体结构设计如图12-1所示。

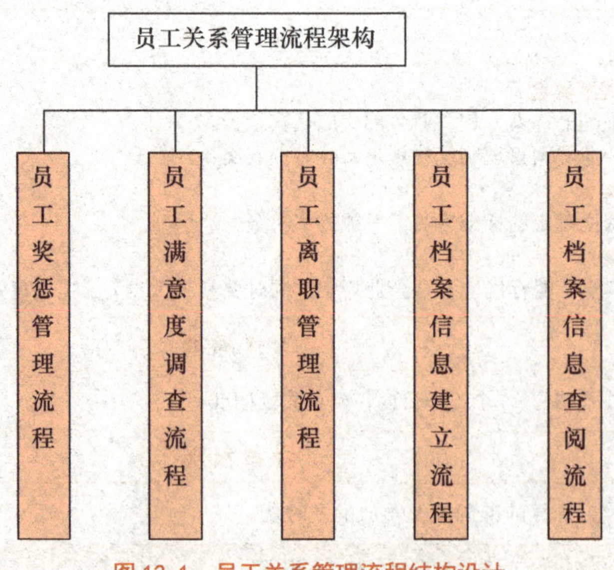
员工关系管理流程架构
员工奖惩管理流程
员工满意度调查流程
员工离职管理流程
员工档案信息建立流程
员工档案信息查阅流程

图12-1　员工关系管理流程结构设计

12.2 员工奖惩管理流程设计与工作执行

12.2.1 员工奖惩管理流程设计

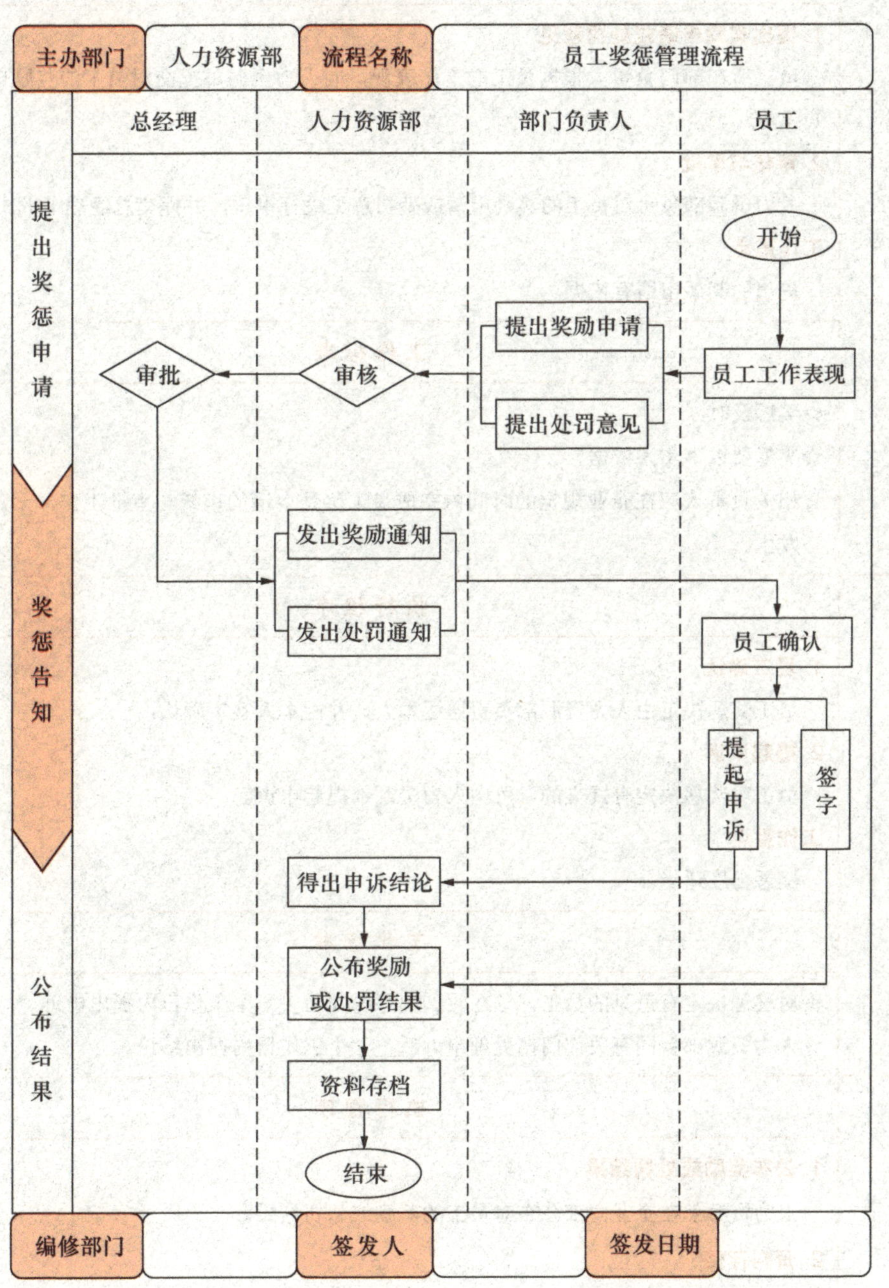
主办部门
人力资源部
流程名称
员工奖惩管理流程
总经理
人力资源部
部门负责人
员工
提出奖惩申请
奖惩告知
公布结果
开始
员工工作表现
提出奖励申请
提出处罚意见
审核
审批
发出奖励通知
发出处罚通知
员工确认
提起申诉
签字
得出申诉结论
公布奖励或处罚结果
资料存档
结束
编修部门
签发人
签发日期

12.2.2 员工奖惩管理执行程序、工作标准、考核指标、执行规范

<table>
<tr><th>任务名称</th><th>执行程序、工作标准与考核指标</th></tr>
<tr><td rowspan="4">提出奖惩申请</td><td>执行程序</td></tr>
<tr><td>1. 提出奖励申请或处罚意见
员工所在部门负责人根据员工的工作表现，向人力资源部提交对员工的奖励申请或处罚意见。
2. 审核与审批
人力资源部负责对员工的奖励申请或处罚意见进行审核，并提交总经理审批。
工作重点
提出的奖惩申请有依据。</td></tr>
<tr><td>工作标准</td></tr>
<tr><td>☆奖惩及时。
☆奖惩要以事实为依据。
☆相关负责人应在企业规定的时间内完成员工奖惩申请的审核与审批工作，无延迟情况发生。</td></tr>
<tr><td rowspan="4">奖惩告知</td><td>执行程序</td></tr>
<tr><td>1. 员工确认
员工奖惩决定由人力资源部负责送达本人，并由本人签字确认。
2. 提起申诉
员工对奖惩决定有疑义的，可向人力资源部提起申诉。
工作重点
奖惩力度适当。</td></tr>
<tr><td>工作标准</td></tr>
<tr><td>☆对奖惩决定有意见的员工，须在收到奖惩通知后____个工作日内提出申诉。
☆人力资源部会同有关部门在受理申诉后____个工作日内得出结论。</td></tr>
<tr><td rowspan="2">公布结果</td><td>执行程序</td></tr>
<tr><td>1. 公布奖励或处罚结果
人力资源部在企业内部公布对员工的奖励或惩罚结果。
2. 资料存档
人力资源部将奖励或惩罚的结果存入员工档案。</td></tr>
</table>

（续）

<table>
<tr><th>任务名称</th><th>执行程序、工作标准与考核指标</th></tr>
<tr><td rowspan="4">公布结果</td><td>工作标准</td></tr>
<tr><td>☆部门提交奖惩申请后，人力资源部要在 ____ 个工作日内发布奖惩结果。
☆资料保管完好。</td></tr>
<tr><td>考核指标</td></tr>
<tr><td>☆信息发布的及时性。
☆档案归档完整率。
$$档案归档完整率=\frac{每个已归档项目中实际有的档案材料份数}{每个已归档项目中应该有的档案材料份数}\times 100\%$$</td></tr>
<tr><td colspan="2">执行规范</td></tr>
<tr><td colspan="2">“企业奖惩管理制度”“奖惩申请表”“员工奖惩记录表”。</td></tr>
</table>

第12章 员工关系管理

12.3 员工满意度调查流程设计与工作执行

12.3.1 员工满意度调查流程设计

主办部门	人力资源部	流程名称	员工满意度调查流程

阶段	人力资源总监	人力资源部	各部门	员工
调查准备		开始		
		确定调查内容和调查方式	配合	
	审批	制度调查实施方案		
调查实施		组织实施调查	配合	配合
		汇总调查结果		
		调查结果分析		
调查结果分析与保存	审阅	提交调查报告		
		保存调查资料		
		结束		

编修部门		签发人		签发日期	

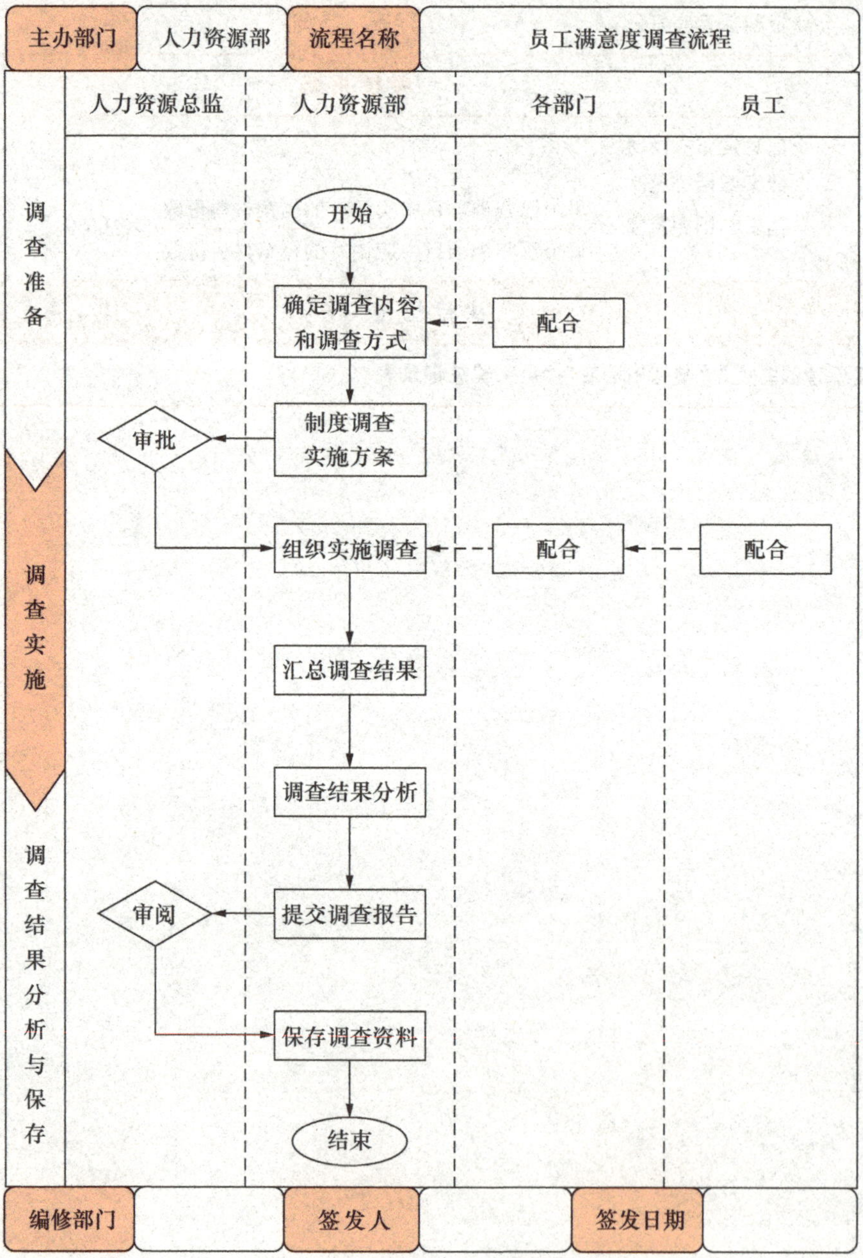

12.3.2 员工满意度调查执行程序、工作标准、考核指标、执行规范

任务名称	执行程序、工作标准与考核指标
调查准备	**执行程序** **1. 确定调查内容和调查方式** ☆人力资源部确定调查的要素，如员工对工作环境的满意度、员工对工资的满意度等。 ☆人力资源部确定员工满意度调查的方式，主要以发放调查表的方式进行，也可以结合座谈和访谈。 **2. 制定调查实施方案** ☆人力资源部制定详细的员工满意度调查实施方案。 ☆调查实施方案须报人力资源总监审批。 **工作重点** 员工满意度调查实施方案的制定。 **工作标准** ☆员工满意度调查方式选择合理，确保能收集到所需的信息。 ☆员工满意度调查实施方案应明确调查时间、调查地点、调查进度安排及调查成本预算等主要内容。
调查实施	**执行程序** **1. 组织实施调查** ☆人力资源部发出员工满意度调查通知。 ☆所有员工须配合员工满意度调查工作的开展。 ☆人力资源部根据调查需要设计员工满意度调查表、座谈提纲及访谈提纲等。 **2. 汇总调查结果** ☆员工满意度调查问卷由各职能部门负责人汇总后传递给人力资源部。座谈或访谈记录表由人力资源部统一记录、汇总。 ☆人力资源部相关工作人员负责统计调查问卷、记录表的回收情况。 **工作重点** 有序地开展员工满意度调查工作。 **工作标准** ☆员工满意度调查工作的实施应围绕企业与员工的关注点进行。 ☆信息记录完整、准确。
调查结果分析与保存	**执行程序** **1. 调查结果分析** 统计员工满意度调查结果，从图表、文字、总体评价等方面进行数据分析。

（续）

<table>
<tr><th>任务名称</th><th>执行程序、工作标准与考核指标</th></tr>
<tr><td rowspan="6">调查结果分析与保存</td><td>执行程序</td></tr>
<tr><td>2. 提交调查报告
人力资源部根据分析结果，撰写员工满意度调查报告，并提交人力资源总监审阅。
3. 保存调查资料
人力资源部做好员工满意度调查工作的资料整理与保存工作。</td></tr>
<tr><td>工作标准</td></tr>
<tr><td>☆分析方法选择恰当。
☆资料依照规定存放。</td></tr>
<tr><td>考核指标</td></tr>
<tr><td>☆员工满意度调查报告提交的及时性。
☆文件资料归档完成率：文件资料归档完成率 = $\frac{\text{实际归档项数}}{\text{应归档项数}}\times 100\%$。</td></tr>
<tr><td colspan="2">执行规范</td></tr>
<tr><td colspan="2">“员工满意度调查报告”“员工满意度调查实施方案”“员工满意度调查问卷”。</td></tr>
</table>

12.4 员工离职管理流程设计与工作执行

12.4.1 员工离职管理流程设计

主办部门	人力资源部	流程名称	员工离职管理流程

阶段	总经理	人力资源部	财务部	员工所在部门	离职员工
离职申请		审核 确定离职类别		确认离职申请	开始 提交离职申请
离职调查与挽留	审批	是否主动离职（是／否） 离职调查与面谈 离职挽留 是否成功（是／否） 发放离职通知单		配合	
离职交接		安排办理离职手续 物品交接	财务交接	工作交接	离职交接
薪资结算	审批	员工薪资结算 开具离职证明 存档 结束	薪资发放		

编修部门		签发人		签发日期	

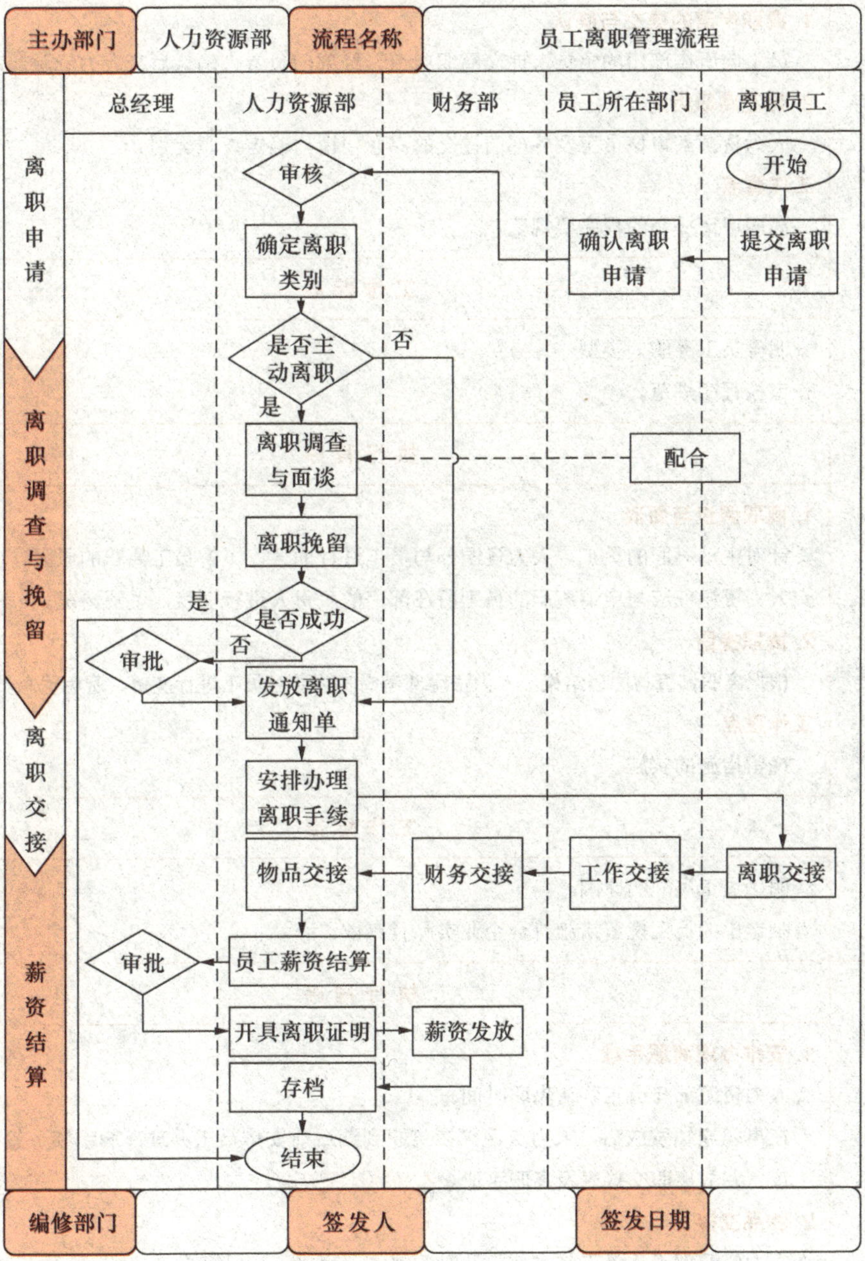

12.4.2 员工离职管理执行程序、工作标准、考核指标、执行规范

<table>
<tr><th>任务名称</th><th>执行程序、工作标准与考核指标</th></tr>
<tr><td rowspan="4">离职申请</td><td>执行程序</td></tr>
<tr><td>1. 离职申请的提交与确认
员工向所在部门的负责人提交离职申请，经部门负责人确认后交人力资源部审核。
2. 确定离职类别
人力资源部审核员工及各部门提交的离职申请，确定离职类别。
工作重点
离职申请提交的程序要规范。</td></tr>
<tr><td>工作标准</td></tr>
<tr><td>☆明确员工离职的类型。
☆审核程序规范。</td></tr>
<tr><td rowspan="4">离职调查与挽留</td><td>执行程序</td></tr>
<tr><td>1. 离职调查与面谈
☆针对主动离职的员工，人力资源部与员工进行面谈，了解员工离职的原因。
☆人力资源部应与申请离职的员工所在部门的负责人进行面谈，了解情况。
2. 离职挽留
根据离职调查与面谈结果，人力资源部考虑是否要对员工进行挽留，避免优秀员工流失。
工作重点
挽留措施的实施。</td></tr>
<tr><td>工作标准</td></tr>
<tr><td>☆明确员工离职的原因。
☆制定出的员工挽留措施符合企业实际且有效。</td></tr>
<tr><td rowspan="2">离职交接</td><td>执行程序</td></tr>
<tr><td>1. 安排办理离职手续
☆人力资源部与员工确认离职时间。
☆在离职通知发放后，人力资源部在离职到期日前安排员工办理离职手续，签订离职协议，发放离职交接表及离职手册。
2. 物品交接
☆人力资源部确认员工与本部门及财务部各项交接工作已完成。
☆人力资源部收回离职员工的工作证、门卡及办公用品等。
工作重点
对一些重要资料的交接，须确保资料的完整性。</td></tr>
</table>

（续）

<table>
<tr><th>任务名称</th><th>执行程序、工作标准与考核指标</th></tr>
<tr><td rowspan="4">离职交接</td><td>工作标准</td></tr>
<tr><td>☆离职手续在规定的时间内办理完成。
☆离职手续办理程序依照企业的规定进行。</td></tr>
<tr><td>考核指标</td></tr>
<tr><td>☆离职手续办理的规范性。
☆离职手续办理出错的次数。</td></tr>
<tr><td rowspan="4">薪资结算</td><td>执行程序</td></tr>
<tr><td>1. 员工薪资结算
☆人力资源部统计员工本期考勤情况。
☆结算离职员工本期应得薪资。
☆将员工薪资结算单提交企业总经理审批。
2. 开具离职证明
人力资源部为离职员工开具离职证明。
工作重点
财务部须将离职员工应缴纳的社保、个人所得税等部分从薪资中扣除。</td></tr>
<tr><td>工作标准</td></tr>
<tr><td>☆薪资结算及时、准确。
☆离职证明应采用企业统一规定的模板。</td></tr>
<tr><td colspan="2">执行规范</td></tr>
<tr><td colspan="2">“员工离职申请表”“离职面谈记录表”“员工离职管理制度”“员工离职通知单”“离职交接表”“员工考勤表”“员工薪资结算单”“员工离职证明”。</td></tr>
</table>

12.5　员工档案信息建立流程设计与工作执行

12.5.1　员工档案信息建立流程设计

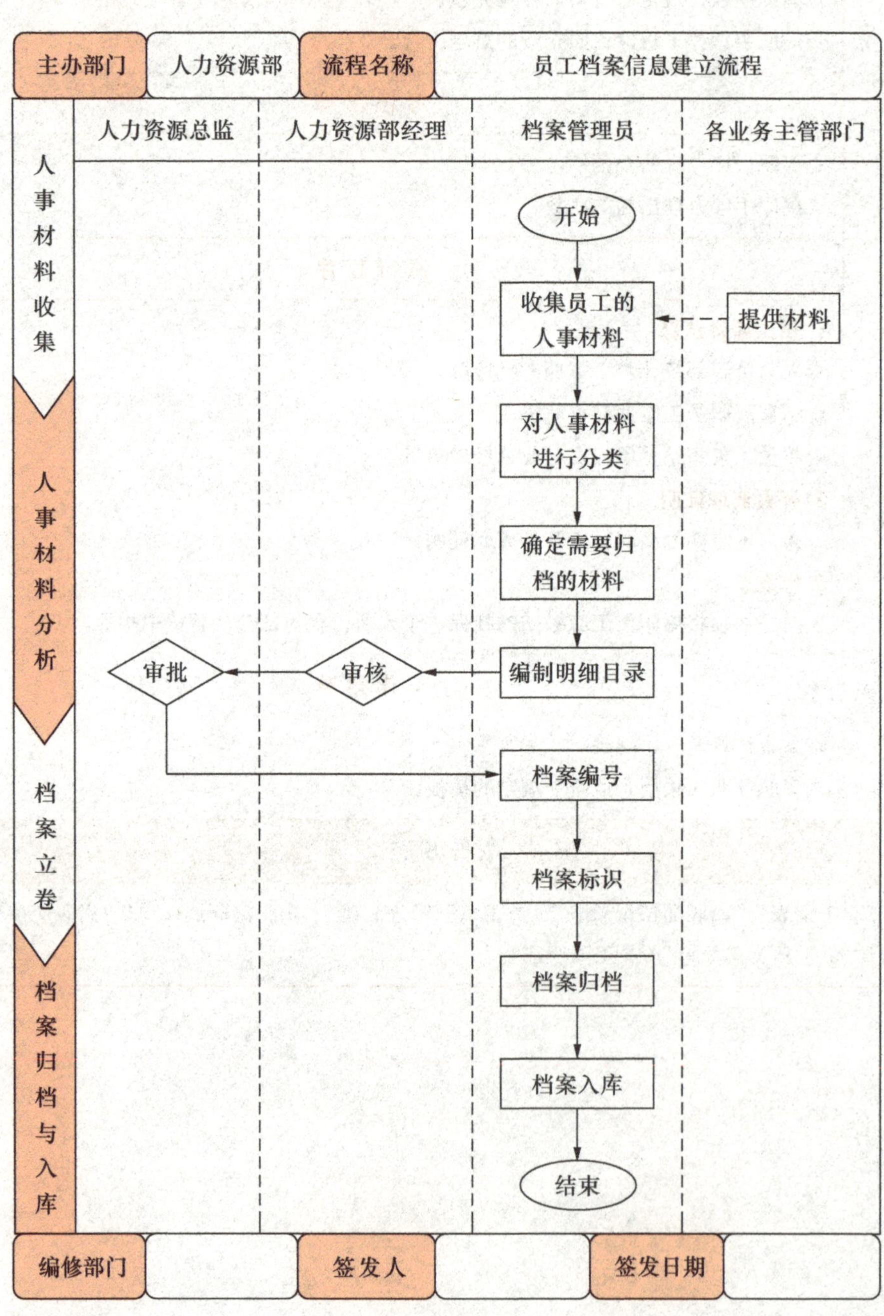

主办部门
人力资源部
流程名称
员工档案信息建立流程
人力资源总监
人力资源部经理
档案管理员
各业务主管部门
人事材料收集
人事材料分析
档案立卷
档案归档与入库
开始
收集员工的人事材料
提供材料
对人事材料进行分类
确定需要归档的材料
编制明细目录
审核
审批
档案编号
档案标识
档案归档
档案入库
结束
编修部门
签发人
签发日期

12.5.2 员工档案信息建立执行程序、工作标准、考核指标、执行规范

<table>
<tr><th>任务名称</th><th>执行程序、工作标准与考核指标</th></tr>
<tr><td rowspan="4">人事材料收集</td><td>执行程序</td></tr>
<tr><td>1. 收集员工的人事材料
企业的档案管理员应定期或不定期地向各业务主管部门、员工个人收集应归档的人事材料。
2. 提供材料
各业务主管部门负责人及员工个人应积极配合人事材料的收集工作，提交完整的人事材料。
3. 对人事材料进行分类
档案管理员可根据实际需要对人事材料进行分类，但分类标准须保持统一。
工作重点
及时、准确地收集材料。</td></tr>
<tr><td>工作标准</td></tr>
<tr><td>☆收集的人事材料准确且完整，主要包括个人简历、培训经历、资格认证书、考核奖惩材料、录用材料等。
☆分类标准设置合理。</td></tr>
<tr><td rowspan="4">人事材料分析</td><td>执行程序</td></tr>
<tr><td>1. 确定需要归档的材料
企业的档案管理员审核各类别资料的准确性、完整性，及早剔除超出归档范围的人事材料。
2. 编制明细目录
☆档案管理员负责编制档案内容明细目录，形成人事档案目录一览表。
☆编制的目录一览表须提交人力资源部经理审核，人力资源总监审批。
工作重点
谨慎选择人事归档材料。</td></tr>
<tr><td>工作标准</td></tr>
<tr><td>☆材料挑选符合归档的要求。
☆编制的明细目录实用且清晰。</td></tr>
<tr><td rowspan="2">档案立卷</td><td>执行程序</td></tr>
<tr><td>1. 档案编号
档案管理员依据企业设计的档案编号的结构模式对企业员工的档案进行编号。
2. 档案标识
档案管理员依据档案标识规则对员工档案进行标识，以便查阅。</td></tr>
</table>

（续）

<table>
<tr><th>任务名称</th><th>执行程序、工作标准与考核指标</th></tr>
<tr><td rowspan="6">档案立卷</td><td>工作重点
档案管理员要做好档案的标识工作。</td></tr>
<tr><td>工作标准</td></tr>
<tr><td>☆档案编号应依据档案分类编号办法进行。
☆档案标识应依据档案标识规则进行。</td></tr>
<tr><td>考核指标</td></tr>
<tr><td>档案编号错误发生的次数。</td></tr>
<tr><td></td></tr>
<tr><td rowspan="6">档案归档与入库</td><td>执行程序</td></tr>
<tr><td>1. 档案归档
档案管理员应为每名员工准备一个档案袋，档案袋的规格符合本企业的统一要求。
2. 档案入库
档案管理员应严格遵守本企业的规定，做好入库档案的保管工作。
工作重点
档案归档与入库符合企业的规定。</td></tr>
<tr><td>工作标准</td></tr>
<tr><td>无编号错误或归档资料不完整的情况发生。</td></tr>
<tr><td>考核指标</td></tr>
<tr><td>☆员工档案归档的及时性。
☆员工档案损毁事件发生的次数。</td></tr>
<tr><td colspan="2">执行规范</td></tr>
<tr><td colspan="2">“人事档案管理规定”“人事档案保管制度”“人事档案目录一览表”。</td></tr>
</table>

12.6 员工档案信息查阅流程设计与工作执行

12.6.1 员工档案信息查阅流程设计

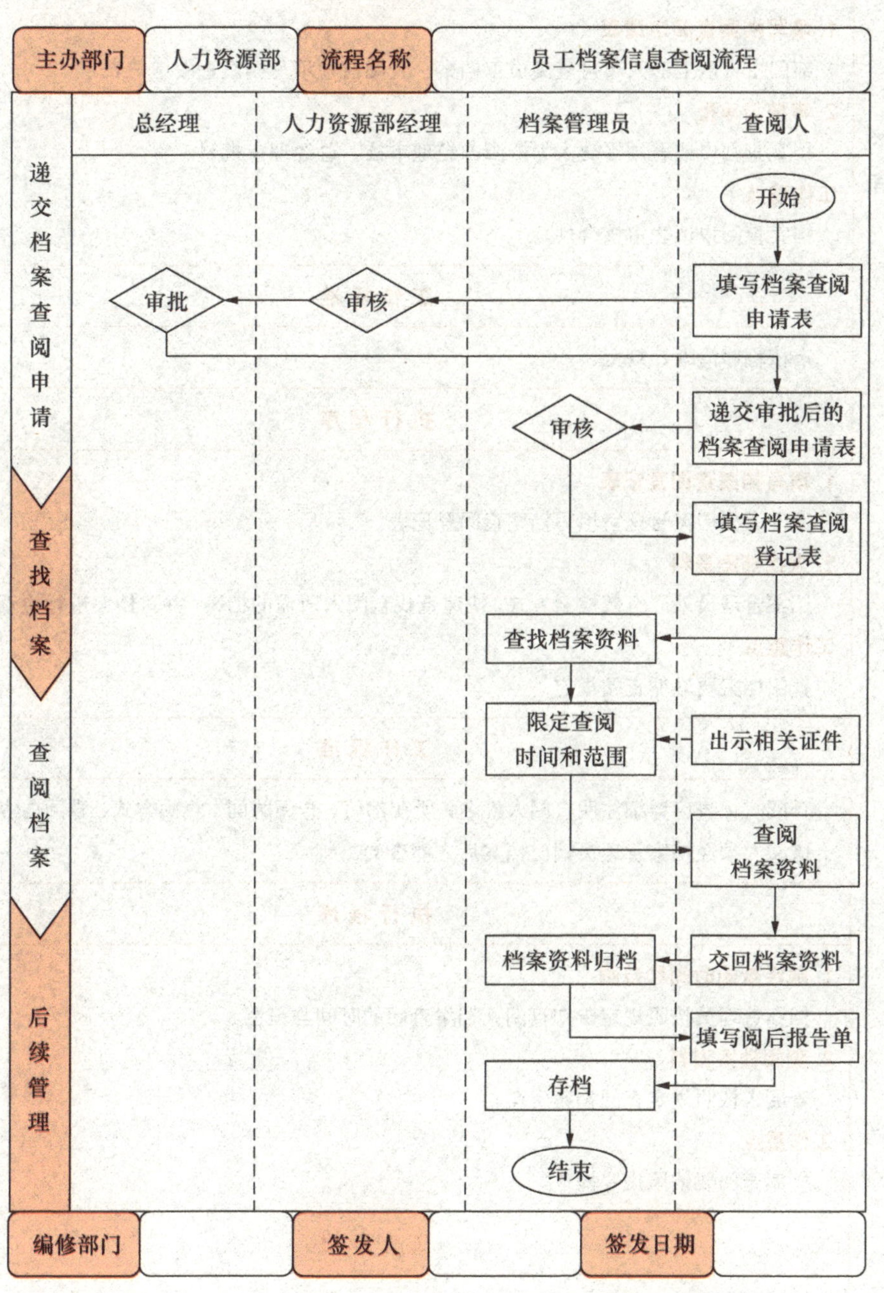

主办部门
人力资源部
流程名称
员工档案信息查阅流程
总经理
人力资源部经理
档案管理员
查阅人
递交档案查阅申请
查找档案
查阅档案
后续管理
开始
填写档案查阅申请表
审核
审批
递交审批后的档案查阅申请表
审核
填写档案查阅登记表
查找档案资料
限定查阅时间和范围
出示相关证件
查阅档案资料
交回档案资料
档案资料归档
填写阅后报告单
存档
结束
编修部门
签发人
签发日期

12.6.2 员工档案信息查阅执行程序、工作标准、考核指标、执行规范

<table>
<tr><th>任务名称</th><th>执行程序、工作标准与考核指标</th></tr>
<tr><td rowspan="4">递交档案查阅申请</td><td>执行程序</td></tr>
<tr><td>1. 填写档案查阅申请表
部门主管以上的人员可查阅员工档案，查阅前须填写档案查阅申请表。
2. 审核与审批
档案查阅申请表须提交人力资源部经理审核、总经理审批。
工作重点
档案查阅申请表审核合规。</td></tr>
<tr><td>工作标准</td></tr>
<tr><td>审核程序清晰、规范。</td></tr>
<tr><td rowspan="4">查找档案</td><td>执行程序</td></tr>
<tr><td>1. 填写档案查阅登记表
查阅人到档案管理室填写档案查阅登记表。
2. 查找档案资料
档案管理员采取有效检索方式，快速查找查阅人所需的档案，并对档案进行检查和清点。
工作重点
查阅档案要遵循查阅规定。</td></tr>
<tr><td>工作标准</td></tr>
<tr><td>☆查阅登记表应详细注明查阅人姓名、所在部门、查阅时间、查阅方式、查阅内容等信息。
☆借阅人须经档案管理员调出档案后方能查阅。</td></tr>
<tr><td rowspan="4">查阅档案</td><td>执行程序</td></tr>
<tr><td>1. 限定查阅时间和范围
档案管理员按照规定告知查阅人档案查阅的时间与范围。
2. 查阅档案资料
查阅人依照规定查阅档案资料。
工作重点
档案查阅要依照规定操作。</td></tr>
<tr><td>工作标准</td></tr>
<tr><td>☆档案查阅规章制度的条款制定清晰。
☆严禁涂改、私自增添档案材料。</td></tr>
</table>

（续）

<table>
<tr><th>任务名称</th><th>执行程序、工作标准与考核指标</th></tr>
<tr><td rowspan="2">查阅档案</td><td>考核指标</td></tr>
<tr><td>☆档案查阅的规范性。档案管理员要确保员工在查阅档案的过程中无违反档案管理规定的行为发生。
☆档案损毁事件发生的次数。</td></tr>
<tr><td rowspan="6">后续管理</td><td>执行程序</td></tr>
<tr><td>1. 交回档案资料
☆借阅人在规定时间内交回所借档案。
☆档案管理员对档案进行当面检查和清点。
2. 档案资料归档
档案管理员按编码顺序，将档案放回原存放处。
工作重点
确保档案资料完好。</td></tr>
<tr><td>工作标准</td></tr>
<tr><td>☆当面对档案进行检查和清点。
☆确保档案的准确与完整。</td></tr>
<tr><td>考核指标</td></tr>
<tr><td>☆档案的完善性。档案信息完整，无遗漏情况发生。
☆档案归档完成率。
$$档案归档完成率=\frac{每个已归档项目中实际有的档案材料份数}{每个已归档项目中应该有的档案材料份数}\times 100\%$$</td></tr>
<tr><td colspan="2">执行规范</td></tr>
<tr><td colspan="2">“档案查阅管理规定”“档案查阅申请表”“档案查阅登记表”。</td></tr>
</table>

第13章 人力资源服务管理

13.1 人力资源服务管理流程设计

13.1.1 流程设计的目的

在人力资源服务领域，如今已形成多层次、多元化的人力资源市场服务体系。为促进人力资源的有效开发与优化配置，企业有必要对人力资源服务管理下的各个业态的服务工作进行规范化的流程设计。

13.1.2 流程结构设计

人力资源服务管理流程设计是依据各大人力资源工作模块进行的细分设计，如委托招聘服务流程、高级人才寻访服务流程、人才测评服务流程等，具体结构设计如图 13-1 所示。

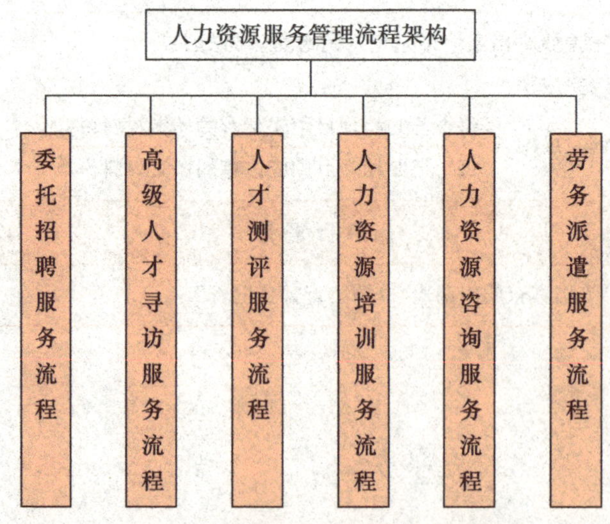
人力资源服务管理流程架构
委托招聘服务流程
高级人才寻访服务流程
人才测评服务流程
人力资源培训服务流程
人力资源咨询服务流程
劳务派遣服务流程

图 13-1 人力资源服务管理流程结构设计

13.2 委托招聘服务流程设计与工作执行

13.2.1 委托招聘服务流程设计

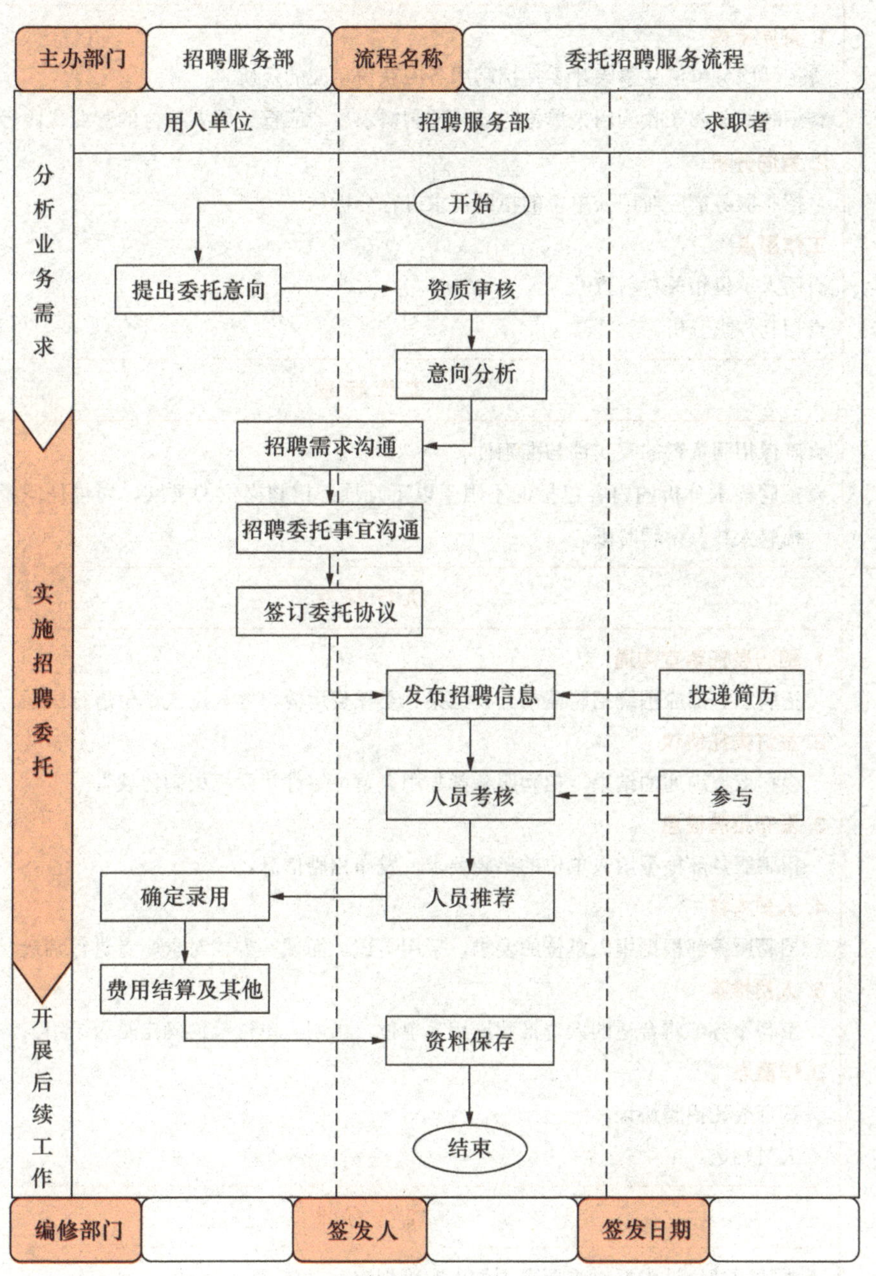

主办部门
招聘服务部
流程名称
委托招聘服务流程
用人单位
招聘服务部
求职者
分析业务需求
实施招聘委托
开展后续工作
开始
提出委托意向
资质审核
意向分析
招聘需求沟通
招聘委托事宜沟通
签订委托协议
发布招聘信息
投递简历
人员考核
参与
确定录用
人员推荐
费用结算及其他
资料保存
结束
编修部门
签发人
签发日期

13.2.2 委托招聘服务执行程序、工作标准、考核指标、执行规范

任务名称	执行程序、工作标准与考核指标
分析业务需求	**执行程序** **1. 资质审核** ☆招聘服务单位从事人才委托招聘服务应获得相应的资质。 ☆招聘服务部在收到用人单位的委托招聘需求后，应查验用人单位的营业执照等材料。 **2. 意向分析** 招聘服务部应对用人单位的招聘需求进行分析。 **工作重点** ☆用人单位相关材料查验。 ☆招聘需求分析。 **工作标准** ☆确保招聘资料的真实性与准确性。 ☆招聘需求分析的内容包括但不限于以下几项：招聘岗位的类别、岗位任职者的要求、招聘人数及招聘时限。
实施招聘委托	**执行程序** **1. 招聘委托事宜沟通** 招聘服务部应围绕招聘需求分析结果、委托费用等内容与用人单位进行沟通。 **2. 签订委托协议** 根据双方沟通的结果，招聘服务部与用人单位签订“委托招聘协议”。 **3. 发布招聘信息** 招聘服务部根据用人单位的招聘要求，发布招聘信息。 **4. 人员考核** 招聘服务部根据用人单位的要求，采用笔试、面试等方式对求职者进行筛选。 **5. 人员推荐** 招聘服务部将合适的人选推荐给用人单位，由用人单位最终确定是否录用。 **工作重点** ☆签订委托招聘协议。 ☆人员筛选。 **工作标准** ☆委托招聘协议中要对重要事项做出明确规定。 ☆用人单位对招聘工作的满意度评价不低于____分。

（续）

<table>
<tr><th>任务名称</th><th>执行程序、工作标准与考核指标</th></tr>
<tr><td rowspan="2">实施
招聘委托</td><td>考核指标</td></tr>
<tr><td>☆用人单位满意度评价。
☆招聘计划完成率：招聘计划完成率 $=\frac{\text{实际招聘人数}}{\text{计划招聘人数}}\times 100\%$。</td></tr>
<tr><td rowspan="4">开展
后续工作</td><td>执行程序</td></tr>
<tr><td>1. 费用结算及其他
☆依据签订的协议，用人单位向招聘服务部门支付服务费用。
☆根据此次合作的结果，双方对以后的合作事宜进行沟通。
2. 资料保存
招聘服务部对此次委托招聘工作的资料进行整理与保存。
工作重点
做好费用结算工作。</td></tr>
<tr><td>工作标准</td></tr>
<tr><td>☆费用结算及时、准确。
☆资料整理及时、完整。</td></tr>
<tr><td colspan="2">执行规范</td></tr>
<tr><td colspan="2">“委托招聘协议”“招聘需求分析报告”“招聘计划表”“面试考核表”。</td></tr>
</table>

13.3 高级人才寻访服务流程设计与工作执行

13.3.1 高级人才寻访服务流程设计

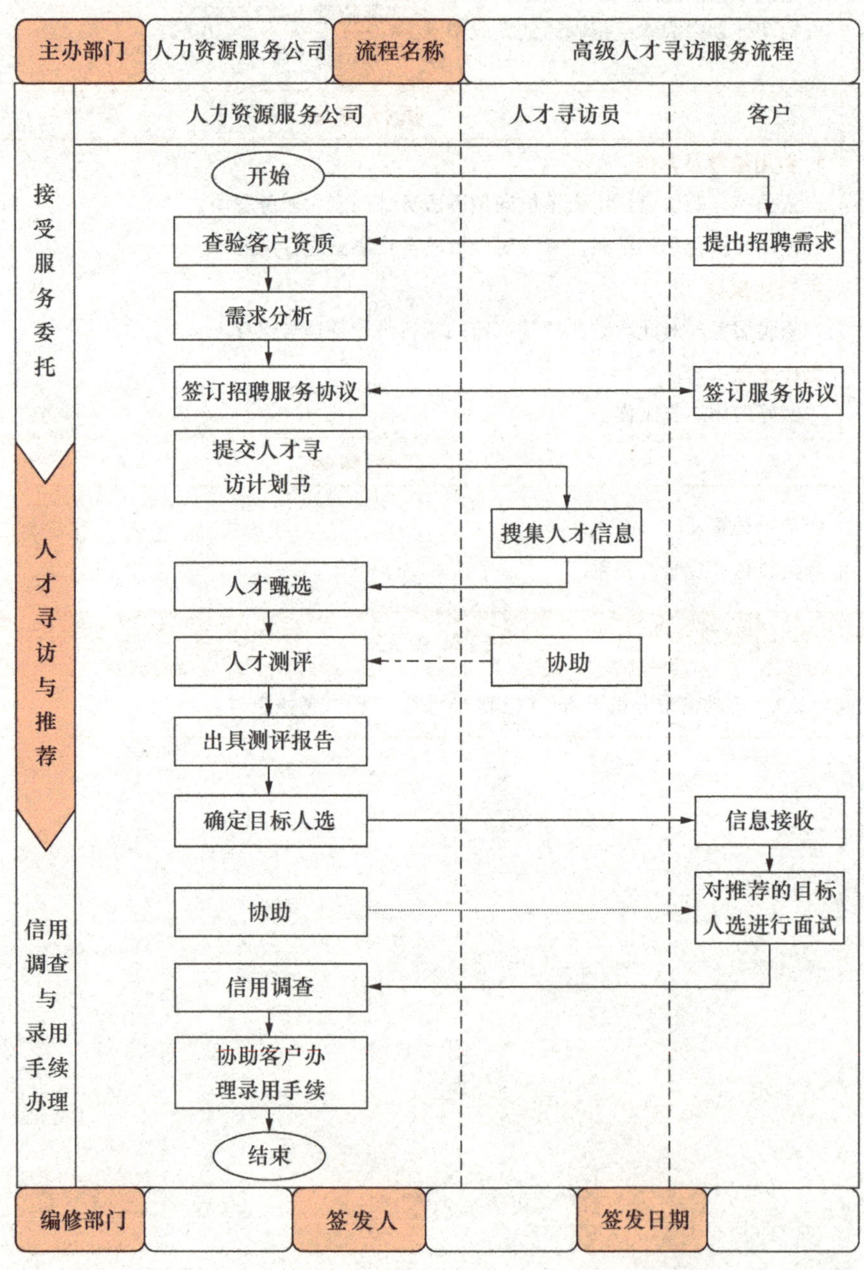

主办部门
人力资源服务公司
流程名称
高级人才寻访服务流程
人力资源服务公司
人才寻访员
客户
接受服务委托
人才寻访与推荐
信用调查与录用手续办理
开始
提出招聘需求
查验客户资质
需求分析
签订招聘服务协议
签订服务协议
提交人才寻访计划书
搜集人才信息
人才甄选
人才测评
协助
出具测评报告
确定目标人选
信息接收
协助
对推荐的目标人选进行面试
信用调查
协助客户办理录用手续
结束
编修部门
签发人
签发日期

13.3.2 高级人才寻访服务执行程序、工作标准、考核指标、执行规范

<table>
<tr><th>任务名称</th><th>执行程序、工作标准与考核指标</th></tr>
<tr><td rowspan="4">接受服务委托</td><td>执行程序</td></tr>
<tr><td>1. 查验客户资质
人力资源服务公司接到客户的高级人才招聘委托后，要先对客户的有关资质证书进行查验。
2. 需求分析
☆人力资源服务公司要了解并分析客户的背景、规模、经营状况、组织机构、人员构成、企业文化及企业发展规划等信息。
☆人力资源服务公司要了解并分析职位所需人才的行业经验、专业水平、能力要求、工作条件、薪酬及福利待遇等信息。
3. 签订招聘服务协议
人力资源服务公司与客户签订招聘服务协议。
工作重点
☆做好招聘需求分析工作。
☆签订招聘服务协议。</td></tr>
<tr><td>工作标准</td></tr>
<tr><td>☆明确客户对所需人才的要求。
☆招聘服务协议的内容应包括双方权利与义务、服务内容、服务期限、服务费用与支付方式、违约责任等，这些重要内容无缺失。</td></tr>
<tr><td rowspan="2">人才寻访与推荐</td><td>执行程序</td></tr>
<tr><td>1. 提交人才寻访计划书
人力资源服务公司向客户提交人才寻访计划书，内容主要包括对招聘职位的理解、寻访目标、寻访渠道及工作进度等。
2. 搜集人才信息
人才寻访员根据客户的需求，搜集符合条件的人才资料。
3. 人才甄选
人力资源服务公司从已有的资料中初步筛选出符合条件的候选人。
4. 人才测评
人力资源服务公司运用面试或专业测评工具对筛选出的候选人的性格倾向、管理能力、专业知识与技能、工作业绩、相对优势与劣势、离职的原因、执业取向等相关要素进行评估，进一步确认候选人与职位的匹配度。
工作重点
选择合适的方法对人员进行测评。</td></tr>
</table>

（续）

任务名称	执行程序、工作标准与考核指标
人才寻访与推荐	**工作标准**
	☆候选人的各项条件符合客户的要求。 ☆人才测评结果的信度高。
	考核指标
	☆人才推送信息的数量。 ☆人才测评结果的信度。
信用调查与录用手续办理	**执行程序**
	1. 信用调查 ☆与确定的目标人选进行沟通，分析目标人选与客户职位需求的匹配度，了解其意向。 ☆根据客户的要求，对目标人选进行信用调查。 **2. 协助客户办理录用手续** 协助客户与候选人洽谈入职有关事宜及办理录用手续。 **工作重点** 做好信用调查工作。
	工作标准
	☆调查的信息准确、完备。 ☆尽量保证无客户投诉情形出现。
	考核指标
	客户投诉次数。
执行规范	
"高级人才寻访服务规范""岗位说明书""招聘需求表""人才寻访计划书""人才测评报告"。	

13.4 人才测评服务流程设计与工作执行

13.4.1 人才测评服务流程设计

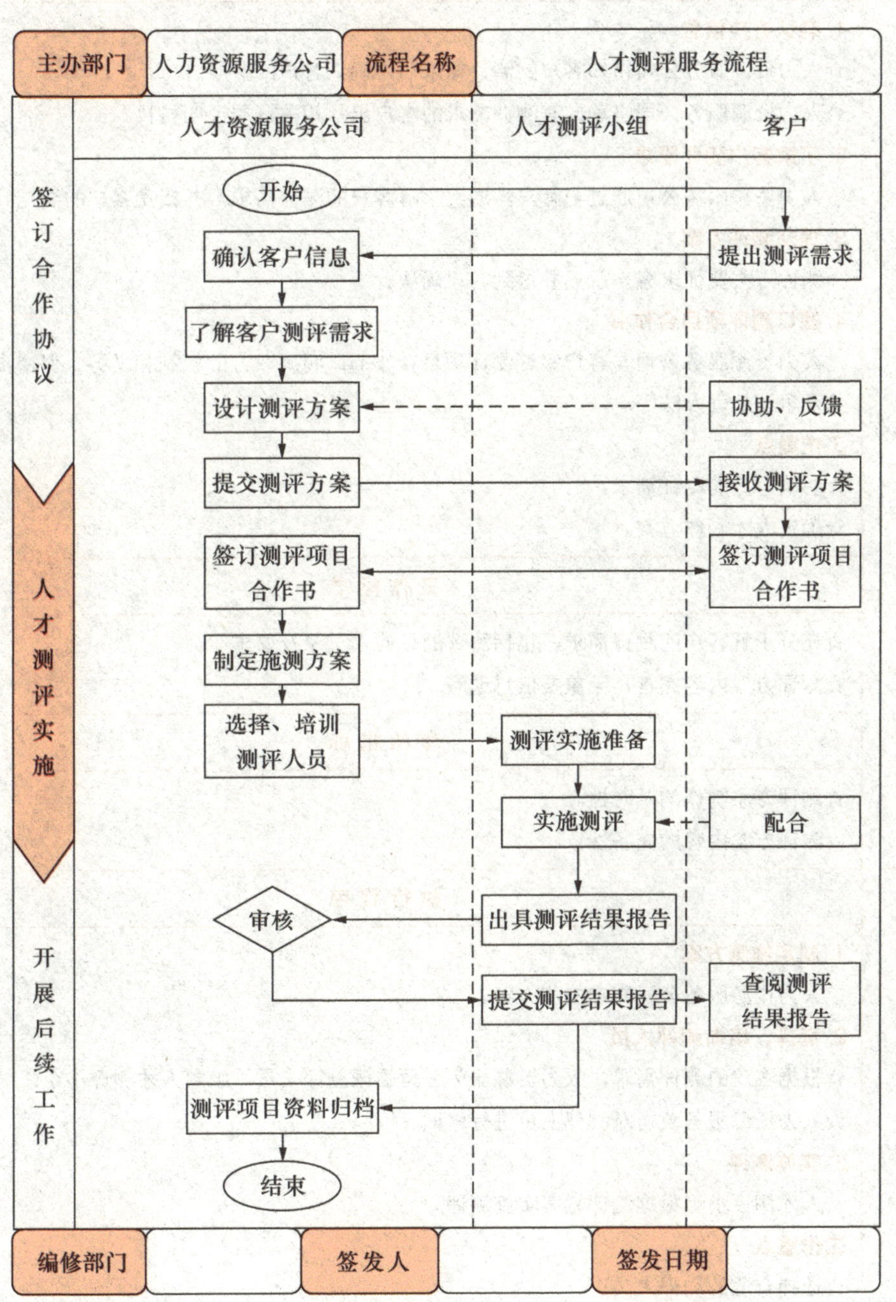

主办部门
人力资源服务公司
流程名称
人才测评服务流程
人才资源服务公司
人才测评小组
客户
签订合作协议
人才测评实施
开展后续工作
开始
提出测评需求
确认客户信息
了解客户测评需求
设计测评方案
协助、反馈
提交测评方案
接收测评方案
签订测评项目合作书
签订测评项目合作书
制定施测方案
选择、培训测评人员
测评实施准备
实施测评
配合
审核
出具测评结果报告
提交测评结果报告
查阅测评结果报告
测评项目资料归档
结束
编修部门
签发人
签发日期

第13章 人力资源服务管理

13.4.2 人才测评服务执行程序、工作标准、考核指标、执行规范

<table>
<tr><th>任务名称</th><th>执行程序、工作标准与考核指标</th></tr>
<tr><td rowspan="6">签订
合作协议</td><td>执行程序</td></tr>
<tr><td>1. 确认客户信息
☆人力资源服务公司得知客户的测评需求后，确认客户的资质。
☆人力资源服务公司主动向有测评需求的客户出示相关资质证明材料。
2. 了解客户测评需求
人力资源服务公司通过与客户沟通，了解客户的测评需求，并接受客户的委托。
3. 提交测评方案
测评方案要征求客户意见并得到客户确认。
4. 签订测评项目合作书
人力资源服务公司与客户签订测评项目合作书，明确双方的权利和义务、保密责任、违约及争议处理办法等。
工作重点
☆明确客户的测评需求。
☆确定人才测评方案。</td></tr>
<tr><td>工作标准</td></tr>
<tr><td>☆充分了解客户的测评需求，包括测评的目的、对象及要求等。
☆测评方案内容完善，无重要信息遗漏。</td></tr>
<tr><td>考核指标</td></tr>
<tr><td>☆测评方案制作的及时性。
☆测评方案内容的完备性。</td></tr>
<tr><td rowspan="2">人才
测评实施</td><td>执行程序</td></tr>
<tr><td>1. 制定施测方案
人力资源服务公司制定施测方案。
2. 选择、培训测评人员
☆根据客户的测评需求，人力资源服务公司委派测评人员，组建人才测评小组。
☆人力资源服务公司对测评人员进行培训。
3. 实施测评
人才测评小组根据测评方案实施测评。
工作重点
☆选择合适的测评人员。
☆培训内容要满足测评工作的需要。
☆选择合适的测评方法。</td></tr>
</table>

（续）

<table>
<tr><th>任务名称</th><th>执行程序、工作标准与考核指标</th></tr>
<tr><td rowspan="2">人才
测评实施</td><td>工作标准</td></tr>
<tr><td>☆施测方案应包括人员配置、任务分工、工作日程、运作程序及要求、应急预案等内容。
☆测评人员的选择合理。
☆培训围绕测评方法、技术等重点内容进行。</td></tr>
<tr><td rowspan="6">开展
后续工作</td><td>执行程序</td></tr>
<tr><td>1. 出具测评结果报告
人才测评小组出具人才测评结果报告，并上报主管领导审核。
2. 提交测评结果报告
人力资源服务公司向客户提交人才测评结果报告。
3. 测评项目资料归档
人力资源服务公司对测评项目的资料进行归档。</td></tr>
<tr><td>工作标准</td></tr>
<tr><td>☆人才测评结果报告的内容完善，如测评分数、对受测者的评价、管理使用建议等内容均有清晰的说明。
☆资料归档及时、完备。</td></tr>
<tr><td>考核指标</td></tr>
<tr><td>☆资料归档的及时性。
☆文件资料归档率：文件资料归档率 = $\frac{\text{实际归档项数}}{\text{应归档项数}} \times 100\%$。</td></tr>
<tr><th colspan="2">执行规范</th></tr>
<tr><td colspan="2">“人才测评服务规范”“人才测评实施方案”“人才测评结果报告”“人才测评表”。</td></tr>
</table>

13.5 人力资源培训服务流程设计与工作执行

13.5.1 人力资源培训服务流程设计

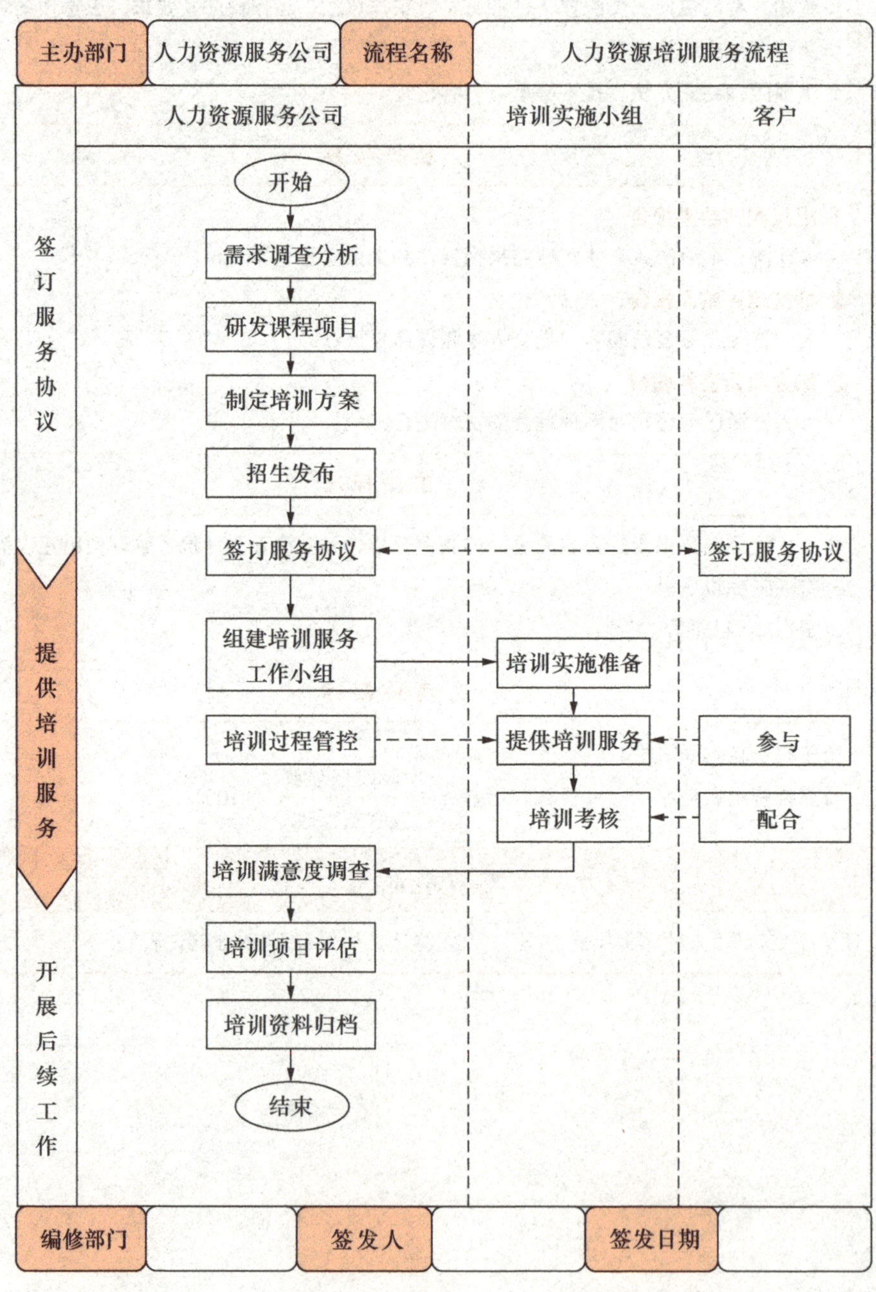

主办部门
人力资源服务公司
流程名称
人力资源培训服务流程
人力资源服务公司
培训实施小组
客户
签订服务协议
提供培训服务
开展后续工作
开始
需求调查分析
研发课程项目
制定培训方案
招生发布
签订服务协议
签订服务协议
组建培训服务工作小组
培训实施准备
培训过程管控
提供培训服务
参与
培训考核
配合
培训满意度调查
培训项目评估
培训资料归档
结束
编修部门
签发人
签发日期

13.5.2 人力资源培训服务执行程序、工作标准、考核指标、执行规范

<table>
<tr><th>任务名称</th><th>执行程序、工作标准与考核指标</th></tr>
<tr><td rowspan="4">签订服务协议</td><td>执行程序</td></tr>
<tr><td>1. 需求调查分析
☆人力资源服务公司应对客户或市场的培训需求进行调查分析。
☆人力资源服务公司可根据客户需求，提供培训需求分析报告。
2. 研发课程项目
☆人力资源服务公司应根据培训需求分析结果及客户意见，研发或定制课程方案，确定课程主题、课程内容、师资、教材及参考资料等。
☆属于国家或地方专业、行业资质、职（执）业资格、技能考核课程体系的课程项目，应报相关部门批准或备案。
3. 制定培训方案
人力资源服务公司针对客户需求制定出完善的培训方案。
4. 签订服务协议
☆人力资源服务公司与客户明确培训内容、培训方式、培训期限、收费项目、收费标准等有关事项。
☆人力资源服务公司应通过签订服务协议或报名付费提供发票的形式与客户确定培训关系。
工作重点
☆开发的培训课程应符合客户的需求。
☆培训方案的内容要完备。
☆谨慎签订服务协议。</td></tr>
<tr><td>工作标准</td></tr>
<tr><td>☆培训课程的内容与客户的培训需求应保持一致。
☆培训对象、培训目的、培训内容等重要信息在培训方案中都有清晰的说明。
☆签订的服务协议应一式____份。</td></tr>
<tr><td rowspan="2">提供培训服务</td><td>执行程序</td></tr>
<tr><td>1. 培训实施准备
☆培训实施小组根据公司与客户签订的服务协议，为客户提供培训服务。
☆培训实施小组依照制定的培训方案，准备好培训资料、培训教学所需设备等。
2. 提供培训服务
培训实施小组选择合适的培训方式开展培训。
3. 培训过程管控
人力资源服务公司应对培训全过程及培训实施小组员工的工作进行管理与控制。
4. 培训考核
培训实施小组组织做好培训考核工作。</td></tr>
</table>

<table>
<tr><th>任务名称</th><th>执行程序、工作标准与考核指标</th></tr>
<tr><td rowspan="5">提供培训服务</td><td>工作重点
☆培训要依计划完成。
☆培训效果应达到客户的预期。</td></tr>
<tr><td>工作标准</td></tr>
<tr><td>培训实施概况与协议的内容一致。</td></tr>
<tr><td>考核指标</td></tr>
<tr><td>☆培训计划完成率：培训计划完成率 = $\frac{\text{培训完成的项目（时）数}}{\text{计划培训的项目（时）数}}\times 100\%$。
☆培训考核达标率：培训考核达标率 = $\frac{\text{培训考核达标人数}}{\text{参与培训的人数}}\times 100\%$。</td></tr>
<tr><td rowspan="6">开展后续工作</td><td>执行程序</td></tr>
<tr><td>1. 培训满意度调查
☆培训结束前，人力资源服务公司选择合适的方式对培训对象进行满意度调查。
☆人力资源服务公司应分析满意度调查结果，评估培训对象的满意度。
2. 培训项目评估
培训项目结束后，人力资源服务公司应开展培训评估工作。
3. 培训资料归档
人力资源服务公司应安排专人负责保管归档的资料。</td></tr>
<tr><td>工作标准</td></tr>
<tr><td>☆培训项目结束后的____个工作日内，完成培训效果的评估工作。
☆培训项目结束后的____个工作日内，完成培训资料的归档工作。
☆归档资料包括提供培训服务过程的资料、考核评估资料等，确保无遗漏。</td></tr>
<tr><td>考核指标</td></tr>
<tr><td>培训（项目）投资回报率：培训（项目）投资回报率 = $\frac{\text{培训项目收益}}{\text{培训项目成本}}\times 100\%$。</td></tr>
<tr><td colspan="2">执行规范</td></tr>
<tr><td colspan="2">“人力资源培训服务规范”“培训服务协议”“培训实施方案”“培训计划表”“培训考核表”“培训评估报告”。</td></tr>
</table>

13.6 人力资源咨询服务流程设计与工作执行

13.6.1 人力资源咨询服务流程设计

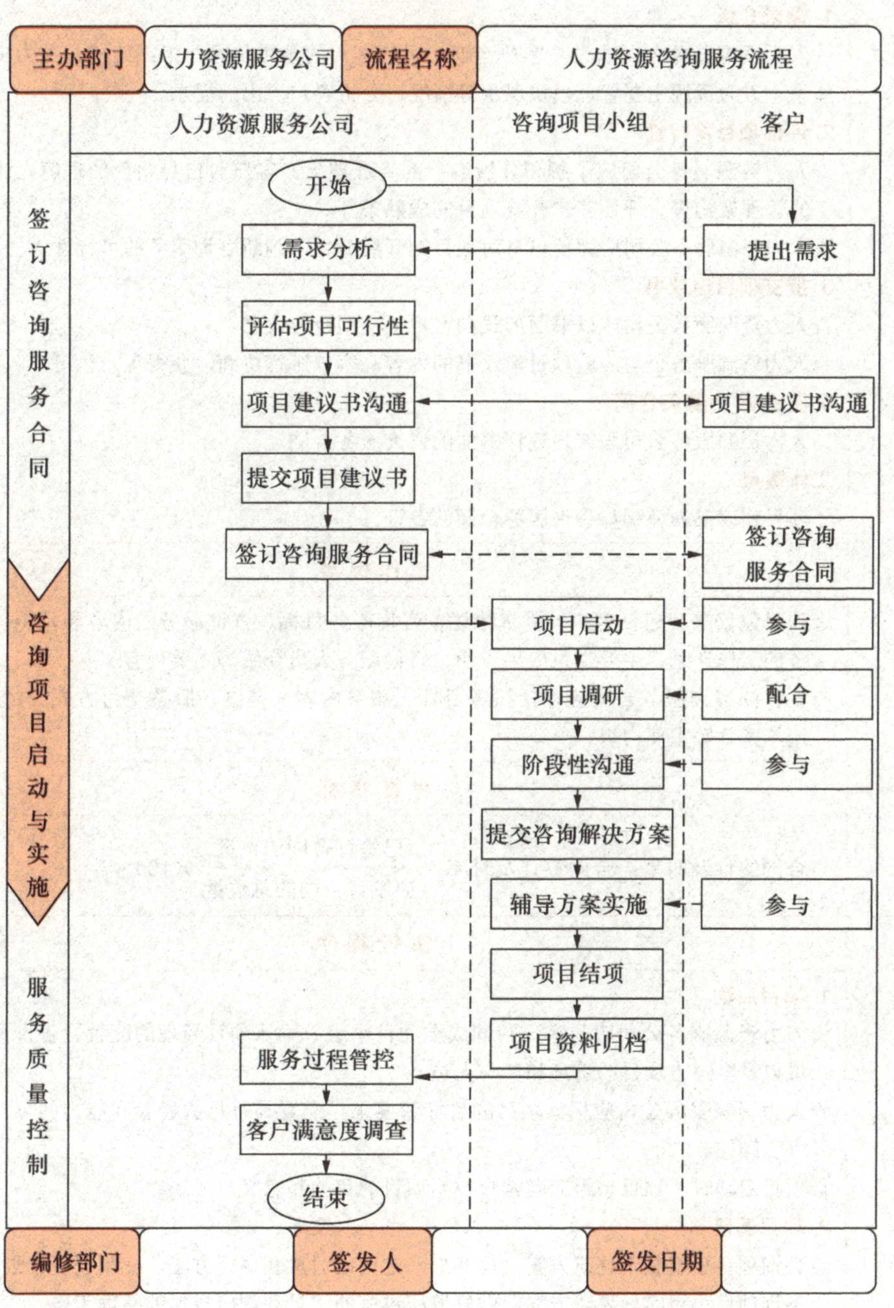

主办部门
人力资源服务公司
流程名称
人力资源咨询服务流程
人力资源服务公司
咨询项目小组
客户
签订咨询服务合同
咨询项目启动与实施
服务质量控制
开始
提出需求
需求分析
评估项目可行性
项目建议书沟通
项目建议书沟通
提交项目建议书
签订咨询服务合同
签订咨询服务合同
项目启动
参与
项目调研
配合
阶段性沟通
参与
提交咨询解决方案
辅导方案实施
参与
项目结项
项目资料归档
服务过程管控
客户满意度调查
结束
编修部门
签发人
签发日期

第13章 人力资源服务管理

13.6.2 人力资源咨询服务执行程序、工作标准、考核指标、执行规范

任务名称	执行程序、工作标准与考核指标
签订咨询服务合同	**执行程序**
	1. 需求分析 人力资源服务公司通过与客户沟通，了解客户的基本信息、组织架构、人力资源管理体系、人力资源主要管理模块现状等情况，分析客户提出的需求。 **2. 评估项目可行性** ☆人力资源服务公司应了解和分析客户的管理理念、客户对自身角色的理解、咨询服务的管理架构等，评估客户开展项目的成熟条件。 ☆人力资源服务公司应评价自身对项目的开展能力，判断咨询服务的可行性。 **3. 提交项目建议书** ☆人力资源服务公司应以书面形式向客户提交项目建议书。 ☆人力资源服务公司应就项目建议书的内容与客户进行协商，获得客户认可。 **4. 签订咨 询服务合同** 人力资源服务公司与客户签订书面的咨询服务合同。 **工作重点** 项目建议书的编制与咨询服务合同的签订。
	工作标准
	☆项目建议书应包括客户的需求描述、咨询服务目标、咨询服务的内容和范围、咨询服务的工作计划、主要交付成果说明、咨询服务人员介绍等主要内容。 ☆签订的咨询服务合同应包括服务目标、服务内容与范围、服务交付方式、付款方式、违约条款等重要内容。
	考核指标
	合同签订及时率：合同签订及时率 $= \frac{\text{已签订合同的数量}}{\text{应签订合同的总数量}} \times 100\%$。
咨询项目启动与实施	**执行程序**
	1. 项目启动 ☆人力资源服务公司应与客户共同成立项目小组，确认项目经理的配置、咨询顾问的数量以及客户方项目的管理和参与人员。 ☆人力资源服务公司应根据项目的目标和要求，配置具有相关经验和能力的项目经理和咨询顾问。 ☆项目启动时，项目小组应向客户说明项目的目的和意义。 **2. 项目调研** ☆咨询项目小组制定调研方案，与客户确定调研对象和调研方法，编制调研计划。 ☆咨询项目小组实施调研方案，做好调研过程的记录和调研资料的整理工作。 ☆根据客户的要求形成调研报告，经过项目小组讨论通过后，以书面形式提交客户，并得到客户的认可。

（续）

<table>
<tr><th>任务名称</th><th>执行程序、工作标准与考核指标</th></tr>
<tr><td rowspan="5">咨询项目启动与实施</td><td>3. 阶段性沟通
咨询项目小组应根据合同的要求，在项目过程中进行阶段性沟通。
4. 提交咨询解决方案
咨询解决方案经项目小组讨论通过后，应以书面形式提交客户，并得到客户的认可。
5. 辅导方案实施
根据合同的约定，项目小组对咨询解决方案进行辅导实施。
6. 项目结项
咨询项目完成后，项目小组应形成项目结项报告，并与客户沟通确认。
7. 项目资料归档
咨询项目小组应对项目资料进行归档。
工作重点
提交的咨询解决方案要得到客户的认可。</td></tr>
<tr><td>工作标准</td></tr>
<tr><td>咨询解决方案的内容完善，主要问题分析及解决方案建议、相关管理工具及表单、方案实施相关工作建议等都有清晰的说明。</td></tr>
<tr><td>考核指标</td></tr>
<tr><td>文件资料归档完成率：$文件资料归档完成率=\frac{实际归档项数}{应归档项数}\times100\%$。</td></tr>
<tr><td rowspan="6">服务质量控制</td><td>执行程序</td></tr>
<tr><td>1. 服务过程管控
人力资源服务公司应对咨询服务过程进行监督管理，对客户反馈的问题与投诉及时做出处理。
2. 客户满意度调查
人力资源服务公司应开展客户满意度调查，了解客户对服务的满意程度，并持续改进服务质量。
工作重点
及时、妥善处理客户投诉。</td></tr>
<tr><td>工作标准</td></tr>
<tr><td>满意度调查的内容具有针对性，涉及咨询服务人员的职业素养和专业能力、咨询服务机构的合同履约情况、项目交付成果和实施效果、依据项目环境变化的适应能力等方面。</td></tr>
<tr><td>考核指标</td></tr>
<tr><td>☆客户投诉处理及时率：$客户投诉处理及时率=\frac{及时处理投诉的次数}{客户投诉总次数}\times100\%$。
☆客户满意率：$客户满意率=\frac{满意的客户数}{接受调查的客户数}\times100\%$。</td></tr>
<tr><td colspan="2">执行规范</td></tr>
<tr><td colspan="2">“人力资源咨询服务规范”“项目建议书”“咨询服务合同”“咨询解决方案”“项目结项报告”。</td></tr>
</table>

13.7 劳务派遣服务流程设计与工作执行

13.7.1 劳务派遣服务流程设计

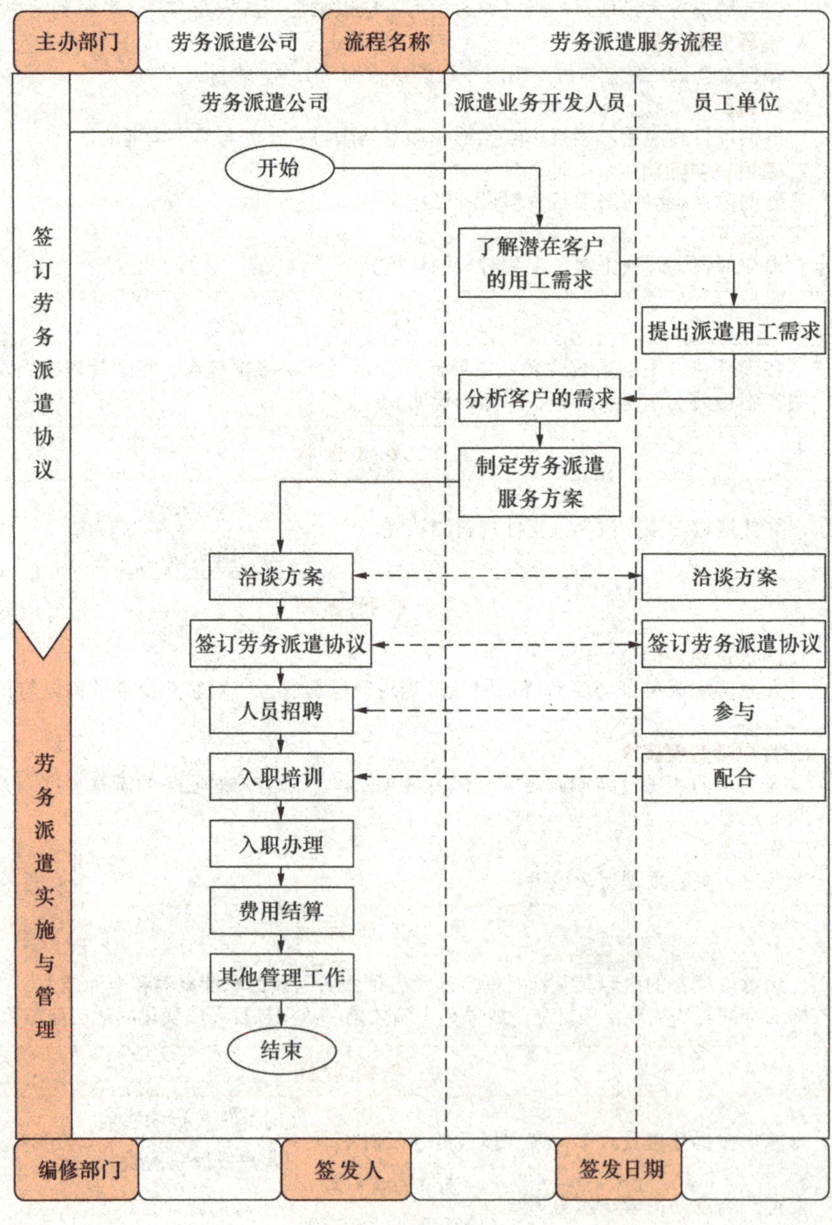
主办部门
劳务派遣公司
流程名称
劳务派遣服务流程
劳务派遣公司
派遣业务开发人员
员工单位
签订劳务派遣协议
劳务派遣实施与管理
开始
了解潜在客户的用工需求
提出派遣用工需求
分析客户的需求
制定劳务派遣服务方案
洽谈方案
洽谈方案
签订劳务派遣协议
签订劳务派遣协议
人员招聘
参与
入职培训
配合
入职办理
费用结算
其他管理工作
结束
编修部门
签发人
签发日期

13.7.2 劳务派遣服务执行程序、工作标准、考核指标、执行规范

任务名称	执行程序、工作标准与考核指标
签订劳务派遣协议	**执行程序**
	1. 了解潜在客户的用工需求 派遣业务开发人员通过市场调研、拜访等方式，了解潜在客户的用工需求。 **2. 制定劳务派遣服务方案** 根据客户需求，劳务派遣公司制定劳务派遣整体服务方案，确立合作关系。 **3. 签订劳务派遣协议** 劳务派遣公司与用工单位签订劳务派遣协议，约定服务内容，明确双方的权利与义务等。 **工作重点** 劳务派遣协议签订规范。
	工作标准
	☆明确客户的用工需求。 ☆劳务派遣协议中约定的内容必须符合《劳务派遣暂行规定》。
	考核指标
	☆此项工作的考核指标主要为协议签订及时率。 ☆协议签订及时率 $= \frac{\text{已签订协议的数量}}{\text{应签订协议的总数量}} \times 100\%$
劳务派遣实施与管理	**执行程序**
	1. 人员招聘 ☆劳务派遣公司根据用工单位提出的被派遣员工的数量、需求岗位、任职条件、到岗时间等用工需求，制定招聘方案。 ☆劳务派遣公司通过网络招聘、现场招聘等方式，发布招聘信息。 ☆劳务派遣公司对符合要求的应聘者进行考核。 ☆劳务派遣公司组织做好录用人员的体检工作，并审核其相关证件。 ☆劳务派遣公司与用工单位确认录用的被派遣人员。 **2. 入职培训** ☆劳务派遣公司对被派遣人员进行规章制度、上岗知识等方面的培训。 ☆根据用工单位需求，劳务派遣公司做好对被派遣人员的培训考核工作。 **3. 入职办理** ☆劳务派遣公司与被派遣人员签订劳动合同。 ☆劳务派遣公司组织被派遣人员按时到岗，接受用工单位的工作安排。

（续）

<table>
<tr><th>任务名称</th><th>执行程序、工作标准与考核指标</th></tr>
<tr><td rowspan="5">劳务派遣实施与管理</td><td>4. 费用结算
☆根据被派遣人员的考勤情况，依照劳动合同约定，劳务派遣公司核定被派遣人员的工资、福利等。
☆依据派遣协议，劳务派遣公司督促用工单位支付相关费用。
5. 其他管理工作
☆劳务派遣公司应协助用工单位对被派遣人员进行绩效考核。
☆劳务派遣公司及时为被派遣人员办理劳动合同续签、变更及解除等手续。
工作重点
☆完成派遣协议中的人员招聘计划。
☆及时与用工单位做好费用结算工作。</td></tr>
<tr><td>工 作 标 准</td></tr>
<tr><td>☆合理选择招聘方式。
☆按时完成招聘计划。
☆费用结算及时，无差错。</td></tr>
<tr><td>考 核 指 标</td></tr>
<tr><td>☆招聘计划完成率：招聘计划完成率 $= \frac{\text{实际招聘人数}}{\text{计划招聘人数}} \times 100\%$。
☆培训计划完成率：培训计划完成率 $= \frac{\text{培训完成的项目（时）数}}{\text{计划培训的项目（时）数}} \times 100\%$。
☆合同签订及时率：合同签订及时率 $= \frac{\text{及时签订的合同数量}}{\text{应签订合同的总数量}} \times 100\%$。</td></tr>
<tr><td colspan="2">执 行 规 范</td></tr>
<tr><td colspan="2">《劳务派遣暂行规定》及企业的“劳务派遣协议”“劳动合同”“招聘计划表”“员工培训计划”“考勤统计表”“工资结算表”。</td></tr>
</table>